应急管理人员培训教材

主编 龚建军
参编 高明禄 柳金涛

机械工业出版社

本书结合突发事件应急管理的特点，重点介绍应急管理预案的编制、实施、管理和关键案例分析等知识。主要内容包括：突发事件与预警、应急管理概述、应急物资装备与管理、应急管理预案编制、应急管理培训与应急演练、应急管理安全检查与隐患整改、应急管理处置、应急救援与急救知识、应急管理文化等。

本书适合作为各类企事业单位应急管理人员、安全生产管理人员以及各级政府机构负责安全生产应急管理工作人员的培训教材。

图书在版编目（CIP）数据

应急管理人员培训教材/龚建军主编．—北京：机械工业出版社，2019.9（2023.7重印）
ISBN 978-7-111-63572-7

Ⅰ.①应… Ⅱ.①龚… Ⅲ.①突发事件-应急对策-安全培训-教材 Ⅳ.①D035.34

中国版本图书馆CIP数据核字（2019）第186053号

机械工业出版社（北京市百万庄大街22号 邮政编码100037）
策划编辑：陈玉芝 王振国 责任编辑：王振国
责任校对：朱继文 陈 越 封面设计：张 静
责任印制：张 博
三河市宏达印刷有限公司印刷
2023年7月第1版第3次印刷
184mm×260mm·12.5印张·304千字
标准书号：ISBN 978-7-111-63572-7
定价：39.80元

电话服务 网络服务
客服电话：010-88361066 机 工 官 网：www.cmpbook.com
 010-88379833 机 工 官 博：weibo.com/cmp1952
 010-68326294 金 书 网：www.golden-book.com
封底无防伪标均为盗版 机工教育服务网：www.cmpedu.com

前　言

自改革开放以来，我国城市化、工业化快速发展，重特大突发事件、公共卫生事件、社会安全事件、事故灾害类事件也不断发生，对人民的生命财产安全、生态环境、社会秩序均造成了严重威胁和危害。然而，当前我国综合应急管理能力还比较薄弱，难以满足多发、频发的突发事件处置需求。

由于我国消防和安全生产曾隶属于不同部门管理，消防培训部门在开展消防培训时，只做消防知识培训不涉及安全生产培训，而安全生产培训机构只做安全生产培训不涉及消防类培训，通常也不包括应急管理和应急救援培训。实际上各级政府机构，企事业单位的消防管理人员和安全管理人员基本上都是同一个人或者同一个部门的人员，开展两个培训项目无形中增加了企业的时间成本和经济成本。随着应急管理机构改革的不断深入，特别在承接各级机构的相关培训，以及选用培训教材的过程中，我们发现有关应急管理方面的教材非常少，适用性、实用性、实操性也很不理想，而且体系比较杂乱，缺乏统一性。为此，我们组织相关领域的专业人员编写了这本《应急管理人员培训教材》。

本书结合突发事件应急管理的特点，系统阐述应急管理原则，着重介绍应急管理预案的编制、实施、管理和关键案例分析等知识。在讲述应急安全检查相关知识时，增加了防雷电检查、易燃易爆危险化学品检查、防火巡查检查、建筑施工安全检查等内容，让检查项目表格化，简单明了，易于借鉴与使用。在讲述应急处置相关知识时，涵盖了火灾事故、危险化学品事故、交通运输事故、触电事故、高处坠落事故、建筑物倒塌事故、踩踏事故、意外伤害、中毒等应急处置流程和方法。在讲述应急救援相关知识时，囊括了环境安全确认、检伤分类、绳索技能、医疗急救等内容。由此可知，本书的可操作性、实践性、经验性都很强且易于掌握。本书不仅明确了应急管理人员的范围，应急管理人员的职责，以及应急管理中还存在哪些不足之处，还提出了应急文化建设、家庭应急准备演练、应急管理学科建设、应急管理人员教育培养、应急管理职业资格体系建设、全国应急预案信息系统建设、企业应急管理信用分值体系探讨等。本书力争做到让应急管理人员和普通大众愿意看、看得懂、记得住、学得会、用得上，突出针对性、实用性。本书对于落实企业主体责任，提高企业防灾减灾救灾能力，遏制重特大事故发生，具有积极的现实意义和长远的指导意义。

本书由龚建军担任主编，参加编写的人员还有高明禄和柳金涛。参与本书审定的有宁夏应急管理厅人事与老干部处（教育训练处）田兴文处长、火灾防治监督处谭立升处长，中共宁夏区委党校、宁夏行政学院唐利教授；中国应急管理学会综合部兼培训部杜兴军主任，银川注册安全工程师协会常吉云会长、孙泉秘书长。在此向相关专家表示诚挚的谢意。

由于编者水平有限，书中疏漏与不妥之处在所难免，敬请广大读者批评指正。

编　者

目 录

前 言

第一章 突发事件与预警 1
  第一节 突发事件的定义及特征 1
    一、突发事件的定义 1
    二、突发事件的特征 1
  第二节 突发事件的分类、分级与分期 4
    一、突发事件的分类 4
    二、突发事件的分级 6
    三、突发事件的分期 7
  第三节 突发事件预警 7
    一、台风预警 9
    二、暴雨预警 10
    三、暴雪预警 11
    四、寒潮预警 13
    五、大风预警 14
    六、沙尘暴预警 16
    七、高温预警 17
    八、干旱预警 17
    九、雷电预警 18
    十、冰雹预警 19
    十一、霜冻预警 20
    十二、大雾预警 20
    十三、霾预警 21
    十四、道路结冰预警 22
    十五、森林火险预警 23

第二章 应急管理概述 25
  第一节 应急管理的基本知识 25
    一、应急管理的定义 25
    二、我国应急管理的发展 25
  第二节 国外应急管理工作 26
    一、美国的应急管理 27

二、日本的防灾减灾机制 …………………………………………………… 27
　　三、澳大利亚的应急管理 …………………………………………………… 28
　　四、加拿大的应急管理 ……………………………………………………… 29
　第三节　应急管理的原则及意义 ………………………………………………… 29
　　一、应急管理的原则 ………………………………………………………… 29
　　二、应急管理的意义 ………………………………………………………… 30
　第四节　应急管理的环节 ………………………………………………………… 30
　　一、预防与应急准备 ………………………………………………………… 30
　　二、监测与预警 ……………………………………………………………… 31
　　三、应急响应与控制 ………………………………………………………… 31
　　四、应急处置与救援 ………………………………………………………… 31
　　五、应急资源协调 …………………………………………………………… 32
　　六、应急信息管理 …………………………………………………………… 32
　　七、恢复与重建 ……………………………………………………………… 32
　第五节　应急管理的工作内容 …………………………………………………… 32
　　一、一案 ……………………………………………………………………… 32
　　二、三制 ……………………………………………………………………… 32

第三章　应急物资装备与管理 ……………………………………………………… **34**
　第一节　应急物资装备类型 ……………………………………………………… 34
　　一、应急物资的分类 ………………………………………………………… 34
　　二、应急装备的分类 ………………………………………………………… 35
　第二节　应急救援装备的分类 …………………………………………………… 35
　　一、按照适用性分类 ………………………………………………………… 35
　　二、按照具体功能分类 ……………………………………………………… 36
　　三、按照使用状态分类 ……………………………………………………… 36
　第三节　应急物资装备管理 ……………………………………………………… 36
　　一、应急物资管理的要求 …………………………………………………… 36
　　二、应急物资的选择与储备原则 …………………………………………… 37
　　三、应急物资管理与维护 …………………………………………………… 37
　　四、应急管理物资保障 ……………………………………………………… 37

第四章　应急管理预案编制 ………………………………………………………… **40**
　第一节　应急预案的分类与内容 ………………………………………………… 40
　　一、应急预案的分类 ………………………………………………………… 40
　　二、应急预案的内容 ………………………………………………………… 42
　第二节　应急预案编制要素 ……………………………………………………… 42
　　一、方针与原则 ……………………………………………………………… 43
　　二、应急策划 ………………………………………………………………… 43
　　三、应急准备 ………………………………………………………………… 44

四、应急响应 …………………………………………………………… 44
　　五、应急恢复 …………………………………………………………… 46
　　六、预案管理与评审改进 ……………………………………………… 47
第三节　应急预案编制 ……………………………………………………… 47
　　一、应急预案编制的步骤 ……………………………………………… 47
　　二、综合应急预案编制 ………………………………………………… 49
　　三、专项应急预案编制 ………………………………………………… 52
　　四、现场处置方案编制 ………………………………………………… 53
　　五、企事业单位应急预案编制 ………………………………………… 54
第四节　应急预案管理 ……………………………………………………… 56
　　一、应急预案管理原则 ………………………………………………… 56
　　二、应急预案评审、公布、备案 ……………………………………… 56
　　三、应急预案评估与修订 ……………………………………………… 58
　　四、法律责任 …………………………………………………………… 58

第五章　应急管理培训与应急演练 …………………………………… 60
第一节　应急管理人员职责 ………………………………………………… 60
第二节　应急管理培训 ……………………………………………………… 61
　　一、应急管理培训对象 ………………………………………………… 61
　　二、应急管理培训内容 ………………………………………………… 61
　　三、应急管理培训方法 ………………………………………………… 61
第三节　应急演练 …………………………………………………………… 62
　　一、应急演练的目的与原则 …………………………………………… 62
　　二、应急演练的类型 …………………………………………………… 63
　　三、应急演练的组织与实施 …………………………………………… 64

第六章　应急管理安全检查与隐患整改 ……………………………… 71
第一节　安全检查的目的与内容 …………………………………………… 71
　　一、安全检查的目的 …………………………………………………… 71
　　二、安全检查的内容 …………………………………………………… 71
　　三、专项检查 …………………………………………………………… 73
第二节　应急管理工作检查 ………………………………………………… 92
第三节　应急管理隐患及整改 ……………………………………………… 93
　　一、检查与整改的要求 ………………………………………………… 94
　　二、检查与整改的原则 ………………………………………………… 94
　　三、隐患整改的落实 …………………………………………………… 94
　　四、事故隐患的特性 …………………………………………………… 95
　　五、隐患整改的方式 …………………………………………………… 97

第七章　应急管理处置 …………………………………………………… 100
第一节　应急处置概述 ……………………………………………………… 100

一、基本术语 ………………………………………………………… 100
　　二、应急处置原则 …………………………………………………… 100
　　三、应急预案 ………………………………………………………… 101
　　四、应急功能 ………………………………………………………… 103
　　五、员工应急方法 …………………………………………………… 108
　第二节　事故灾难应急处置 …………………………………………… 110
　　一、火灾应急处置 …………………………………………………… 110
　　二、危险化学品事故应急处置 ……………………………………… 112
　　三、交通运输事故应急处置 ………………………………………… 115
　　四、触电事故应急处置 ……………………………………………… 118
　　五、高处坠落事故应急处置 ………………………………………… 119
　　六、建筑物倒塌事故应急处置 ……………………………………… 120
　　七、踩踏事故应急处置 ……………………………………………… 122
　　八、意外伤害应急处置 ……………………………………………… 123
　　九、中毒应急处置 …………………………………………………… 125
　第三节　其他灾害应急处置 …………………………………………… 125
　　一、自然灾害应急处置 ……………………………………………… 125
　　二、突然发病应急处置 ……………………………………………… 129
　　三、公共卫生事件应急处置 ………………………………………… 131
　第四节　企业应急处置流程与岗位处置卡 …………………………… 132
　　一、企业应急处置流程 ……………………………………………… 132
　　二、岗位处置卡 ……………………………………………………… 132

第八章　应急救援与急救知识 ……………………………………… 138
　第一节　应急救援概述 ………………………………………………… 138
　　一、应急救援基础 …………………………………………………… 138
　　二、现场情况评估 …………………………………………………… 139
　　三、现场救援的组织 ………………………………………………… 140
　　四、检伤分类 ………………………………………………………… 141
　第二节　现场应急救援技能 …………………………………………… 143
　　一、心肺复苏术 ……………………………………………………… 143
　　二、外伤止血 ………………………………………………………… 146
　　三、创伤包扎 ………………………………………………………… 146
　　四、骨折固定 ………………………………………………………… 147
　　五、伤员搬运 ………………………………………………………… 147
　第三节　绳结技能及简易担架制作 …………………………………… 149
　　一、应急救援绳索检查 ……………………………………………… 149
　　二、结绳方法 ………………………………………………………… 150
　　三、简易担架制作 …………………………………………………… 158

第四节　急救知识 ………………………………………………………… 159
　一、现场急救基本知识 …………………………………………………… 159
　二、气道梗阻的判断与处理 ……………………………………………… 160
　三、意外伤害现场的救护与紧急逃生 …………………………………… 161

第九章　应急管理文化 ……………………………………………………… **165**

第一节　应急管理文化概述 ……………………………………………… 165
　一、应急管理文化的概念 ………………………………………………… 165
　二、应急管理文化的构成 ………………………………………………… 165
　三、应急管理文化的作用 ………………………………………………… 166

第二节　应急管理文化建设 ……………………………………………… 166
　一、公众公共安全教育 …………………………………………………… 166
　二、应急管理规范建设 …………………………………………………… 168
　三、应急管理组织 ………………………………………………………… 169
　四、应急管理保障 ………………………………………………………… 170

附录　某化工企业应急预案 ………………………………………………… **173**

参考文献 ……………………………………………………………………… **189**

第一章
突发事件与预警

第一节 突发事件的定义及特征

一、突发事件的定义

广义上,突发事件可以被理解为突然发生的事情:第一层含义是事件发生、发展的速度很快,出乎意料;第二层含义是事件难以应对,必须采取非常规的方法来处理。

狭义上,突发事件就是意外地突然发生的重大或敏感事件。简而言之,突发事件就是天灾人祸。天灾即自然灾害,人祸如恐怖事件、社会冲突、意外事故、丑闻(包括大量谣言)等,专家也称其为"危机"。

二、突发事件的特征

1. 引发突然性

突发事件是事物内在矛盾由量变到质变的飞跃过程,通过一定的契机诱发,诱因具有一定的偶然性和不易发现的隐蔽性。它以什么方式出现,在什么时候出现,是人们无法把握的。也就是说,突发事件发生的具体时间、实际规模、具体态势和影响深度,是难以预测的。

一般而言,突发事件具有出乎意料的特征。一是事件的发生出乎意料,管理者对在什么时间、什么地点、什么原因、发生什么事件、造成什么危害等缺乏准确的判断。虽然有些突发事件存在发生征兆和预警的可能,管理者能提前捕捉一些信息,但是由于事件真实发生的时间、地点、规模等难以为管理者所准确预见和判断。二是心理、资源和应对措施等各项准备工作不到位。由于事发突然,在心理层面,人们高度震惊,易产生恐惧情绪,发生听信各种谣言、逃离事发现场等行为;在资源上各种应急物资没有提前做好充分准备,相关物资出现暂时性短缺,发生哄抢行为;在应对措施上,由于缺乏必要的预案和具体有效的手段,必须针对具体情况临时制订各种应急措施。

> **案例 1   四川凉山森林火灾**
>
> 2019 年 3 月 30 日,四川省凉山州发生森林火灾,如图 1-1 所示。在扑火行动中,受风力风向突变影响,突发林火爆燃,瞬间形成巨大火球,造成 30 名扑火人员牺牲,其中

森林消防队员27人、地方干部群众3人。经过森林公安部门侦查后确认，此次森林大火的起火点和遭雷击树木均已找到，确认为雷击火。近年来，我国和世界其他国家、地区都相继发生了严重的森林火灾，给人民的生命和财产都造成了严重的损失。尤其是2018年11月美国加州发生的森林大火，火灾导致85人死亡，249人失踪，直接经济损失难以估计。

图1-1　凉山州森林火灾

2. 目的明确性

任何突发事件（除自然事件外），都有明确的目的性和欲望性，因为人们选择和行为的目标，都是为了满足某种需要。自然事件本身虽无目的性，但是在处理这类事件的过程中，人们的目的性也是十分明确的。

3. 瞬间的聚众性

任何一类突发事件，都必然要涉及一部分人的切身利益，使其产生心理压力和变化，引起人们的关注和不安也属正常。尤其是社会性的突发事件，多是由少数人操纵，通过宣传鼓动把一些群众卷到事件中来。

4. 行为的破坏性

不论什么性质和规模的突发事件，都必然不同程度地给国家和人民造成政治、经济和精神上的破坏与损失。以人员伤亡、财产损失为标志，包括直接损害和间接损害，还体现在对社会心理和个人心理造成的破坏性冲击，进而渗透到社会生活的各个层面。

案例2　美国"9·11"事件

2001年9月11日上午（美国东部时间），两架被恐怖分子劫持的民航客机分别撞向美国纽约世界贸易中心一号楼和二号楼，两座建筑（见图1-2）在遭到撞击后相继倒塌，世界贸易中心其余5座建筑物也受震而坍塌损毁；9时许，另一架被劫持的客机撞向位于美国华盛顿的美国国防部五角大楼，五角大楼局部结构损坏并坍塌。

"9·11"事件是发生在美国本土的最为严重的恐怖攻击行动，遇难者总数高达2996人。对于此次事件的财产损失各方统计不一，联合国发表报告称此次恐怖袭击令美国经济损失达2000亿美元，相当于当年生产总值的2%。此次事件对全球经济所造成的损害甚至达到1万亿美元左右。此次事件对美国民众造成的心理影响极为深远，美国民众在经济及政治上的安全感均被严重削弱。

图1-2　美国"9·11"事件

5. 状态的失衡性

如果将社会的正常秩序看作均衡状态的话，那么突发事件则使社会偏离正常发展轨道而出现失衡。突发事件的发生，会使人们的生活处于不稳定状态，昔日和谐安宁的社会环境遭到破坏，正常的工作方式和工作程序也得不到保证。因此，必须用特殊手段才能恢复正常的社会秩序。

6. 情况复杂性

突发事件往往是各种矛盾激化的结果，总是呈现出一果多因、相互关联、环环相扣的复杂状态，若处置不当可能加大损失，扩大范围，转为政治事件。突发事件防治的组织系统也比较复杂，至少包括中央、省市及有关职能部门、社区三个层次。

7. 发展的持续性

整个人类文明进程中突发事件从未停止过，只能通过共同努力最大限度降低突发事件发生的频率和次数，减轻其危害程度及对人类造成的负面影响。大量突发事件使人类反思人与自然的关系，整体变得更加成熟，行为更加理性。突发事件一旦爆发，总会持续一个过程，表现为潜伏期、爆发期、高潮期、缓解期和消退期。持续性表现为蔓延性和传导性，一个突发事件经常会导致另一个突发事件的发生。

8. 事件可控性

从系统论看，控制是对系统进行调节以克服系统的不确定性，使之达到所需要状态的活动过程，是人类改造自然、利用自然的重要内容和社会进步的重要标志。例如，香港某研究小组使用模型评估不同公共卫生手段对SARS的控制情况。A为没有采取任何控制措施的发病情况；B为爆发后30天开始，把从出现症状到入院治疗间隔平均缩短2天，可减少19%发病人数；C为在B基础上于第45天停止各区域间人员往来，可减少76%发病人数；D为在 B 基础上于第 45 天减少 50% 人员相互接触和医院感染率,能够阻止疫情增长;E 为在 D 基础上于第 55 天减少 70% 医院感染率,疫情能够得到迅速控制。

第二节　突发事件的分类、分级与分期

一、突发事件的分类

突发事件的类型及划分方法:
1) 按照成因,突发事件可分为自然性突发事件、社会性突发事件。
2) 按照危害性,突发事件可分为轻度、中度、重度危害突发事件。
3) 按照可预测性,突发事件可分为可预测的、不可预测的突发事件。
4) 按照可防可控性,突发事件可分为可防可控的、不可防不可控的突发事件。
5) 按照影响范围,突发事件可分为地方性、区域性或国家性、世界性或国际性突发事件。

《中华人民共和国突发事件应对法》(以下简称《突发事件应对法》)规定,根据突发公共事件的发生过程、性质和机理,突发公共事件主要分为以下四类:自然灾害、事故灾难、公共卫生事件和社会安全事件。

1. 自然灾害

自然灾害是指给人类生存带来危害或损害人类生活的自然现象,由于自然异常变化造成的人员伤亡、财产损失、社会失稳、资源破坏等现象或一系列事件。其本质特征是由自然因素直接所致。自然灾害主要包括水旱灾害(洪水、干旱)、气象灾害(台风、龙卷风、飓风、冰雹、暴雪、沙尘暴、冻雨、寒潮)、地震灾害(火山爆发)、地质灾害(泥石流、滑坡、山体崩塌、地面下沉)、海洋灾害(风暴潮、海啸、海浪、海冰、赤潮)、森林草原火灾、生物灾害等。目前我国没有发生过的自然灾害只有火山爆发和飓风。

自然灾害主要有三个特征:一是不可抗力,自然灾害从本质上来讲是人与自然矛盾的一种表现形式。人的能动性对自然灾害的抗拒力有限,只能在一定范围内减少灾害损失。二是破坏程度大,自然灾害往往具有颠覆性,造成生命和财产的巨大损失。三是通常情况下经济欠发达的国家和地区,人员伤亡的程度严重,经济发达的国家和地区,财产损失的程度严重。

> **引例　应急管理部发布 2019 年一季度全国自然灾害基本情况**
>
> 应急管理部会同工业和信息化部、自然资源部、交通运输部、水利部、农业农村部、卫生健康委、统计局、气象局、银保监会、粮食和物质储备局、林业和草原局、中央军委联合参谋部、中央军委政治工作部、红十字会总会、中国铁路总公司等部门对 2019 年一季度全国自然灾害情况进行了会商分析。经核定,一季度,我国自然灾害以风雹、地质灾害、森林火灾、地震和雪灾为主。各种自然灾害共造成全国 139.6 万人次受灾,87 人死亡,1.3 万人次紧急转移安置;900 余间房屋倒塌,1.1 万间严重损坏,8.6 万间一般损坏;农作物受灾面积 7.11 万 hm^2,其中绝收 1.34 万 hm^2;直接经济损失 27.9 亿元。总体来看,一季度全国灾情较近 5 年同期均值偏轻,其中,受灾人口、倒塌房屋数量和直接经济损失分别减少 85%、82% 和 73%。

2. 事故灾难

事故灾难是指突然发生，造成或者可能造成重特大人员伤亡、重大财产损失、重大生态环境破坏和对全国或者一个地区的经济社会稳定、政治安全构成重大威胁和损害，有重大社会影响的涉及安全生产的紧急事件。其本质特征是由人们无视法律法规，违反生产安全操作的行为所致。事故灾难主要包括工矿商贸等企业的各类安全事故（危险化学品事故、矿山事故）、交通运输事故（公路交通事故、铁路交通事故、民用航空器飞行事故、水上交通事故）、火灾事故、公共设施和设备事故、环境污染和生态破坏事件等。

事故灾难主要有三个特征：一是事故灾难发生环境较复杂，多发生在不同生活和生产区域，由于事故本身所处的环境复杂，对施救的方法、装备、技术和救援物资的需求也不尽相同，加之事故灾难环境中诱发衍生灾害的因素增多，人员大量聚集、危险品存放不当、生产与生活界限不明、人为隐瞒事故物品等情况大大增加了次生灾害发生的概率；二是事故灾难的救援难度较大，事故灾难的现场往往人员密集，伤员多、伤情重，救援设施设备简陋，疏散空间有限，现场初期救援力量不足，技能缺乏，导致救援难度大，救援效果差；三是事故灾难的救援专业性要求高，事故灾难往往对救援提出多学科、多领域的专业要求，救援人员需要配备专业设备，具备专业知识，具有专业技能。

3. 公共卫生事件

公共卫生事件是指突然发生，造成或者可能造成重大人员伤亡、财产损失、生态环境破坏和严重社会危害，危及公共安全的紧急事件。公共卫生事件主要包括传染病疫情、群体性不明原因疾病、食品安全和职业危害、动物疫情，以及其他严重影响公众健康和生命安全的事件。我国常见的公共卫生事件有食品安全类和传染性疾病类。

公共卫生事件主要有三个特征。一是爆发性强，控制难度大。公共卫生事件在发生初期一般具有较强的隐蔽性，其危害往往容易被忽视，遏制事态的有利时机很难把握。传染性疾病具有辐射性爆发和几何性扩散的特点，食品安全事件具有集中性爆发和群体性危害的特点。公共卫生事件在一定范围内显现时，已经形成爆发态势，受时间、地域、手段等因素的制约，其控制难度很大。二是影响面广，应对周期长。随着经济一体化进程的加快，公共卫生事件有着从局部向全球蔓延的趋势。无论流行性疾病的传播，还是有毒有害食品的扩散，都是从一地一国向多地多国蔓延，影响面十分广泛。从事件爆发到应对结束，诱因调查、危害研判、应对措施的制定和实施等是一个较为复杂的过程，需要较长的应对周期。三是诱因复杂，不确定性强。公共卫生事件发生的诱因复杂，生活习惯和生产方式的改变，特别是人类干预自然、挑战自我的探索活动，都可能引发不同类别的公共卫生事件，从而加大了新型公共卫生事件发生的概率。现代生活方式和经济一体化进程，打破了传统公共卫生事件的规律，事件发生的时间、地点，发展趋势，造成的后果以及应对的手段都具有不确定性，从而降低了应对事件的针对性。

4. 社会安全事件

社会安全事件是指因人民内部矛盾而引发，或因人民内部矛盾处理不当而积累、激发，由部分公众参与，有一定组织和目的，并对政府管理和社会秩序造成影响，甚至使社会在一定范围内陷入一定强度对峙状态的突发事件，例如重大群体性事件、严重暴力刑事案件、恐怖袭击等严重威胁社会治安秩序和公民生命财产安全，需要采取应急特别措施进行处置的突发事件。其本质特征是由一定的社会问题诱发，主要包括恐怖袭击事件、经济安全事件和涉外突发事件等。

社会安全事件主要有三个特征。一是人为谋划，影响恶劣。社会安全事件的发生往往经历谋划或策划的过程且存在矛盾积聚性的状况。社会安全事件的发生轻则危害公民的生命和财产安全，重则妨碍公共秩序，危害公共安全，有的甚至会威胁到较大区域内的经济发展和社会稳定。一般情况下，社会安全事件发生后国内外的关注度较高，会造成长期恶劣的国际影响。二是缓慢积聚，急剧爆发，带有复杂的社会矛盾因素。社会安全往往是由人民内部矛盾长期积聚但无法通过正常渠道疏导而引起的。这些矛盾的积聚有时还掺杂着民族、历史传统等复杂因素。政府在某方面处置不当可能会导致矛盾升级，在特定情况下甚至使事件发生质的变化。这些矛盾经过长时间的积聚，甚至会相互交织，一旦爆发，往往具有急剧爆发的特点。三是处置不当极易导致恶性衍生灾害。社会安全事件的诱发因素较多，既有人民内部矛盾，又有治安类事件，还包括自然灾害、事故灾难、公共卫生事件引发的动乱、暴乱等因素。

我国突发事件的分类见表1-1。

表1-1 我国突发事件的分类

类型	种类	本质特征
自然灾害	水旱灾害（洪水、干旱）、气象灾害（台风、龙卷风、飓风、冰雹、暴雪、沙尘暴、冻雨、寒潮）、地震灾害（火山）、地质灾害（泥石流、滑坡、山体崩塌、地面下沉）、海洋灾害（风暴潮、海啸、海浪、海冰、赤潮）、森林草原火灾、生物灾害等	由自然因素直接所致
事故灾难	工矿商贸等企业的各类安全事故（危险化学品事故、矿山事故）、交通运输事故（公路交通事故、铁路交通事故、民用航空器飞行事故、水上交通事故）、火灾事故、公共设施和设备事故、环境污染和生态破坏事件等	由人们无视法律法规的行为所致
公共卫生事件	传染病疫情、群体性不明原因疾病、食品安全和职业危害、动物疫情，以及其他严重影响公众健康和生命安全的事件	由自然因素和人为因素共同所致
社会安全事件	恐怖袭击事件、经济安全事件和涉外突发事件等	由一定的社会问题诱发

二、突发事件的分级

《突发事件应对法》规定："按照社会危害程度、影响范围等因素，自然灾害、事故灾难、公共卫生事件分为特别重大、重大、较大和一般四级。"按照"既有效控制事态、又要应急管理措施适当"的原则，各类突发事件按照其性质、严重程度、可控性和影响范围等因素，一般分为四级：Ⅰ级（特别重大）、Ⅱ级（重大）、Ⅲ级（较大）和Ⅳ级（一般）。对突发事件进行分级，目的是落实应急管理的责任和提高应急管理的效能。

预警级别标示如下。

蓝色预警：可能发生一般（Ⅳ级）突发事件。
黄色预警：可能发生较大（Ⅲ级）突发事件。
橙色预警：可能发生重大（Ⅱ级）突发事件。
红色预警：可能发生特别重大（Ⅰ级）突发事件。

究竟哪些突发事件属于特别重大、重大，哪些属于较大、一般级别，这方面需要考虑的因素十分复杂。《突发事件应对法》规定，突发事件的分级标准由国务院和国务院确定的部门制定。《国家突发公共事件总体应急预案》《国家安全生产事故灾难应急预案》《国家地震应急预案》等对特别重大、重大突发事件分级做了详细的规定，并同时明确较大和一般突发事件的分级标准由国务院主管部门确定。

三、突发事件的分期

突发事件通常遵循一个特定的生命周期，有发生、发展、减缓和结束的阶段，需要采取不同的应急措施。根据可能造成危害和威胁、实际危害已经发生、危害减弱和恢复，可将突发事件总体上划分为预警期、爆发期、缓解期和善后期4个阶段。

应急管理的目的是通过提高对突发事件发生的预见能力，事件发生后的处置能力，以及善后恢复阶段的重建能力，及时有效化解危急状态，尽快恢复正常的生活秩序。

第三节　突发事件预警

突发事件预警是指对突然发生或可能发生的，已造成或可能造成严重社会危害的，需要采取应急处置措施予以应对的自然灾害、事故灾难和公共卫生事件等的预警信息。预警管理的基本思想与原理，以系统论中的系统非优理论和控制论为基础。预警管理的原理是预警管理人员依据预警目标确立不同的预警监测指标和监测指标标准，并用这些标准对预警管理对象实施控制，通过预警机构或人员获得的检测信息，将预警指标的实际情况反馈回去，为预警管理人员实施预控对策提供参照依据。预警管理人员将反馈回来的信息与预警目标加以比较，然后根据两者的差距，纠正标准、改善措施，重新开始新一轮的预警控制过程。这样一轮一轮连续不断地调整与控制，预警管理中的预先控制得以实现，最终使系统的实际计划逼近计划预警目标，从而使管理对象始终处于安全状态之中。

应急管理中预警分析的目的是告知人们可能出现的事件或事件的恶化状态，使人们可以提前采取一些有效措施把可能发生的突发事件或是可能恶化的事态扼杀在摇篮状态。

国家突发事件预警信息发布系统（以下简称"国家预警发布系统"）项目是国家突发事件应急体系的重要组成部分，是国务院应急平台唯一的预警信息发布系统。

据国家预警发布系统数据统计，5~8月为全年预警信息发布频率较高的时间段，暴雨、台风、雷电、冰雹、地质灾害、船舶遭受风灾、海浪、滑坡、水上交通事故、泥石流等预警信息发布数量较高，12月和1月为寒潮、暴雪等灾害高发期，全国预警信息发布数量呈现出小高峰。

国家级突发事件预警信息发布平台位于四级预警信息发布体系结构的最上层，它的信息来源为国务院应急指挥平台和相关部委；省级突发事件预警信息发布平台位于第二层，信息来源为上级预警信息发布平台、省政府和省内各厅局；地（市）级突发事件预警信息发布平台位于第三层，信息来源主要是上级预警信息发布平台、地（市）级政府和各委局；县级突发事件预警信息发布终端作为最底层，是突发事件预警信息的基层信息受理单位，信息来源是上级预警信息发布平台、县级政府和县级各委办局，如图1-3所示。

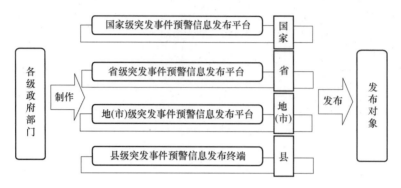

图1-3　四级预警信息发布体系结构

国家级突发事件预警信息发布平台由国家应急管理部负责总体管理，省、地（市）级发布平台和县级终端由当地政府应急管理部门管理，日常运行维护由各级气象主管部门负责。国家突发事件预警信息发布系统的预警信息发布工作采取"谁发布、谁负责"原则，各单位对本单位所发布的预警信息负责。不同级别不同区域的发布单位仅能发布本区域范围内一定级别的与本单位相关的预警信息，不能越级、跨区域、跨行业发布。在国家级突发事件预警信息发布平台中，应急管理、公安、民政、国土、交通、水利、农业、卫计委、市场监督管理、林业、文化旅游、地震、气象13个部门52种预警信息完成对接并入网发布，工信、环保、海洋等部门正在积极开展系统应用对接工作，初步实现了多灾种预警信息统一发布。自国家突发事件预警信息发布系统建设以来，拓宽发布渠道，扩大预警覆盖范围一直是工作重心之一。发布渠道整合和利用各部门及社会媒体资源，建立了手机短信、手机APP、互联网、网站、广播、电视、报纸、户外媒体、楼宇电视等多种预警信息发布渠道，还与阿里支付宝、腾讯微信、新浪微博等实现无缝对接。为了解决预警信息进村入户问题，与涉农、涉灾部门共建、共用了43.6万个预警大喇叭、76.7万名信息员队伍和7.8万个信息服务站；通过海洋广播、北斗卫星等手段解决了面向海上船舶的预警信息发布问题；通过预警收音机解决了面向人口密度小的偏远地区预警信息发布问题；通过藏文、维吾尔语手机彩信解决语言沟通不畅的西部少数民族地区预警信息发布问题。

2019年3月，我国各部门通过国家预警发布系统发布的预警信息见表1-2。

2019年4月18日，中国应急信息网上线。中国应急信息网是应急管理部面向社会的重要门户系统之一，定位是国内权威的综合性防灾减灾救灾信息发布平台、社会动员平台、专业服务平台和互动引导平台，内容包括应急新闻、信息发布、政策解读、舆论引导、科普宣教、社会动员等。应急管理部组建以来，成功应对了特大森林火灾、山体滑坡、强台风、堰塞湖和特大爆炸等一系列重大灾害事故。

突发气象灾害预警信号信息主要包括台风预警信号、暴雨预警信号、暴雪预警信号、寒潮预警信号、大风预警信号、沙尘暴预警信号、高温预警信号、干旱预警信号、雷电预警信号、冰雹预警信号、霜冻预警信号、大雾预警信号、霾预警信号、道路结冰预警信号和森林火险预警信号。按照突发事件发生的紧急程度、发展势态和可能造成的危害程度分为：一级、二级、三级、四级，分别用红色、橙色、黄色、蓝色标示，一级为最高级别。

表1-2 全国各类预警信息发布情况（2019年3月）

类别	数量	类别	数量	类别	数量	类别	数量
大风	6440	道路冰雪	136	高温	12	重污染	3
大雾	2882	霾	121	山洪灾害事件	8	森林（草原）火险	3
雷电	2596	雷暴	93	海外社会安全事件安全风险	7	海浪	2
道路结冰	1094	沙尘暴	67			其他水上交通事故	2
寒潮	950	强对流天气	54	滑坡	6	境内森林火灾	2
暴雨	682	地质灾害气象风险	45	山体崩塌	6	风暴潮	2
冰雹	350			海区大风	6	其他道路交通事故	1
雷雨大风	348	海上大风	29	泥石流	6	重污染天气	1

一、台风预警

台风预警信号分四级，分别以蓝色、黄色、橙色和红色表示。

1. 蓝色预警信号（见图1-4）

（1）标准　24h内可能或者已经受热带气旋影响，沿海或者陆地平均风力达6级以上，或者阵风8级以上并可能持续。

（2）防御指南

1）政府及相关部门按照职责做好防台风准备工作。

2）停止露天集体活动和高空等户外危险作业。

3）相关水域水上作业和过往船舶采取积极的应对措施，如回港避风或者绕道航行等。

图1-4 台风蓝色预警

4）加固门窗、围板、棚架、广告牌等易被风吹动的搭建物，切断危险的室外电源。

2. 黄色预警信号（见图1-5）

（1）标准　24h内可能或者已经受热带气旋影响，沿海或者陆地平均风力达8级以上，或者阵风10级以上并可能持续。

（2）防御指南

1）政府及相关部门按照职责做好防台风应急准备工作。

2）停止室内外大型集会和高空等户外危险作业。

3）相关水域水上作业和过往船舶采取积极的应对措施，加固港口设施，防止船舶走锚、搁浅和碰撞。

图1-5 台风黄色预警

4）加固或者拆除易被风吹动的搭建物，人员切勿随意外出，确保老人小孩留在家中最安全的地方，危房内的人员要及时转移。

3. 橙色预警信号（见图1-6）

（1）标准　12h内可能或者已经受热带气旋影响，沿海或者陆地平均风力达10级以上，或者阵风12级以上并可能持续。

（2）防御指南

1）政府及相关部门按照职责做好防台风抢险应急工作。

2）停止室内外大型集会，停工、停课、停运、停市、停业（除特殊行业外）。

图1-6　台风橙色预警

3）相关水域水上作业和过往船舶应当回港避风，加固港口设施，防止船舶走锚、搁浅和碰撞。

4）加固或者拆除易被风吹动的搭建物，人员应当尽可能待在防风安全的地方，当台风中心经过时风力会减小或者静止一段时间，切记强风将会突然吹袭，应当继续留在安全处避风，危房内的人员要及时转移。

5）相关地区应当注意防范强降水可能引发的山洪、地质灾害。

4. 红色预警信号（见图1-7）

（1）标准　6h内可能或者已经受热带气旋影响，沿海或者陆地平均风力达12级以上，或者阵风达14级以上并可能持续。

（2）防御指南

1）政府及相关部门按照职责做好防台风应急和抢险工作。

2）停止室内外大型集会，停工、停课、停运、停市、停业（除特殊行业外）。

图1-7　台风红色预警

3）回港避风的船舶要视情况采取积极措施，妥善安排人员留守或者转移到安全地带。

4）加固或者拆除易被风吹动的搭建物，人员应当待在防风安全的地方，当台风中心经过时风力会减小或者静止一段时间，切记强风将会突然吹袭，应当继续留在安全处避风，危房内的人员要及时转移。

5）相关地区应当注意防范强降水可能引发的山洪、地质灾害。

二、暴雨预警

暴雨信号分四级，分别以蓝色、黄色、橙色、红色表示。

1. 蓝色预警信号（见图1-8）

（1）标准　12h内降雨量将达50mm以上，或者已达50mm以上且降雨可能持续。

（2）防御指南

1）政府及相关部门按照职责做好防暴雨准备工作。

图1-8　暴雨蓝色预警

2）学校、幼儿园采取适当措施，保证学生和幼儿安全。

3）驾驶人员应当注意道路积水和交通阻塞，确保安全。

4）检查城市、农田、鱼塘排水系统，做好排涝准备。

2. 黄色预警信号（见图1-9）

（1）标准　6h内降雨量将达50mm以上，或者已达50mm以上且降雨可能持续。

（2）防御指南

1）政府及相关部门按照职责做好防暴雨工作。

2）交通管理部门应当根据路况在强降雨路段采取交通管制措施，在积水路段实行交通引导。

3）切断低洼地带有危险的室外电源，暂停在空旷地方的户外作业，转移危险地带人员和危房居民到安全场所避雨。

图1-9　暴雨黄色预警

4）检查城市、农田、鱼塘排水系统，采取必要的排涝措施。

3. 橙色预警信号（见图1-10）

（1）标准　3h内降雨量将达50mm以上，或者已达50mm以上且降雨可能持续。

（2）防御指南

1）政府及相关部门按照职责做好防暴雨应急和抢险工作。

2）切断有危险的室外电源，暂停户外作业。

3）处于危险地带的单位应当停课、停业，采取专门措施保护已到校学生、幼儿和其他上班人员的安全。

图1-10　暴雨橙色预警

4）做好城市、农田的排涝，注意防范可能引发的山洪、滑坡、泥石流等灾害。

4. 红色预警信号（见图1-11）

（1）标准　3h内降雨量将达100mm以上，或者已达100mm以上且降雨可能持续。

（2）防御指南

1）政府及相关部门按照职责做好防暴雨应急和抢险工作。

2）停止集会、停课、停业（除特殊行业外）。

3）做好山洪、滑坡、泥石流等灾害的防御和抢险工作。

图1-11　暴雨红色预警

三、暴雪预警

暴雪信号分四级，分别以蓝色、黄色、橙色、红色表示。

1. 蓝色预警信号（见图 1-12）

（1）标准　12h 内降雪量将达 4mm 以上，或者已达 4mm 以上且降雪持续，可能对交通或者农牧业有影响。

（2）防御指南

1）政府及有关部门按照职责做好防雪灾和防冻害准备工作。

2）交通、铁路、电力、通信等部门应当进行道路、铁路、线路巡查维护，做好道路清扫和积雪融化工作。

3）行人注意防寒防滑，驾驶人员小心驾驶，车辆应当采取防滑措施。

4）农牧区和种养殖业要储备饲料，做好防雪灾和防冻害准备。

5）加固棚架等易被雪压的临时搭建物。

图 1-12　暴雪蓝色预警

2. 黄色预警信号（见图 1-13）

（1）标准　12h 内降雪量将达 6mm 以上，或者已达 6mm 以上且降雪持续，可能对交通或者农牧业有影响。

（2）防御指南

1）政府及相关部门按照职责落实防雪灾和防冻害措施。

2）交通、铁路、电力、通信等部门应当加强道路、铁路、线路巡查维护，做好道路清扫和积雪融化工作。

3）行人注意防寒防滑，驾驶人员小心驾驶，车辆应当采取防滑措施。

4）农牧区和种养殖业要备足饲料，做好防雪灾和防冻害准备。

5）加固棚架等易被雪压的临时搭建物。

图 1-13　暴雪黄色预警

3. 橙色预警信号（见图 1-14）

（1）标准　6h 内降雪量将达 10mm 以上，或者已达 10mm 以上且降雪持续，可能或者已经对交通或者农牧业有较大影响。

（2）防御指南

1）政府及相关部门按照职责做好防雪灾和防冻害的应急工作。

2）交通、铁路、电力、通信等部门应当加强道路、铁路、线路巡查维护，做好道路清扫和积雪融化工作。

3）减少不必要的户外活动。

4）加固棚架等易被雪压的临时搭建物，将户外牲畜赶入棚圈喂养。

图 1-14　暴雪橙色预警

4. 红色预警信号（见图 1-15）

（1）标准　6h 内降雪量将达 15mm 以上，或者已达 15mm 以上且降雪持续，可能或者已经对交通或者农牧业有重大影响。

(2) 防御指南

1) 政府及相关部门按照职责做好防雪灾和防冻害的应急和抢险工作。

2) 交通、铁路、电力、通信等部门应当加强道路、铁路、线路巡查维护，做好道路清扫和积雪融化工作。

3) 必要时停课、停业（除特殊行业外）。

4) 必要时飞机暂停起降，火车暂停运行，高速公路暂时封闭。

5) 做好牧区等救灾救济工作。

图 1-15　暴雪红色预警

四、寒潮预警

寒潮信号分四级，分别以蓝色、黄色、橙色、红色表示。

1. 蓝色预警信号（见图 1-16）

(1) 标准　48h 内最低气温将下降 8℃ 以上，最低气温小于或等于 4℃，陆地平均风力可达 5 级以上；或者已经下降 8℃ 以上，最低气温小于或等于 4℃，陆地平均风力达 5 级以上，并可能持续。

(2) 防御指南

1) 政府及有关部门按照职责做好防寒潮准备工作。

2) 注意添衣保暖。

3) 对热带作物、水产品采取一定的防护措施。

4) 做好防风准备工作。

图 1-16　寒潮蓝色预警

2. 黄色预警信号（见图 1-17）

(1) 标准　24h 内最低气温将要下降 10℃ 以上，最低气温小于或等于 4℃，陆地平均风力可达 6 级以上；或者已经下降 10℃ 以上，最低气温小于或等于 4℃，陆地平均风力达 6 级以上，并可能持续。

(2) 防御指南

1) 政府及有关部门按照职责做好防寒潮工作。

2) 注意添衣保暖，照顾好老、弱、病人。

3) 对牲畜、家禽和热带、亚热带水果及有关水产品、农作物等采取防寒措施。

4) 做好防风工作。

3. 橙色预警信号（见图 1-18）

(1) 标准　24h 内最低气温将要下降 12℃ 以上，最低气温小于或等于 0℃，陆地平均风力可达 6 级以上；或者已经下降 12℃ 以上，最低气温小于或等于 0℃，陆地平均风力达 6 级

图 1-17　寒潮黄色预警

以上，并可能持续。

（2）防御指南

1）政府及有关部门按照职责做好防寒潮应急工作。

2）注意防寒保暖。

3）农业、水产业、畜牧业等要积极采取防霜冻、冰冻等防寒措施，尽量减少损失。

4）做好防风工作。

4. 红色预警信号（见图 1-19）

（1）标准 24h 内最低气温将要下降 16℃ 以上，最低气温小于或等于 0℃，陆地平均风力可达 6 级以上；或者已经下降 16℃ 以上，最低气温小于或等于 0℃，陆地平均风力达 6 级以上，并可能持续。

（2）防御指南

1）政府及相关部门按照职责做好防寒潮的应急和抢险工作。

2）注意防寒保暖。

3）农业、水产业、畜牧业等要积极采取防霜冻、冰冻等防寒措施，尽量减少损失。

4）做好防风工作。

图 1-18 寒潮橙色预警

图 1-19 寒潮红色预警

五、大风预警

大风（除台风外）预警信号分四级，分别以蓝色、黄色、橙色、红色表示。

1. 蓝色预警信号（见图 1-20）

（1）标准 24h 内可能受大风影响，平均风力可达 6 级以上，或者阵风 7 级以上；或者已经受大风影响，平均风力为 6~7 级，或者阵风 7~8 级并可能持续。

（2）防御指南

1）政府及相关部门按照职责做好防大风工作。

2）关好门窗，加固围板、棚架、广告牌等易被风吹动的搭建物，妥善安置易受大风影响的室外物品，遮盖建筑物资。

3）相关水域水上作业和过往船舶采取积极的应对措施，如回港避风或者绕道航行等。

4）行人注意尽量少骑自行车，刮风时不要在广告牌、临时搭建物等下面停留。

5）有关部门和单位注意森林、草原等防火。

2. 黄色预警信号（见图 1-21）

（1）标准 12h 内可能受大风影响，平均风力可达 8 级以上，或者阵风 9 级以上；或者已经受大风影响，平均风力为 8~9 级，或者阵风 9~10 级并可能持续。

图 1-20 大风蓝色预警

（2）防御指南

1）政府及相关部门按照职责做好防大风工作。

2）停止露天活动和高空等户外危险作业，危险地带人员和危房居民尽量转到避风场所避风。

3）相关水域水上作业和过往船舶采取积极的应对措施，加固港口设施，防止船舶走锚、搁浅和碰撞。

4）切断户外危险电源，妥善安置易受大风影响的室外物品，遮盖建筑物资。

5）机场、高速公路等单位应当采取保障交通安全的措施，有关部门和单位注意森林、草原等防火。

图 1-21　大风黄色预警

3. 橙色预警信号（见图 1-22）

（1）标准　6h 内可能受大风影响，平均风力可达 10 级以上，或者阵风 11 级以上；或者已经受大风影响，平均风力为 10～11 级，或者阵风 11～12 级并可能持续。

（2）防御指南

1）政府及相关部门按照职责做好防大风应急工作。

2）房屋抗风能力较弱的中小学校和单位应当停课、停业，人员减少外出。

3）相关水域水上作业和过往船舶应当回港避风，加固港口设施，防止船舶走锚、搁浅和碰撞。

图 1-22　大风橙色预警

4）切断危险电源，妥善安置易受大风影响的室外物品，遮盖建筑物资。

5）机场、铁路、高速公路、水上交通等单位应当采取保障交通安全的措施，有关部门和单位注意森林、草原等防火。

4. 红色预警信号（见图 1-23）

（1）标准　6h 内可能受大风影响，平均风力可达 12 级以上，或者阵风 13 级以上；或者已经受大风影响，平均风力为 12 级以上，或者阵风 13 级以上并可能持续。

（2）防御指南

1）政府及相关部门按照职责做好防大风应急和抢险工作。

2）人员应当尽可能停留在防风安全的地方，不要随意外出。

图 1-23　大风红色预警

3）回港避风的船舶要视情况采取积极措施，妥善安排人员留守或者转移到安全地带。

4）切断危险电源，妥善安置易受大风影响的室外物品，遮盖建筑物资。

5）机场、铁路、高速公路、水上交通等单位应当采取保障交通安全的措施，有关部门和单位注意森林、草原等防火。

六、沙尘暴预警

沙尘暴预警信号分三级，分别以黄色、橙色、红色表示。

1. 黄色预警信号（见图1-24）

（1）标准　12h内可能出现沙尘暴天气（能见度小于1000m），或者已经出现沙尘暴天气并可能持续。

（2）防御指南

1）政府及相关部门按照职责做好防沙尘暴工作。

2）关好门窗，加固围板、棚架、广告牌等易被风吹动的搭建物，妥善安置易受大风影响的室外物品，遮盖建筑物资，做好精密仪器的密封工作。

3）不宜开展户外活动，出行携带口罩、纱巾等防尘用品。

4）呼吸道疾病患者、对风沙较敏感人员不宜户外活动。

5）驾驶人员注意沙尘暴变化，小心驾驶。

图1-24　沙尘暴黄色预警

2. 橙色预警信号（见图1-25）

（1）标准　6h内可能出现强沙尘暴天气（能见度小于500m），或者已经出现强沙尘暴天气并可能持续。

（2）防御指南

1）政府及相关部门按照职责做好防沙尘暴应急工作。

2）停止露天活动和高空、水上等户外作业。

3）机场、铁路、高速公路等单位做好交通安全的防护措施，驾驶人员注意沙尘暴变化，小心驾驶。

4）关好门窗，加固围板、棚架、广告牌等易被风吹动的搭建物，妥善安置易受大风影响的室外物品，遮盖建筑物资，做好精密仪器的密封工作。

图1-25　沙尘暴橙色预警

5）户外人员戴好口罩、纱巾等防尘用品，不要在广告牌、临时搭建物和树下停留，并注意交通安全。

6）尽量减少出行，呼吸道病患者、对风沙敏感人员不要到室外活动。

3. 红色预警信号（见图1-26）

（1）标准　6h内可能出现特强沙尘暴天气（能见度小于50m），或者已经出现特强沙尘暴天气并可能持续。

（2）防御指南

1）政府及相关部门按照职责做好防沙尘暴应急抢险工作。

2）人员在防风、防尘场所暂避风沙，不要在户外活动。

图1-26　沙尘暴红色预警

3）学校、幼儿园推迟上学或者放学，直至特强沙尘暴结束。

4）飞机暂停起降，火车暂停运行，高速公路暂时封闭。

七、高温预警

高温预警信号分三级，分别以黄色、橙色、红色表示。

1. 黄色预警信号（见图1-27）

（1）标准　连续3天日最高气温将在35℃以上。

（2）防御指南

1）有关部门和单位按照职责做好防暑降温准备工作。

2）午后尽量减少户外活动。

3）对老、弱、病、幼人群提供防暑降温指导。

4）高温条件下作业和白天需要长时间进行户外露天作业的人员应采取必要的防护措施。

图1-27　高温黄色预警

2. 橙色预警信号（见图1-28）

（1）标准　24h内最高气温将升至37℃以上。

（2）防御指南

1）有关部门和单位按照职责落实防暑降温保障措施。

2）尽量避免在高温时段进行户外活动，高温条件下作业的人员应当缩短连续工作时间。

3）对老、弱、病、幼人群提供防暑降温指导，并采取必要的防护措施。

4）有关部门和单位应当注意防范因用电量过高，以及电线、变压器等电力负载过大而引发的火灾。

图1-28　高温橙色预警

3. 红色预警信号（见图1-29）

（1）标准　24h内最高气温将升至40℃以上。

（2）防御指南

1）有关部门和单位按照职责采取防暑降温应急措施。

2）停止户外露天作业（除特殊行业外）。

3）对老、弱、病、幼人群采取保护措施。

4）有关部门和单位要特别注意防火。

八、干旱预警

图1-29　高温红色预警

干旱预警信号分二级，分别以橙色、红色表示。

1. 橙色预警信号（见图1-30）

（1）标准　预计未来一周综合气象干旱指数达到重旱（气象干旱为25~50年一遇），或者某一县（区）有40%以上的农作物受旱。

（2）防御指南

1）政府及相关部门按照职责做好防御干旱的应急工作。

2）有关部门启用应急备用水源，调度辖区内一切可用

图1-30　干旱橙色预警

水源，优先保障城乡居民生活用水和牲畜饮水。

3）压减城镇供水指标，优先保障经济作物灌溉用水，限制大量农业灌溉用水。

4）限制非生产性高耗水及服务业用水，限制排放工业污水。

5）气象部门适时进行人工增雨作业。

2. 红色预警信号（见图 1-31）

（1）标准　预计未来一周综合气象干旱指数达到特旱（气象干旱为 50 年以上一遇），或者某一县（区）有 60% 以上的农作物受旱。

（2）防御指南

1）政府及相关部门按照职责做好防御干旱的应急和救灾工作。

2）各级政府和有关部门启动远距离调水等应急供水方案，采取提外水、打深井、车载送水等多种手段，确保城乡居民生活和牲畜饮水。

图 1-31　干旱红色预警

3）限时或者限量供应城镇居民生活用水，缩小或者阶段性停止农业灌溉供水。

4）严禁非生产性高耗水及服务业用水，暂停排放工业污水。

5）气象部门适时加大人工增雨作业力度。

九、雷电预警

信号分三级，分别以黄色、橙色、红色表示。

1. 黄色预警信号（见图 1-32）

（1）标准　6h 内可能发生雷电活动，可能会造成雷电灾害事故。

（2）防御指南

1）政府及相关部门按照职责做好防雷工作。

2）密切关注天气，尽量避免户外活动。

2. 橙色预警信号（见图 1-33）

（1）标准　2h 内发生雷电活动的可能性很大，或者已经受雷电活动影响，且可能持续，出现雷电灾害事故的可能性比较大。

图 1-32　雷电黄色预警

（2）防御指南

1）政府及相关部门按照职责落实防雷应急措施。

2）人员应当留在室内，并关好门窗。

3）户外人员应当躲入有防雷设施的建筑物或者汽车内。

4）切断危险电源，不要在树下、电杆下、塔吊下避雨。

5）在空旷场地不要打伞，不要把农具、羽毛球拍、高

图 1-33　雷电橙色预警

尔夫球杆等扛在肩上。

3. 红色预警信号（见图1-34）

（1）标准　2h内发生雷电活动的可能性非常大，或者已经有强烈的雷电活动发生，且可能持续，出现雷电灾害事故的可能性非常大。

（2）防御指南

1）政府及相关部门按照职责做好防雷应急抢险工作。

2）人员应当尽量躲入有防雷设施的建筑物或者汽车内，并关好门窗。

3）切勿接触天线、水管、铁丝网、金属门窗、建筑物外墙，远离电线等带电设备和其他类似金属装置。

4）尽量不要使用无防雷装置或者防雷装置不完备的电视、电话等电器。

5）密切注意雷电预警信息的发布。

图1-34　雷电红色预警

十、冰雹预警

冰雹预警信号分二级，分别以橙色、红色表示。

1. 橙色预警信号（见图1-35）

（1）标准　6h内可能出现冰雹天气，并可能造成雹灾。

（2）防御指南

1）政府及相关部门按照职责做好防冰雹的应急工作。

2）气象部门做好人工防雹作业准备并择机进行作业。

3）户外行人立即到安全的地方暂避。

4）驱赶家禽、牲畜进入有顶棚的场所，妥善保护易受冰雹袭击的汽车等室外物品或者设备。

5）注意防御冰雹天气伴随的雷电灾害。

图1-35　冰雹橙色预警

2. 红色预警信号（见图1-36）

（1）标准　2h内出现冰雹可能性极大，并可能造成重雹灾。

（2）防御指南

1）政府及相关部门按照职责做好防冰雹的应急和抢险工作。

2）气象部门适时开展人工防雹作业。

3）户外行人立即到安全的地方暂避。

4）驱赶家禽、牲畜进入有顶棚的场所，妥善保护易受冰雹袭击的汽车等室外物品或者设备。

5）注意防御冰雹天气伴随的雷电灾害。

图1-36　冰雹红色预警

十一、霜冻预警

霜冻预警信号分三级，分别以蓝色、黄色、橙色表示。

1. 蓝色预警信号（见图 1-37）

（1）标准　48h 内地面最低温度将要下降到 0℃以下，对农业将产生影响，或者已经降到 0℃以下，对农业已经产生影响，并可能持续。

（2）防御指南

1）政府及农林主管部门按照职责做好防霜冻准备工作。

2）对农作物、蔬菜、花卉、瓜果、林业育种要采取一定的防护措施。

3）农村基层组织和农户要关注当地霜冻预警信息，以便采取措施加强防护。

图 1-37　霜冻蓝色预警

2. 黄色预警信号（见图 1-38）

（1）标准　24h 内地面最低温度将要下降到 -3℃以下，对农业将产生严重影响，或者已经降到 -3℃以下，对农业已经产生严重影响，并可能持续。

（2）防御指南

1）政府及农林主管部门按照职责做好防霜冻应急工作。

2）农村基层组织要广泛发动群众，防灾抗灾。

3）对农作物、林业育种要积极采取田间灌溉等防霜冻、冰冻措施，尽量减少损失。

图 1-38　霜冻黄色预警

3. 橙色预警信号（见图 1-39）

（1）标准　24h 内地面最低温度将要下降到 -5℃以下，对农业将产生严重影响，或者已经降到 -5℃以下，对农业已经产生严重影响，并将持续。

（2）防御指南

1）政府及农林主管部门按照职责做好防霜冻应急工作。

2）农村基层组织要广泛发动群众，防灾抗灾。

3）对农作物、蔬菜、花卉、瓜果、林业育种要采取积极的应对措施，尽量减少损失。

图 1-39　霜冻橙色预警

十二、大雾预警

大雾预警信号分三级，分别以黄色、橙色、红色表示。

1. 黄色预警信号（见图 1-40）

（1）标准　12h 内可能出现能见度小于 500m 的雾，或者已经出现能见度小于 500m、大于或等于 200m 的雾并将持续。

（2）防御指南

1）有关部门和单位按照职责做好防雾准备工作。

2）机场、高速公路、轮渡码头等单位加强交通管理，保障安全。

3）驾驶人员注意雾的变化，小心驾驶。

4）户外活动注意安全。

2. 橙色预警信号（见图 1-41）

（1）标准　6h 内可能出现能见度小于 200m 的雾，或者已经出现能见度小于 200m、大于或等于 50m 的雾并将持续。

（2）防御指南

1）有关部门和单位按照职责做好防雾工作。

2）机场、高速公路、轮渡码头等单位加强调度指挥。

3）驾驶人员必须严格控制车、船的行进速度。

4）减少户外活动。

3. 红色预警信号（见图 1-42）

（1）标准　2h 内可能出现能见度小于 50m 的雾，或者已经出现能见度小于 50m 的雾并将持续。

（2）防御指南

1）有关部门和单位按照职责做好防雾应急工作。

2）有关单位按照行业规定适时采取交通安全管制措施，如机场暂停飞机起降，高速公路暂时封闭，轮渡暂时停航等。

3）驾驶人员根据雾天行驶规定，采取雾天预防措施，根据环境条件采取合理行驶方式，并尽快寻找安全停放区域停靠。

4）不要进行户外活动。

图 1-40　大雾黄色预警

图 1-41　大雾橙色预警

图 1-42　大雾红色预警

十三、霾预警

霾预警信号分三级，分别以黄色、橙色、红色表示。

1. 黄色预警信号（见图 1-43）

（1）标准　预计未来 24h 内可能出现下列条件之一并将持续或实况已达到下列条件之一并可能持续。

1）能见度小于 3000m 且相对湿度小于 80% 的霾。

2）能见度小于 3000m 且相对湿度大于或等于 80%，PM2.5 浓度大于 115μg/m³ 且小于或等于 150μg/m³。

3）能见度小于 5000m，PM2.5 浓度大于 150μg/m³ 且小于或等于 250μg/m³。

图 1-43　霾黄色预警

（2）防御指南

1）空气质量明显降低，人员需适当防护。

2）一般人群适量减少户外活动，儿童、老人及易感人群应减少外出。

2. 橙色预警信号（见图1-44）

（1）标准 预计未来24h内可能出现下列条件之一并将持续或实况已达到下列条件之一并可能持续。

1）能见度小于2000m且相对湿度小于80%的霾。

2）能见度小于2000m且相对湿度大于或等于80%，PM2.5浓度大于150μg/m³且小于或等于250μg/m³。

3）能见度小于5000m，PM2.5浓度大于250μg/m³且小于或等于500μg/m³。

图1-44 霾橙色预警

（2）防御指南

1）空气质量明显降低，人员需适当防护。

2）一般人群适量减少户外活动，儿童、老人及易感人群应减少外出。

3. 红色预警信号（见图1-45）

（1）标准 预计未来24h内可能出现下列条件之一并将持续或实况已达到下列条件之一并可能持续。

1）能见度小于1000m且相对湿度小于80%的霾。

2）能见度小于1000m且相对湿度大于或等于80%，PM2.5浓度大于250μg/m³且小于或等于500μg/m³。

3）能见度小于5000m，PM2.5浓度大于500μg/m³。

（2）防御指南

1）政府及相关部门按照职责采取相应措施，控制污染物排放。

图1-45 霾红色预警

2）空气质量很差，人员需加强防护。

3）一般人群避免户外活动，儿童、老人及易感人群应当留在室内。

4）机场、高速公路、轮渡码头等单位加强交通管理，保障安全。

5）驾驶人员谨慎驾驶。

十四、道路结冰预警

道路结冰预警信号分三级，分别以黄色、橙色、红色表示。

1. 黄色预警信号（见图1-46）

（1）标准 路表温度低于0℃，出现降水，12h内可能出现对交通有影响的道路结冰。

（2）防御指南

1）交通、公安等部门要按照职责做好道路结冰应对准备工作。

2）驾驶人员应当注意路况，安全行驶。

3）行人外出尽量少骑自行车，注意防滑。

图1-46 道路结冰黄色预警

2. 橙色预警信号（见图1-47）

（1）标准 路表温度低于0℃，出现降水，6h内可能出现对交通有较大影响的道路结冰。

（2）防御指南

1）交通、公安等部门要按照职责做好道路结冰应急工作。

2）驾驶人员必须采取防滑措施，听从指挥，慢速行驶。

3）行人出门注意防滑。

图1-47 道路结冰橙色预警

3. 红色预警信号（见图1-48）

（1）标准 路表温度低于0℃，出现降水，2h内可能出现或者已经出现对交通有很大影响的道路结冰。

（2）防御指南

1）交通、公安等部门做好道路结冰应急和抢险工作。

2）交通、公安等部门注意指挥和疏导行驶车辆，必要时关闭结冰道路交通。

3）人员尽量减少外出。

图1-48 道路结冰红色预警

十五、森林火险预警

森林火险预警信号分三级，以黄色、橙色、红色表示，分别代表三级森林火险（中度危险）、四级森林火险（高度危险）、五级森林火险（极度危险）。一级、二级森林火险仅发布等级预报，不发布预警信号。

1. 森林火险黄色预警信号（见图1-49）

（1）标准 中度危险，林内可燃物较易燃烧，森林火灾较易发生。

（2）防御指南

1）有关部门要加强森林防火宣传教育。

2）加强巡山护林和野外用火的监管工作。

3）做好扑火救灾充分准备工作。

4）进入林区，注意防火；在林内或林缘用火要做好防范措施，勿留火种、乱丢烟头。

图1-49 森林火险黄色预警

2. 森林火险橙色预警信号（见图1-50）

（1）标准 高度危险，林内可燃物容易燃烧，森林火灾容易发生，火势蔓延速度快。

（2）防御指南

1）进一步加强森林防火宣传教育。

2）加大巡山护林力度，严格管制野外火源。

3）做好扑火救灾充分准备，进入防火临战状态。

4）在重点火险区要设卡布点，禁止带火种进山。

图1-50 森林火险橙色预警

5）在林内或林缘禁止户外用火。

3. 森林火险红色预警信号（见图1-51）

（1）标准　极度危险，林内可燃物极易燃烧，森林火灾极易发生，火势蔓延速度极快。

（2）防御指南

1）加强值班调度，密切注意林火信息动态。

2）进入紧急防火状态，森林消防队伍要严阵以待。

3）发布戒严通告，严禁一切野外用火。

4）组织镇、村干部和护林员、森林公安加强巡山护林，落实各项防范措施，在进入林区的主要路口设卡布点，严禁带火种进山，及时消除林火隐患。

5）发生森林火灾时要及时、科学、安全扑救，确保人民群众生命财产安全。

图1-51　森林火险红色预警

第二章
应急管理概述

第一节 应急管理的基本知识

一、应急管理的定义

应急管理是指政府及其他公共机构、企事业单位在突发事件的事前预防、事发应对、事中处置和善后恢复过程中,通过建立必要的应对机制,采取一系列必要措施,应用科学、技术、规划与管理等手段,保障公众生命、健康和财产安全,促进社会和谐健康发展的有关活动。

应急管理是对突发公共事件的全过程管理,根据突发公共事件的预警、发生、缓解和善后4个发展阶段,可分为预测预警、识别控制、紧急处置和善后管理4个过程。应急管理又是一个动态管理,应急危险因素包括人的危险、物的危险和责任危险3大类。首先,人的危险可分为生命危险和健康危险;物的危险指威胁财产安全的火灾、雷电、台风、洪水等事故灾难;责任危险是产生于法律上的损害赔偿责任,一般又称为第三者责任险。其中,危险由突发意外事故、突发意外事故发生的可能性及蕴藏意外事故发生可能性的危险状态构成。所谓的应急管理就是对突发公共事件进行预防、准备、响应、恢复4个阶段的过程。应急管理还是一个完整的系统工程,可以概括为"一案三制",即突发公共事件应急预案,应急机制、应急体制和应急法制。

应急管理是一门新学科,需要政府及企事业单位在应急管理中,动员一切必要的社会资源应对突发公共事件,保护包括经济安全、生态安全、能源安全、社会安全等在内的国家安全,维护社会稳定和公众利益,公开应急管理信息,保证公众的知情权,降低社会危害、开展危机教育,体现政府及企事业单位的人文关怀。

二、我国应急管理的发展

1. 应急管理研究的萌芽时期

2003年以前,关于应急管理的研究主要集中在灾害管理研究方面。自20世纪70年代中后期以来,随着地震、水旱灾害的不断加剧,我国学术界在单项灾害、区域综合灾害以及灾害理论、减灾对策、灾害保险等方面都取得了一批重要的研究成果。但是,对应急管理一般规律的综合性研究成果却寥寥无几。中国期刊网社会科学文献总库中关于应急管理的研究文章，多数是以专项部门应对为主的灾害管理为研究对象的成果。目前可以检索到最早研究应急管理的学术文章是魏加宁发表于《管理世界》1994 年第 6 期的《危机与危机管理》。该文较为系统地阐述了现代危机管理的核心内容。此外，中国行政管理学会课题组的《我国转型期群体突发性事件主要特点、原因及政府对策研究》、薛澜的《应尽快建立现代危机管理体系》，也是早期较有影响力的文章。许文惠、张成福等主编的《危机状态下的政府管理》，胡宁生主编的《中国政府形象战略》是较早涉及突发公共事件应急管理的力作。

2. 应急管理研究的快速发展时期

2003 年抗击"非典"，暴露了我国应急管理工作中的薄弱环节。2003 年"非典"事件推动了应急管理理论与实践的发展，结合事前准备不充分，信息渠道不畅通，应急管理体制、机制、法制不健全这一系列问题促使政府部门下定决心全面加强和推进应急管理工作。2003 年 10 月，党的十六届三中全会通过的《中共中央关于完善社会主义市场经济体制若干问题的决定》强调：要建立健全各种预警和应急机制，提高政府应对突发事件和风险的能力。理论和实践的需要，使得 2003 年成为中国全面加强应急管理研究的起步之年。因此，这一时期的研究主要受"非典"事件的影响，既有针对该事件本身的研究成果，如彭宗超、钟开斌的《非典危机中的民众脆弱性分析》、房宁等主编的《突发事件中的公共管理——"非典"之后的反思》等，同时也有人从整体的角度对政府的应急管理进行反思和总结，如马建珍的《浅析政府危机管理》等。这一时期可以认为是应急管理实践和研究处于快速发展和繁荣的时期

3. 应急管理研究质量提升时期

2008 年对我国应急管理来说是一个特殊的年份。2008 年的南方雪灾和汶川特大地震，为我国应急管理研究提出了严峻的命题。党和政府以及学界从不同角度深入总结我国应急管理的成就和经验，查找存在的问题。胡锦涛总书记曾在党中央、国务院召开的全国抗震救灾总结表彰大会上指出："要进一步加强应急管理能力建设。"可以说，在此阶段我国应急管理体系建设再一次站在了历史的新起点上。

4. 应急管理研究综合发展时期

我国是灾害多发、频发的国家，为防范化解重特大安全风险，要健全公共安全体系，整合优化应急力量和资源，推动形成统一指挥、专常兼备、反应灵敏、上下联动、平战结合的应急管理体制，提高防灾、减灾、救灾能力，确保人民群众生命财产安全和社会稳定。国务院将国家安全生产监督管理总局的职责，国务院办公厅的应急管理职责，公安部的消防管理职责，民政部的救灾职责，国土资源部的地质灾害防治、水利部的水旱灾害防治、农业部的草原防火、国家林业局的森林防火相关职责，中国地震局的震灾应急救援职责，以及国家防汛抗旱总指挥部、国家减灾委员会、国务院抗震救灾指挥部、国家森林防火指挥部的职责整合，组建了中华人民共和国应急管理部（以下简称应急管理部），作为国务院组成部门。

应急管理部在很大程度上可以实现对全灾种的全流程和全方位管理，有利于提升公共安全保障能力，有利于部门协同、流程优化和标准统一。

第二节　国外应急管理工作

我国应急管理体系的建设起步相对较晚，尤其是针对综合性灾害的应急管理体系来说，

更是如此。这就需要参考国外比较成熟、完善的应急管理体系。美国、日本、澳大利亚和加拿大等国家，都已经建立起一套有针对性的应急管理体系和具体做法，形成了特色鲜明的应急体制与机制。

一、美国的应急管理

美国是世界上应急管理体系建设得比较完备的国家之一，不断完善的体制、机制和法制建设使其应对突发事件的能力越来越强。具体做法包括以下方面。

1. 不断在灾害中完善组织结构

1979年前，美国的应急管理也和其他国家一样，处于各个部分和地区各自为战的状态，直到1979年，当时的卡特总统将原来分散的紧急事态管理机构集中起来，成立了联邦应急管理局（Federal Emergency Management Agency，FEMA），专门负责突发事件应急管理过程中的机构协调工作，其局长直接对总统负责。通常认为，联邦应急管理局的成立标志着美国现代应急管理机制正式建立，同时也是世界现代应急管理的一个标志。

2001年的9·11事件引起了美国各界对国家公共安全体制的深刻反思，它同时诱发了多个问题，政府饱受各方指责：多方面管理带来的管理不力，情报工作失误，反恐技术和手段落后等。为了有效解决这些问题，布什政府于2002年11月组建了美国国土安全部，将22个联邦部门并入，FEMA成为紧急事态准备与应对司下属的第三级机构。三年后，美国南部墨西哥湾沿岸遭受"卡特里娜飓风"袭击，由于组织协调不力，致使受灾最严重的新奥尔良市死亡数千人。在此事件后，美国国土安全部汲取教训，进行了应急功能的重新设计，该机构在2007年10月加利福尼亚州发生的森林大火中获得重生，高效地解决了加利福尼亚州50多万人的疏散问题。

美国的其他专业应急组织还有疾病控制与预防中心，在应急管理中也发挥着重要作用。他们拥有一支强有力的机动队伍和运行高效的规程，在突发公共事件中有权采取及时有效的措施。

从以上应急机构演变的过程可以看到，美国的应急管理组织体系在经验和教训中不断成熟，逐渐走向完善。

2. 健全应急法制体系

美国1976年实施的《紧急状态管理法》详细规定了全国紧急状态的过程、期限以及紧急状态下总统的权力，并对政府和其他公共部门（如警察、消防、气象、医疗和军方等）的职责做了具体的规范。此后，又推出了针对不同行业、不同领域的应对突发事件的专项实施细则，包括地震、洪灾、建筑物安全等。1959年的《灾害救济法》几经修改后确立了联邦政府的救援范围及减灾、预防、应急管理和恢复重建的相关问题。9·11事件之后，美国对紧急状态应对的相关法规又做了更加细致而周密的修订，形成了一个相对全面的突发事件应急法制体系。

如今美国已形成了以国土安全部为中心，下分联邦、州、县、市、社区五个层次的应急和响应机构，通过实行统一管理，属地为主，分级响应，标准运行的机制，有效地应对各类突发的灾害事件。

二、日本的防灾减灾机制

日本地处亚欧板块和太平洋板块交接处，即环太平洋环火山地震带，台风、地震、海啸、暴雨等各种灾害极为常见，是世界易遭自然灾害破坏的国家之一。在长期与灾难的对抗中，日本形成了一套较为完善的综合性防灾减灾机制。

1. 完善的应急管理法律体系

作为全球较早制定灾害管理基本法的国家，日本的防灾减灾法律体系相当庞大。《灾害对策基本法》中明确规定了国家、中央政府、社会团体、全体公民等不同群体的防灾责任，除了这一基本法之外，还有各类防灾减灾法50多部，建立了围绕灾害周期而设置的法律体系，即基本法、灾害预防和防灾规划相关法、灾害应急法、灾后重建与恢复法、灾害管理组织法5个部分，使日本在应对自然灾害类突发事件时有法可依。

2. 良好的应急教育和防灾演练

日本政府和公民极为重视应急教育工作，从中小学教育抓起，培养公民的防灾意识；将每年的9月1日定为"防灾日"，9月份的第一个星期定为"防灾周"，通过各种方式进行防灾宣传活动；政府和相关灾害管理组织机构协同进行全国范围内的大规模灾害演练，检验决策人员和组织的应急能力，使公众能训练有素地应对各类突发事件。

3. 巨灾风险管理体系

日本经济发达，频发的地震又极易造成大规模经济损失。为了有效地应对灾害，转移风险，日本建立了由政府主导和财政支持的巨灾风险管理体系，政府为地震保险提供后备金和政府再保险。巨灾保险制度在应急管理中起到了重要作用，为灾民正常的生产生活和灾后恢复重建提供了保障。

4. 严密的灾害救援体系

日本已建成了由消防、警察、自卫队和医疗机构组成的较为完善的灾害救援体系。消防机构是灾害救援的主要机构，同时负责收集、整理、发布灾害信息；警察的应对体制由情报应对体系和灾区现场活动两部分组成，主要包括灾区情报收集、传递、各种救灾抢险、灾区治安维持等；日本的自卫队属于国家行政机关，根据《灾害对策基本法》和《自卫队法》的规定，灾害发生时，自卫队长官可以根据实际情况向灾区派遣灾害救援部队，参与抗险救灾。

三、澳大利亚的应急管理

澳大利亚位于南半球的大洋洲，地广人稀，人口主要集中在悉尼等中心城市和沿海地区。在过去的几十年里，由于周围都是无边无际的大海，澳大利亚在战略上一直是一个处于低威胁的国家，其突发事件主要是自然灾害，如洪水、暴雨、热带风暴、森林大火等，相应的应急管理也带有自己的鲜明特色。

1. 层次分明的应急管理体系

澳大利亚设立了一套三个层面、承担不同职责的政府应急管理体系。在联邦政府层面，隶属于澳大利亚国防部的应急管理局（EMA）是联邦政府主要的应急管理部门，负责管理和协调全国性的紧急事件管理；在州和地区政府层面，已经有6个州和2个地区通过立法，建立委员会机构以及提升警务、消防、救护、应急服务、健康福利机构等各方面的能力来保护生命、财产和环境安全；在社区层面，澳大利亚全国范围内约有700个社区，它们虽然不直接控制灾害响应机构，但在灾难预防、缓解以及为救灾进行协调等方面承担责任。

2. 森林火灾防治

澳大利亚地处热带和亚热带地区，在干旱季节，气温高、湿度小、风大，森林植被以桉树为主，桉树含油脂多，特别易燃，一旦发生火灾，极易形成狂燃大火，并产生飞火，很难扑救，造成的损失非常严重。针对这些情况，澳大利亚经多年试验研制出了以火灭火的办法，采取计划火烧措施防治森林火灾，并采用气象遥感、图像信息传输和计算机处理等技术，实现了实时、快速、准确预测预报森林火灾。此外，社会民众还成立了森林防火站、火灾管理委员会等民间组织来应对火灾。

3. 以志愿者为特色的广泛社会参与

在澳大利亚，应急响应志愿者是抗灾的生力军，他们来自社区，服务社区，积极参与社区的减灾和备灾活动。州应急服务中心是志愿者抗灾组织中比较普遍的一种形式，帮助社区处理洪灾和暴雨等灾害，而且志愿者并不是业余的，他们都参加培训且达到职业标准，并能熟练操作各种复杂的救灾设备。

四、加拿大的应急管理

加拿大大部分地区属于寒带，冬季时间长，40%的陆地为冰封冻土地区，蒙特利尔冬季的温度可至零下30℃，主要的自然灾害是冬季的暴风雪。所以，加拿大的应急管理是"以雪为令"。

1. 重视地方部门作用的应急管理体系

加拿大自1948年成立联邦民防组织，到1966年，其工作范围已延伸到平时的应急救灾。1974年，加拿大将民防和应急行动的优先程序倒过来。1988年，加拿大成立应急准备局，使之成为一个独立的公共服务部门，执行和实施应急管理法。加拿大的应急管理体制分为联邦、省和市镇三级，实行分级管理。政府要求任何紧急事件首先应由当地官方进行处置，如果需要协助，可再向省或地区紧急事件管理组织请求，如果事件不断升级以致超出了省或地区的资源能力，可再向加拿大政府寻求帮助。

2. 应对雪灾的全国协作机制

加拿大各级政府形成了一套针对雪灾的高效和系统的应急对策。清雪部门是常设机构，及时清理积雪，保障道路畅通，责任主要在各省市政府。其中，省政府负责辖区内高速路，市政府负责市内道路。据统计，加拿大全国每年清雪费用高达10亿加元，各级政府也都有专门的年度清雪预算。加拿大清雪基本是机械化，每个城市都配有系统的清雪设备，为把暴风雪的影响降到最低，加拿大各省市特别注重调动全社会的配合和参与。加拿大环境部网站不仅每天分时段公布各地市详细的天气预报，还提供未来一周的每日天气预报，并及时发布暴风雪等极端天气警报；各省市设有免费的实时路况信息热线；电台和电视台一般是每隔30min播报一次当地天气和路况情况；各省市也都把清雪的预算、作业程序和标准以及投诉电话等公布在其官方网站上，供公众监督。加拿大各省市还常常通过多种方式向公众介绍防范冰雪天气的知识和技巧，提高公众应对暴风雪的能力。

第三节 应急管理的原则及意义

一、应急管理的原则

我国建立了统一领导、综合协调、分类管理、分级负责、属地管理为主的应急管理机制。我国应急管理的基本原则如下：

（1）以人为本，减少危害　切实履行政府的社会管理和公共服务职能，把保障公众健康和生命财产安全作为首要任务，最大限度地减少突发公共事件及其造成的人员伤亡和危害。

（2）居安思危，预防为主　高度重视公共安全工作，常抓不懈，防患于未然。增强忧患意识，坚持预防与应急相结合，常态与非常态相结合，做好应对突发公共事件的各项准备工作。

（3）统一领导，分级负责　在党中央、国务院的统一领导下，建立健全分类管理、分级负责，条块结合、属地管理为主的应急管理体制，在各级党委领导下，实行行政领导责任制，充分发挥专业应急指挥机构的作用。

（4）依法规范，加强管理　依据有关法律和行政法规，加强应急管理，维护公众的合法权益，使应对突发公共事件的工作规范化、制度化、法制化。

（5）快速反应，协同应对　加强以属地管理为主的应急处置队伍建设，建立联动协调制度，充分动员和发挥乡镇、社区、企业事业单位、社会团体和志愿者队伍的作用，依靠公众力量，形成统一指挥、反应灵敏、功能齐全、协调有序、运转高效的应急管理机制。

（6）依靠科技，提高素质　加强公共安全科学研究和技术开发，采用先进的监测、预测、预警、预防和应急处置技术及设施，充分发挥专家队伍和专业人员的作用，提高应对突发公共事件的科技水平和指挥能力，避免发生次生、衍生事件；加强宣传和培训教育工作，提高公众自救、互救和应对各类突发公共事件的综合素质。

二、应急管理的意义

加强应急管理，提高预防和处置突发公共事件的能力，是关系国家经济社会发展全局和人民群众生命财产安全的大事，是构建社会主义和谐社会的重要内容，是坚持以人为本、执政为民的重要体现，是全面履行政府职能，进一步提高行政能力的重要方面。通过加强应急管理，建立健全社会预警机制、突发公共事件应急机制和社会动员机制，可以最大限度地预防和减少突发公共事件及其造成的损害，保障公众的生命财产安全，维护国家安全和社会稳定，促进经济社会全面、协调、可持续发展。

第四节　应急管理的环节

我国应急管理的内涵，包括预防与应急准备、监测与预警、应急响应与控制、应急处置与救援、应急资源协调、应急信息管理、恢复与重建7个阶段。在实际情况中，这些阶段往往是重叠的，但它们中的每一部分都有自己单独的目标，并且成为下个阶段内容的一部分。

一、预防与应急准备

应急管理的首要任务是预防突发事件的发生。要通过应急管理预防行动和准备行动，建立突发事件源头防控机制，建立健全应急管理体制、制度，有效控制突发事件的发生，做好突发事件应对工作准备。

突发事件预防与应急准备是做好应急管理工作的重要基础。对预防与应急准备工作重视不够、做得不实，是很多突发事件发生和造成严重后果的重要原因。

二、监测与预警

突发事件监测与预警是指以先进的信息技术平台,通过预测和仿真等技术,对各类潜在的隐患、威胁、危害或当前国家和社会的运行状态进行有效的动态监测,做出前瞻性的分析和判断,及时评估各种紧急情况发生的可能性及其危险程度,进行预防和警示,并通过分析和判断各种影响因素综合发挥作用的状况及各要素系统运行的状况等,制定针对性较强的应对措施的过程。

及时预测突发事件的发生并向社会预警,是减少突发事件损失的最有效措施,也是应急管理的主要工作。采取传统与科技手段相结合的办法进行预测,将突发事件消除在萌芽状态,一旦发现不可消除的突发事件,及时向社会预警。

案例3　长安大学科研团队成功预警黄土滑坡

《陕西日报》记者从长安大学了解到:2019年3月26日5时,在甘肃省永靖县盐锅峡镇党川村黑方台党川6号和7号滑坡体附近,新发生了一起黄土滑坡事件。由于提前发出了预警信息,此次滑坡未造成人员伤亡。提前发出联合预警信息的是长安大学张勤教授研究团队和成都理工大学研究团队。

灾害发生的前两天,联合团队通过相关仪器发现当地地质变化存在异常。确认相关信息后,联合团队立即将黄色预警信息以短信、微信的方式发送给盐锅峡镇地质灾害应急中心和相关村干部,提醒他们密切关注滑坡的变形情况,做好防灾准备。灾害发生的前一天,联合团队通过仪器再次发现滑坡变形速率明显加快,于是立即发出橙色预警。当地政府迅速响应,安排工作人员及时疏散了滑坡体附近人员。灾害发生前40min,联合团队再次发出红色预警,并以短信、微信和紧急电话的方式提醒当地地质灾害应急中心和村干部,做好相应的防范工作。

这次突发性黄土滑坡监测预警是利用张勤教授研究团队最新研发的基于云平台的低成本千元级高精度北斗/GNSS监测预警系统实现的,也初步验证了相关算法和软件硬件系统的可靠性。该监测预警系统是张勤教授研究团队承担的国家自然科学基金重点项目"基于空天地技术的滑坡识别与智能监测预警"和国家重点研发计划项目"特大滑坡实时监测预警与技术装备研发"的初步研究成果,为后续开展滑坡等突发性地质灾害的监测预警和技术装备研发奠定了基础。

三、应急响应与控制

突发事件发生后,能够及时启动应急预案,实施有效的应急救援行动,防止事件进一步扩大和发展,是应急管理的重中之重。特别是发生在人口稠密区域的突发事件,应快速组织相关应急职能部门联合行动,控制事件继续扩展。

四、应急处置与救援

应急处置与救援是指突发事件发生过后,依法及时采取各项措施,控制事态发展,防止事态扩大和发生次生、衍生事件,努力减轻和消除其对生命财产造成损害的过程。它要求决策者在面临紧急情况时能够迅速收集信息，果断做出重要决策。它包含对紧急情况的认识能力、信息收集能力、对策研究能力以及勇敢决断能力等要素，是对决策能力的重大考验。

确保在应急救援行动中，及时、有序、科学地实施现场抢救和安全转送人员，降低伤亡率、减少突发事件损失是应急管理的重要任务。特别是突发事件发生的突然性，发生后的迅速扩散以及波及范围广、危害性大的特点，要求应急救援人员及时指挥和组织群众采取各种措施进行自身防护，并迅速撤离危险区域或可能发生危险的区域，同时在撤离过程中积极开展公众自救与互救工作。

五、应急资源协调

应急资源是实施应急救援和事后恢复的基础，应急管理机构应该在合理布局应急资源的前提下，建立科学的资源共享与调配机制，以有效利用可用资源，防止在应急中出现资源短缺的情况。

六、应急信息管理

突发事件信息的管理既是应急响应和应急处置的源头工作，也是避免引起公众恐慌的重要手段。应急管理机构应当以现代信息技术为支撑，如综合信息应急平台，保持信息的畅通，以协调各部门、各单位的工作。

七、恢复与重建

恢复与重建是指在应急处置结束后，管理主体为恢复正常的社会秩序和运行状态所采取的一切措施的总和。突发事件的威胁和危害基本得到控制和消除后，应当组织开展恢复和重建工作，以减轻突发事件造成的损失和影响，尽快恢复生产、生活、工作和社会秩序，妥善解决处置突发事件过程中引发的矛盾和纠纷。

应急处置后，应急管理的重点应该放在安抚受害人员及其家属、稳定局面、清理受灾现场、尽快使系统功能恢复或者部分恢复上，并及时调查突发事件的发生原因和性质，评估危害范围和危险程度。

第五节 应急管理的工作内容

应急管理工作内容概括起来叫作"一案三制"。

一、一案

"一案"是指应急预案，就是根据发生和可能发生的突发事件，事先研究制订的应对计划和方案。应急预案包括各级政府总体预案、专项预案和部门预案，以及基层单位的预案和大型活动的单项预案。

二、三制

"三制"是指应急工作的管理体制、运行机制和法制。

建立健全和完善应急预案体系，就是要建立"纵向到底，横向到边"的预案体系。所谓"纵",就是按垂直管理的要求,从国家到省、市、县、乡镇各级政府和基层单位都要制订应急预案,不可断层;所谓"横",就是所有种类的突发公共事件都要有部门负责,都要制订专项预案和部门预案,不可缺少。相关预案之间要做到互相衔接,逐级细化。预案的层级越低,各项规定就要越明确、越具体,避免出现"上下一般粗"的现象,防止生搬硬套。

(1) 建立健全和完善应急管理体制　主要建立健全集中统一、坚强有力的组织指挥机构,发挥我们国家的政治优势和组织优势,形成强大的社会动员体系。建立健全以事发地党委、政府为主,有关部门和相关地区协调配合的领导责任制,建立健全应急处置的专业队伍、专家队伍。必须充分发挥军队、武警和预备役民兵的重要作用。

(2) 建立健全和完善应急运行机制　主要是要建立健全监测预警机制、信息报告机制、应急决策和协调机制、分级负责和响应机制、公众的沟通与动员机制、资源的配置与征用机制、奖惩机制和城乡社区管理机制等。

(3) 建立健全和完善应急法制　主要是加强应急管理的法制化建设,把整个应急管理工作建设纳入法制和制度的轨道,按照有关的法律法规来建立健全预案,依法行政,依法实施应急处置工作,要把法治精神贯穿于应急管理工作的全过程。

第三章 应急物资装备与管理

第一节 应急物资装备类型

应急管理物资装备是指应对严重自然灾害、事故灾难、突发公共卫生事件、社会治安事件应急处置过程中所必备的保障性物资。应急物资设备可划分为三类：第一类是生活保障类物资，也可以称为救灾类物资（灾前预防物资）；第二类是应急救援装备（灾害救援物资）；第三类是公共医疗救护设施（救灾保障物资）。应急物资装备主要有两个用途：一是预案演练之用，二是预案实战之用。

一、应急物资的分类

（1）防护用品　防护服、防毒面具、防火服、手套、消防靴、潜水服（衣）、水下呼吸器、防爆服、安全帽（头盔）、安全鞋、水靴和呼吸面具等。

（2）生命救助　止血绷带、骨折固定托架（板）、救生圈、救生衣、救生缆索、减压舱、保护气垫、防护网、充气滑梯和云梯等。

（3）生命支持　便携呼吸机、急救药品、防疫药品等。

（4）临时食宿　炊具、过滤净化机（器）、压缩食品、罐头、真空包装食品、帐篷（普通、保温）、棉衣、棉被、简易厕所（移动、固定）和简易淋浴设备（车）等。

（5）通信广播　移动电话、对讲机、有线广播器材和扩音器（喇叭）等。

（6）污染清理　喷雾器、垃圾焚烧炉、杀菌灯、消毒杀菌药品、凝油剂、吸油毡和隔油浮漂等。

（7）动力燃料　防爆防水电缆、配电箱（开关）、电线杆、工业氧气瓶、煤油、柴油、汽油、液化气、干电池和蓄电池（配充电设备）等。

（8）器材工具　绞盘、滚杠、千斤顶、锤子、钢钎、电钻、电锯、油锯、张紧器、液压剪、灭火器、灭火弹、风力灭火机、防水望远镜、工业内窥镜和潜水镜等。

（9）民政救灾　帐篷、睡袋、棉被、饮用水、食品、消毒用品、发电设备和应急通信车辆等。

（10）抢险物料　编织袋、草袋、砂石袋、铅丝、毡布、防汛打桩机、防汛土工滤垫、储水式挡水墙、围堤堵漏布、水上安全带、冲锋舟、液压拔桩机、防汛沙袋、防汛组合工具包、吸水膨胀袋、救生抛投器和防汛挡水板等。

二、应急装备的分类

（1）工程设备类　岩土：推土机、挖掘机、铲运机、压路机、打桩机、平整机和翻土机。通风：通风机、强力风扇、鼓风机。起重：起重机（轮式、轨式）、叉车。气象：灭雹高射炮、气象雷达。牵引：牵引车（轮式、轨式）、拖船、拖车。通用：炊事车（轮式、轨式）、供水车、宿营车（轮式、轨式）、移动房屋（组装、集装箱式、轨道式、轮式）、消毒车（船）和垃圾箱（车、船）等。

（2）危化救援类　高压泡沫车、高压喷水车、液体抽吸泵、清污船、便携式可燃气体报警仪和工业毒气侦毒箱等。

（3）地震救援类　重/轻型液压扩张钳、开缝器、钢筋切断机、破碎机、水泥切割机、液压钻孔机、电弧切割机、无齿锯、链锯、双轮异向切割锯、液压顶杆、边缘抬升器、高压起重气垫和手动液压泵等。

（4）矿山救援类　大型钻机、大型排水机、潜水泵、深水泵、瓦斯断电仪、矿用遥控器、传感器、有害气体检测仪器仪表、防降尘设备及测尘仪表、防隔爆装置等。

（5）消防装备类　消防登高云梯车、消防车、灭火器、灭火弹、气防车辆、消防器材、救护器材、防护器材、侦检器材、破拆器材、攀登器材、照明器材和通信器材等。

（6）水上救援类　救捞船、巡逻艇、海巡艇、医疗救生船（艇）、气垫船、汽车轮渡和登陆艇。

（7）医疗救护类　医疗救护车、隔离救护车、监测仪器、医疗器械、应急药品、氧气机、高压氧舱、洗胃设备、输液设备、输氧设备和特种医疗救护装备等。

（8）交通运输类　危化品槽罐车、自卸车、运输船、舟桥、吊桥和越野车等。

（9）电力救援类　电力抢修车辆、抢修器材工具、发电车和燃油发电机组等。

（10）通信类　移动通信指挥车、海事卫星电话、电台（移动、便携、车载）、广播车和电视转发台（车）等。

（11）应急器具类　危化品堵漏器具、液压扩张器和大型抽水机等。

（12）环境监测类　环境监测车辆、监测和分析仪器、可燃气体浓度检测仪、数字式粉尘测定仪和多功能超声频谱仪等。

（13）气象监测类　气象监测车、风速风向仪等。

（14）其他　搜救犬、红外探测器、生物传感器和生命探测仪等。

第二节　应急救援装备的分类

应急救援装备种类繁多，功能不一，适用性差异大，可按其适用性、具体功能、使用状态进行分类。

一、按照适用性分类

（1）一般通用性应急装备　主要包括：个体防护装备，如呼吸器、护目镜、安全带等；消防装备，如灭火器、消防锹等；通信装备，如固定电话、移动电话、对讲机等；报警装备，如手摇式报警器、电铃式报警器等装备。

（2）特殊专业性应急装备　因专业不同而各不相同，可分为消防装备、危险品泄漏控制装备、专用通信装备、医疗装备和电力抢险装备等。

二、按照具体功能分类

（1）预测预警装备　预测预警装备具体可分为：监测装备、报警装备、联动控制装备和安全标志等。

（2）个体防护装备　个体防护装备具体可分为：头部防护装备、眼面部防护装备、耳部防护装备、呼吸器官防护装备、躯体防护装备、手部防护装备、脚部防护装备和坠落防护装备等。

（3）通信与信息装备　通信与信息装备具体可分为：防爆通信装备、卫星通信装备和信息传输处理装备等。

（4）灭火抢险装备　灭火抢险装备具体可分为：灭火器、消防车、消防炮、消防栓、破拆工具、登高工具、消防照明、救生工具、常压和带压堵漏器材等。

（5）医疗救护装备　医疗救护装备具体可分为：多功能急救箱、伤员转运装备和现场急救装备等。

（6）交通运输装备　交通运输装备具体可分为：运输车辆、装卸设备等。

（7）工程救援装备　工程救援装备具体包括：地下金属管线探测设备、起重设备、推土机、挖掘机和探照灯等。

（8）应急技术装备　应急技术装备包括：GPS（Global Positioning System，全球卫星定位系统）、GIS（Geographic Information System，地理信息系统）、无火花堵漏技术装备和北斗卫星定位系统等。

三、按照使用状态分类

（1）日常应急救援装备　日常应急救援装备是指日常生产、工作、生活等状态正常情况下，仍然运行的应急通信、视频监控、气体监测等装备，主要包括用于日常管理的装备，如随时进行监控、接收报告的应急指挥大厅里配备的专用通信设施、视频监控设施等，以及进行动态监测的仪器仪表，如固定式可燃气体监测仪、大气监测仪、水质监测仪等。

（2）战时应急救援装备　战时应急救援装备是指在出现事故险情或事故发生时，投入使用的应急救援装备，如灭火器、消防车、空气呼吸器、抽水机和排烟机等。

日常应急救援装备与战时应急救援装备不能严格区分，许多应急救援装备既是日常应急救援装备，又是战时应急救援装备，如水质监测仪，在生产、工作、生活等状态正常的情况下主要进行日常监测预警，在事故发生时，则进行动态监测，确定应急救援行动是否结束。

第三节　应急物资装备管理

一、应急物资管理的要求

根据突发事件应急预案的要求和应急评估、应急策划结果，配齐常规救援应急装备和物资，做好突发事件的应急装备和物资准备工作。按照应急装备和物资用途及配置数量，对于政府机构、企业单位储量不足或损耗的装备和物资，要做好相关的计划和采购工作。建立健全应急物资储备保障制度，完善重要应急物资的监管、生产、储备、调拨和紧急配送体系。建立应急救援物资、生活必需品和应急处置装备的储备制度。保障应急救援物资、生活必需品和应急处置装备的生产、供给。建立健全应急通信保障体系，建立有线与无线相结合、基础电信网络与机动通信系统相配套的应急通信系统，确保突发事件应对工作的通信畅通。

公共交通工具、公共场所和其他人员密集场所的经营单位或者管理单位应当制定具体应急预案，为交通工具和有关场所配备报警装置和必要的应急救援设备、设施，注明其使用方法，并显著标明安全撤离的通道、路线，保证安全通道、出口的畅通。

二、应急物资的选择与储备原则

（1）种类要全　要充分考虑事故发生的各种情形，可能用到的各种物资，需要用的都要事先储备。

（2）数量要足够　要对用量认真进行核实，以满足实战需要为度，进行充足储备。

（3）资源共享，优化配置　一些应急物资，具有很强的通用性，不必每个备灾中心、机构都按自己所需足量配备，因为这种储备从总体上会出现因长期不用，而物资过期损坏的情况。对此，可以签署互助协议，采用共同出资、有偿使用等方式进行资源共享、优化储备、省钱省地省管理。

（4）严把质量　即要从源头上把好物资质量关，保证物资使用效果良好。

（5）加强检查与维护　做好应急物资的过程检查与维护，保证随时可用，对于变质、失效、不足的及时更新补充。

三、应急物资管理与维护

单位应当定期检测、维护报警装置和应急救援设备、设施，使其处于良好状态，确保正常使用。认真落实应急装备和物资管理使用的有关规定，执行应急装备的更新、检修、停用（临时停用）、报废申报程序，未经主管领导和部门批准，严禁擅自拆除、停用（临时停用）应急装备；安装、放置在规定的使用位置，确定管理人员和维护责任，不允许挪作他用；要经常对库房内的应急装备进行维护保养，保持库房清洁、卫生。各岗位人员对分工保管的器材，要经常进行维护保养，保证器材清洁、完整好用。按规定进行例行保养和强制保养。

准备工作主要体现保险的方针，即一旦发生事故，要保证处置和救援工作能够有效地实施，必须做好救援设备、器材、物资等的准备。

设置临时区用于保存救援装备、物资，临时区需设定专人管理，制定保存现有物资、设备和需求物资清单，包括收到和发放的清单。临时区域应该有充足的车位，保证应急车辆自由移动，要考虑保证电力照明和水源充足。应设置保卫防止无关人员进入此区域，临时区的位置应该让所有有关人员知道，要张贴标识以指示应急人员。

四、应急管理物资保障

（1）加大对应急管理的资金投入力度　无论是应急队伍建设、人员培训、应急预案的演练，还是应急装备和物资的准备，均需要一定的资金支持。各政府机构、企业单位要将应急经费纳入到本机构年度财务预算中，实行严格的审批制度，健全应急资金拨付制度，保障应急管理工作有效开展。对经费开支建立有效的监督机制，组织专人每年对本单位的经费账目开支进行核数。

（2）加强实物储备的管理　对现有的实物储备要指定专人管理，器材库要建账、建卡。存放要分类分架定位摆放，要有相应的中文使用说明书，做到标记鲜明，材质不混，名称不错，数量准确，规格不同，与此无关的任何物品禁止存放。出入库要登记，做到账物相符，字迹清楚，不得涂改。保持装备的完好性。所有应急装备要妥善管理，不能用于其他用途。

（3）建立有效的监督机制　定期对应急装备和物资进行专项检查，做好检查记录，确保完好；组织专人每年对本单位的装备和物资进行核数，包括对实有物资，固定资产的核对，并进行审核。也可以委托第三方专业机构对应急装备和物资进行管理，使用单位进行监督检查。

（4）组织技术培训和应急演练　结合生产实际，组织对操作人员进行正确使用应急装备和物资的技术培训。定期开展岗位练兵和应急演练，提高员工使用应急装备和物资的能力；建立完整的各类应急装备和物资的档案和台账；组织编制和修订相关的安全技术操作规定。

应急物资装备清单见表3-1。

表3-1　应急物资装备清单

应急物资名称	数　　量	存 放 地 点	备　　注
15kW抽水泵	6台	仓库	
铁锹	20把	仓库	
草袋	1000只	仓库	
彩条布	15块	仓库	
灭火器	10个	仓库	
对讲机	6台	仓库	
消防沙	6t	营地/现场沙池内	
大锤	2把	仓库	
编织袋	3000只	仓库	
发电机	1台	现场	
消防水带	200m	仓库	配套接头
雨衣、雨鞋	15套	仓库	
急救箱及药品	3套	风井、控制中心及营地	
消防柜	3套	风井、控制中心及营地	
10号铁丝	6卷	仓库	
强光手电筒	4个	仓库	
折叠担架	1副	仓库	
警示带	6卷	仓库	
方木	3方	现场	
架管	1t	现场	
反光背心	50件	仓库	

（续）

应急物资名称	数　　量	存 放 地 点	备　　注
安全密目网	400 m²	仓库	
麻绳	18mm	仓库	
堵漏王	100袋	仓库	
水玻璃	2桶	仓库	
速凝剂	1t	仓库	
3.0MPa高压注浆机	1台	现场	
水泥	10t	水泥仓库	

第四章 应急管理预案编制

应急预案是指一个政府或组织针对突发事件所采取的全部行动方案。突发事件如自然灾害、重特大事故、环境危害及人为破坏的应急管理、指挥、救援计划等,一般应建立在综合防灾规划上。它包括几个重要的子系统:完善的应急组织管理指挥系统;强有力的应急工程救援保障体系;综合协调、应对自如的相互支持系统;充分备灾的保障供应体系;体现综合救援的应急队伍等。应急预案是针对具体设备、设施、场所和环境,在安全评价的基础上,为降低事故造成的人身、财产与环境损失,就事故发生后的应急救援机构和人员,应急救援的设备、设施、条件和环境,行动的步骤和纲领,控制事故发展的方法和程序等,预先做出科学而有效的计划和安排。

我国为规范应急预案,根据《突发事件应急预案管理办法》《生产安全事故应急预案管理办法》编制了若干专项预案和部门预案,以及出台了若干法律法规。目前,全国应急预案体系包括国家突发公共事件总体预案1件,国家专项预案28件,国务院各部门预案86件,以及各级地方政府应急预案、企事业单位应急预案和举办大型活动预案等多层次、多种类预案。目前,全国各地区、各部门、各基层单位(不含党委、军队系统)共制定各类应急预案超过850万件,涵盖自然灾害、事故灾难、公共卫生事件和社会安全事件等各个领域。

应急管理预案是综合性的事故应急预案,这类预案详细描述事故前、事故过程中和事故后何人做何事,什么时候做,如何做。这类预案要明确制定每一项职责的具体实施程序。应急管理预案包括事故应急的4个逻辑步骤,即预防、准备、响应和恢复。

第一节 应急预案的分类与内容

一、应急预案的分类

1. 按照制定主体划分

应急预案按照制定主体划分,分为政府及其部门应急预案、单位和基层组织应急预案两大类。

(1) 政府及其部门应急预案 由各级人民政府及其部门制定,包括总体应急预案、专项应急预案、部门应急预案等。

1)总体应急预案:是应急预案体系的总纲,是政府组织应对突发事件的总体制度安排，由县级以上各级人民政府制定。

2）专项应急预案：是政府为应对某一类型或某几种类型突发事件，或者针对重要目标物保护、重大活动保障、应急资源保障等重要专项工作而预先制定的涉及多个部门职责的工作方案，由有关部门牵头制定，报本级人民政府批准后印发实施。

3）部门应急预案：是政府有关部门根据总体应急预案、专项应急预案和部门职责，为应对本部门（行业、领域）突发事件，或者针对重要目标物保护、重大活动保障、应急资源保障等涉及部门工作而预先制定的工作方案，由各级政府有关部门制定。

注意：鼓励相邻、相近的地方人民政府及其有关部门联合制定应对区域性、流域性突发事件的联合应急预案。

（2）单位和基层组织应急预案　由机关、企事业单位、社会团体和居委会、村委会等法人和基层组织制定，侧重明确应急响应责任人、风险隐患监测、信息报告、预警响应、应急处置、人员疏散撤离组织和路线、可调用或可请求援助的应急资源情况及如何实施等，体现自救互救、信息报告和先期处置特点。

注意：大型企业集团可根据相关标准规范和实际工作需要，参照国际惯例，建立本集团应急预案体系。

2. 按照预案功能划分

按照预案功能划分，应急预案可以分为综合应急预案、专项应急预案、现场应急预案、重大活动应急预案和企事业单位应急预案。应急预案还可以按照行业来分，比如信息安全应急预案就是有效应对信息安全突发事件的关键。

应急预案应形成体系，针对各级各类可能发生的事故和所有危险源制定专项应急预案和现场处置方案，并明确事前、事发、事中、事后的各个过程中相关部门和有关人员的职责。生产规模小、危险因素少的生产经营单位，综合应急预案和专项应急预案可以合并编写。

（1）综合应急预案　综合应急预案是从总体上阐述事故的应急方针、政策，应急组织结构及相关应急职责，应急行动、措施和保障等基本要求和程序，是应对各类事故的综合性文件。综合应急预案应当包括本单位的应急组织机构及其职责、预案体系及响应程序、事故预防及应急保障、应急培训及预案演练等主要内容。

（2）专项应急预案　专项应急预案是针对具体的事故类别（如煤矿瓦斯爆炸、危险化学品泄漏等事故）、危险源和应急保障而制定的方案，是综合应急预案的组成部分，应按照应急预案的程序和要求组织制定，并作为综合应急预案的附件。专项应急预案应制定明确的救援程序和具体的应急救援措施。专项应急预案应当包括危险性分析、可能发生的事故特征、应急组织机构与职责、预防措施、应急处置程序和应急保障等内容。

（3）现场应急预案　现场应急预案是针对具体的装置、场所、设施或岗位所制定的应急处置措施。现场应急预案应具体、简单、针对性强，应根据风险评估及危险性控制措施逐一编制，做到事故相关人员应知应会，熟练掌握，并通过应急演练，做到迅速反应、正确处置。现场应急预案应当包括危险性分析、可能发生的事故特征、应急处置程序、应急处置要点和注意事项等内容。

（4）重大活动应急预案　政府部门或活动组织机构针对城市大型公众聚集活动（例如经济、文化、体育、民俗、娱乐、集会等活动）和高风险的建筑施工活动（例如城市人口高密度区域建筑物的爆破、水库大坝合龙、城市生命线施工维护等活动）而制定的临时性应急行动方案。随着这些活动的结束,预案的有效性也随之终结。预案的内容主要是针对活动中可能出现的紧急情况,预先对相关应急机构的职责、任务和预防性措施做出安排。

(5) 企事业单位应急预案　根据企事业单位自身的行业性质和风险特点,针对某一类或几类突发事件的应急预案,具有专项预案的特征。

二、应急预案的内容

应急预案可根据《突发事件应急预案管理办法》《生产安全事故应急预案管理办法》《生产经营单位生产安全事故应急预案编制导则》(GB/T 29639—2013)进行编制。应急预案主要内容应包括以下几点。

(1) 总则　说明编制预案的目的、工作原则、编制依据和适用范围等。

(2) 组织指挥体系及职责　明确各组织机构的职责、权利和义务,以突发事故应急响应全过程为主线,明确事故发生、报警、响应、结束、善后处理处置等环节的主管部门与协作部门;以应急准备及保障机构为支线,明确各参与部门的职责。

(3) 预警和预防机制　包括信息监测与报告,预警预防行动,预警支持系统,预警级别及发布(建议分为四级预警)。

(4) 应急响应　包括分级响应程序(原则上按一般、较大、重大、特别重大四级启动相应预案),信息共享和处理,通信,指挥和协调,紧急处置,应急人员的安全防护,群众的安全防护,社会力量动员与参与,事故调查分析、检测与后果评估,新闻报道,应急结束共11个要素。

(5) 后期处置　包括善后处置、社会救助、保险、事故调查报告和经验教训总结及改进建议。

(6) 保障措施　包括通信与信息保障,应急支援与装备保障,技术储备与保障,宣传、培训和演习,监督检查等。

(7) 附则　包括有关术语、定义,预案管理与更新,国际沟通与协作,奖励与责任,制定与解释部门,预案实施或生效时间等。

(8) 附录　包括相关的应急预案、预案总体目录、分预案目录、各种规范化格式文本,相关机构和人员通讯录等。

第二节　应急预案编制要素

应急预案是针对可能发生的重大事故所需的应急准备和应急响应行动而编制的指导性文件。其核心内容如下:对紧急情况或事故灾害及其后果的预测、辨识和评估;规定应急救援各方组织的详细职责;应急救援行动的指挥与协调;应急救援中可用的人员、设备、设施、物资、经费保障和其他资源,包括社会和外部援助资源等;在紧急情况或事故灾害发生时保护生命、财产和环境安全的措施;现场恢复;其他,如应急培训和演练,法律法规的要求等。

一个完善的应急预案按相应的过程可分为6个一级关键要素,包括:方针与原则、应急策划、应急准备、应急响应、现场恢复、预案管理与评审改进。6个一级要素之间既相对独立,又紧密联系,从应急的方针、策划、准备、响应、恢复到预案的管理与评审改进,形成了一个有机联系并持续改进的体系结构。根据一级要素中所包括的任务和功能,其中应急策划、应急准备和应急响应 3 个一级关键要素可进一步划分成若干个二级小要素。所有这些要素即构成了城市重大事故应急预案的核心要素。这些要素是重大事故应急预案编制所应当涉及的基本方面,在实际编制时,可根据职能部门的设置和职责分配等具体情况,将要素进行合并或增加,以便于组织编写。

一、方针与原则

应急救援体系首先应有一个明确的方针和原则作为指导应急救援工作的纲领。方针与原则反映了应急救援工作的优先方向、政策、范围和总体目标,如保护人员安全优先,防止和控制事故蔓延优先,保护环境优先。此外,方针与原则还应体现事故损失控制、预防为主、常备不懈、统一指挥、高效协调以及持续改进的思想。

二、应急策划

应急预案是有针对性的,具有明确的对象,其对象可能是某一类或多类可能的重大事故类型。应急预案的制定必须基于对所针对的潜在事故类型有一个全面系统的认识和评价,识别出重要的潜在事故类型、性质、区域、分布及事故后果,同时,根据危险分析的结果,分析应急救援的应急力量和可用资源情况,并提出建设性意见。在进行应急策划时,应当列出国家、地方相关的法律法规,以作为制定预案、开展应急工作的依据和授权。应急策划包括危险分析、资源分析以及法律法规要求 3 个二级要素。

1. 危险分析

危险分析的最终目的是要明确应急对象(可能存在的重大事故)、事故性质及其影响范围、后果严重程度等,为应急准备、应急响应和减灾措施提供决策和指导依据。

危险分析包括危险识别、脆弱性分析和风险分析。危险分析应依据国家和地方有关的法律法规要求,根据具体情况进行。

危险分析的结果应能提供以下内容:

1)地理、人文(包括人口分布)、地质、气象等信息。
2)功能布局(包括重要保护目标)及交通情况。
3)重大危险源分布情况及主要危险物质种类、数量及理化、消防等特性。
4)可能的重大事故种类及对周边的后果分析。
5)特定的时段(如人群高峰时间、度假季节、大型活动等)。
6)可能影响应急救援的不利因素。

2. 资源分析

针对危险分析所确定的主要危险,明确应急救援所需的资源,列出可用的应急力量和资源,包括:各类应急力量的组成及分布情况;各种重要应急设备、物资的准备情况;上级救援机构或周边可用的应急资源。

通过资源分析,可为应急资源的规划与配备、与相邻地区签订互助协议和预案编制提供指导。

3. 法律法规要求

有关应急救援的法律法规是开展应急救援工作的重要前提和保障。应急策划时,应列出国家、省、地方涉及应急各部门职责要求以及应急预案、应急准备和应急救援的法律法规文件，以作为预案编制和开展应急工作的依据和授权。

三、应急准备

应急预案能否在应急救援中成功地发挥作用，不仅取决于应急预案自身的完善程度，还取决于应急准备的充分与否。应急准备应当依据应急策划的结果开展，包括各应急组织及其职责权限的明确、应急资源的准备、公众教育、应急人员培训、预案演练和互助协议的签署等。

1）明确应急组织机构及其职责权限。
2）应急队伍的建设。
3）应急人员的训练与演习。

应急训练的基本内容主要包括基础培训与训练、专业训练、战术训练及其他训练等。基础培训与训练的目的是保证应急人员具备良好的体能、战斗意志和作风，明确各自的职责，熟悉城市潜在重大危险的性质、救援的基本程序和要领，熟练掌握个人防护装备和通信装备的使用等；专业训练关系到应急队伍的实战能力，训练内容主要包括专业常识、堵源技术、抢运和清消及现场急救等技术；战术训练是各项专业技术的综合运用，使各级指挥员和救援人员具备良好的组织指挥能力和应变能力；其他训练应根据实际情况选择开展，如防化、气象、侦检技术、综合训练等项目的训练，以进一步提高救援队伍的救援水平。

预案演习是对应急能力的综合检验。应急演习包括桌面演习和实战模拟演习。组织由应急各方参加的预案训练和演习，使应急人员进入"实战"状态，熟悉各类应急处理和整个应急行动的程序，明确自身的职责，提高协同作战能力。同时，应对演练结果进行评估，分析应急预案存在的不足，并予以改进和完善。

4）应急物资的储备。
5）应急装备的配备。
6）信息网络的建立。
7）应急预案的演练。
8）公众应急知识的培训。
9）签订必要的互助协议。

当有关的应急力量与资源相对薄弱时，应事先寻求与邻近区域签订正式的互助协议，并做好相应安排，以便在应急救援中及时得到外部救援力量和资源的援助。此外，也应与社会专业技术服务机构、物资供应企业等签署相应的互助协议。《生产安全事故应急条例》第10条规定，可以与邻近的应急救援队伍签订应急救援协议，工业园区、开发区等产业聚集区域内的生产经营单位，可以联合建立应急救援队伍。

四、应急响应

应急响应的核心功能和任务包括：接警与通知、指挥与控制、警报和紧急公告、通信、事态监测与评估、警戒与治安、人群疏散与安置、医疗与卫生、公共关系、应急人员安全、消防和抢险、泄漏物控制。

1. 接警与通知

准确了解事故的性质和规模等初始信息，是决定启动应急救援的关键。接警作为应急响应的第一步，必须对接警要求做出明确规定，以保证迅速、准确地向报警人员询问事故现场的重要信息。接警人员接受报警后，应按预先确定的通报程序，迅速向有关应急机构、政府及上级部门发出事故通知，以采取相应的行动。

2. 指挥与控制

重大事故的应急救援往往涉及多个救援机构，因此，对应急行动的统一指挥和协调是应急救援有效开展的关键。应建立分级响应、统一指挥、协调和决策程序，以便对事故进行初始评估，确认紧急状态，迅速有效地进行应急响应决策，建立现场工作区域，确定重点保护区域和应急行动的优先原则，指挥和协调现场各救援队伍开展救援行动，合理高效地调配和使用应急资源。

3. 警报和紧急公告

当事故可能影响到周边地区，对周边地区的公众可能造成威胁时，应及时启动警报系统，向公众发出警报，同时通过各种途径向公众发出紧急公告，告知事故的性质、对健康的影响、自我保护措施和注意事项等，以保证公众能够及时做出自我防护响应。决定实施疏散时，应通过紧急公告确保公众了解疏散的有关信息，如疏散时间、疏散路线、随身携带物、交通工具及目的地等。

该部分应明确在发生重大事故时，如何向受影响的公众发出警报，包括什么时候，谁有权决定启动警报系统，各种警报信号的不同含义，警报系统的协调使用，可使用的警报装置的类型和位置，以及警报装置覆盖的地理区域。如有可能，应指定备用措施。

4. 通信

通信是应急指挥、协调和与外界联系的重要保障，在现场指挥部、应急中心、各应急救援组织、新闻媒体、医院、上级政府和外部救援机构等之间，必须建立畅通的应急通信网络。该部分应说明主要通信系统的来源、使用、维护以及应急组织通信需要的详细情况等，并充分考虑紧急状态下的通信保障能力，并建立备用的通信系统。

5. 事态监测与评估

事态监测与评估在应急救援和应急恢复决策中具有关键的支持作用。在应急救援过程中必须对事故的发展态势及影响及时进行动态监测，建立对事故现场及场外进行监测和评估的程序。其中包括：由谁来负责监测与评估活动，监测仪器设备及监测方法，实验室化验及检验支持，监测点的设置，监测点的现场工作及报告程序等。

可能的监测活动包括：事故影响边界，气象条件，对食物、饮用水卫生以及水体、土壤、农作物等的污染，可能的二次反应有害物，爆炸危险性和受损建筑垮塌危险性，以及污染物质滞留区等。

6. 警戒与治安

为保障现场应急救援工作的顺利开展，在事故现场周围建立警戒区域，实施交通管制，维护现场治安秩序是十分必要的。其目的是防止与救援无关的人员进入事故现场，保障救援队伍、物资运输和人群疏散等的交通畅通，并避免发生不必要的伤亡。此外，警戒与治安还应该协助发出警报、现场紧急疏散、人员清点、传达紧急信息、执行指挥机构的通告、协助事故调查等。对危险物质事故，必须列出警戒人员有关个体防护的准备。

7. 人群疏散与安置

人群疏散是减少人员伤亡扩大的关键，也是最彻底的应急响应。应当对疏散的紧急情况和决策、预防性疏散准备、疏散区域、疏散距离、疏散路线、疏散运输工具、安全庇护场所以及回迁等做出细致的规定和准备，应充分考虑疏散人群的数量、所需要的时间和可利用的时间、风向等环境变化，以及老弱病残等特殊人群的疏散等问题。对已实施临时疏散的人群，要做好临时生活安置，保障必要的水、电、卫生等基本条件。

8. 医疗与卫生

对受伤人员采取及时有效的现场急救以及合理地转送医院进行治疗，是减少事故现场人员伤亡的关键。在该部分应明确针对城市可能的遭受重大事故，为现场急救、伤员运送、治疗及健康监测等所做的准备和安排，包括：可用的急救资源列表，如急救中心、救护车和现场急救人员的数量；医院、职业中毒治疗医院及烧伤等专科医院的列表，如数量、分布、可用病床、治疗能力等；抢救药品、医疗器械、消毒、解毒药品等的城市内、外来源和供给；医疗人员必须了解城市内主要危险对人群造成伤害的类型，并经过相应的培训，掌握对危险化学品受伤害人员进行正确消毒和治疗的方法。

9. 公共关系

重大事故发生后，不可避免地会引起新闻媒体和公众的关注。因此，应将有关事故的信息、影响、救援工作的进展等情况及时向媒体和公众进行统一发布，以消除公众的恐慌心理，控制谣言，避免公众的猜疑和不满。该部分应明确信息发布的审核和批准程序，保证发布信息的统一性；指定新闻发言人，适时举行新闻发布会，准确发布事故信息，澄清事故传言；为公众咨询、接待、安抚受害人员家属做出安排。

10. 应急人员安全

城市重大事故尤其是涉及危险物质的重大事故的应急救援工作危险性极大，必需对应急人员自身安全问题进行周密的考虑，包括安全预防措施、个体防护等级、现场安全监测等，明确应急人员进出现场和紧急撤离的条件和程序，保证应急人员的安全。

11. 消防和抢险

消防和抢险是应急救援工作的核心内容之一，其目的是为尽快地控制事故的发展，防止事故的蔓延和进一步扩大，从而最终控制住事故，并积极营救事故现场的受害人员。尤其是涉及危险物质的泄漏、火灾事故，其消防和抢险工作的难度和危险性巨大。该部分应对消防和抢险工作的组织、相关消防抢险设施、器材和物资、人员的培训、行动方案以及现场指挥等做好周密的安排和准备。

12. 泄漏物控制

危险物质的泄漏以及灭火用的水由于溶解了有毒蒸气都可能对环境造成重大影响，同时也会给现场救援工作带来更大的危险，因此必须对危险物质的泄漏物进行控制。该部分应明确可用的收容装备（泵、容器、吸附材料等）、洗消设备（包括喷雾洒水车辆）及洗消物资，并建立洗消物资供应企业的供应情况和通讯录，保证对泄漏物的及时围堵、收容、清消和妥善处置。

五、应急恢复

应急恢复也称为现场恢复或紧急恢复，是指事故被控制住后所进行的短期恢复，从应急过来说意味着应急救援工作的结束，进入到另一个工作阶段，即将现场恢复到一个基本稳定的状态。大量的经验教训表明，在现场恢复的过程中仍存在潜在的危险，如余烬复燃、受损建筑倒塌等，所以应充分考虑现场恢复过程中可能的危险。该部分主要内容应包括：宣布应急结束的程序；撤离和交接程序；恢复正常状态的程序；现场清理和受影响区域的连续检测；事故调查与后果评价等。

六、预案管理与评审改进

应急预案是应急救援工作的指导文件，具有法规权威性，所以应当对预案的制定、修改、更新、批准和发布做出明确的管理规定，并保证定期或在应急演习、应急救援后对应急预案进行评审，针对实际情况以及预案中所暴露出的缺陷，不断地更新、完善和改进。

第三节 应急预案编制

一、应急预案编制的步骤

应急预案的编制一般可以分为6个步骤，具体如下。

（1）成立工作组　结合本单位部门职能分工，成立以单位主要负责人为领导的应急预案编制工作组，明确编制队伍、职责分工、制订工作计划。预案从编制、维护到实施都应该有各级各部门的广泛参与，在预案实际编制工作中往往会由编制组执笔，但是在编制过程中或编制完成之后，要征求各部门的意见，包括高层管理人员，中层管理人员，人力资源部门，工程与维修部门，安全、卫生和环境保护部门，邻近社区，市场销售部门，法律顾问和财务部门等。

（2）资料收集　资料收集是编辑应急预案的重要基础性工作。丰富的资料将为下步预案编制进度与质量提供重要保障。

1) 收集资料的种类：相关法律法规；相关技术标准；相关应急预案；国内外同行业事故案例分析；国内外同行业应急救援成败案例；本单位安全操作规程、工艺流程等相关资料；本单位总体规划图样、装置设计图样等资料。

2) 收集资料的渠道和方法：

① 档案室、档案馆、图书馆、书店等进行档案资料查阅。
② 通过互联网、数据调查机构进行搜索查阅。
③ 通过相关技术服务机构、咨询机构咨询。
④ 请教经验丰富的基层工作人员与行业专家。

（3）危险源与风险分析

1) 法律法规分析。分析国家法律、地方政府法规与规章，如安全生产与职业卫生法律、法规，环境保护法律、法规，消防法律、法规与规程，应急管理规定等。调研现有预案内容包括政府与本单位的预案，如疏散预案、消防预案、工厂停产关闭的规定、员工手册、危险品预案、安全评价程序、风险管理预案、资金投入方案和互助协议等。

2) 风险分析。通常应考虑下列因素：

① 历史情况。本单位及其他兄弟单位，所在社区以往发生过的紧急情况，包括火灾、

危险物质泄漏、极端天气、交通事故、地震、飓风和龙卷风等。

② 地理因素。单位所处地理位置，如邻近洪水区域，地震断裂带和大坝；邻近危险化学品的生产、贮存、使用和运输企业；邻近重大交通干线和机场；邻近核电厂等。

③ 技术问题。某工艺或系统出现故障后可能产生的后果，包括火灾、爆炸和危险品事故，安全系统失灵，通信系统失灵，计算机系统失灵，电力故障，加热和冷却系统故障等。

④ 人的因素。人的失误可能是因为下列原因造成的：培训不足、工作没有连续性、粗心大意、错误操作和疲劳等。

⑤ 物理因素。考虑设施建设的物理条件、危险工艺和副产品、易燃品的贮存、设备的布置、照明、紧急通道与出口、避难场所邻近区域等。

⑥ 管制因素。彻底分析紧急情况，考虑如下情况的后果：出入禁区、电力故障、通信电缆中断、燃气管道破裂、水害、烟害、结构受损、空气或水污染、爆炸、建筑物倒塌和化学品泄漏等。

3) 应急能力分析。对每一种紧急情况应考虑如下问题。

① 所需要的资源与能力是否配备齐全。

② 外部资源能否在需要时及时到位。

③ 是否还有其他可以优先利用的资源。

(4) 应急资源与能力评估　应急资源是指应急救援所需要的组织机构、救援队伍、救援人员、物资装备、专家信息等人力、物力、信息、资源的统称。应急资源既包括企业内部的应急资源，也包括企业外的，在评估时都要考虑到。

1) 人力资源。包括企业内外的应急指挥人员、专业队伍、专业人员、专家和社会人员等。

2) 应急物资储备。包括灭火器、消防沙、编织袋、化学中和剂、清洁剂、食品药品、吸油毡、雨具及工程抢险物资等。

3) 应急装备。包括消防车、灭火器、气体监测器、防化服、呼吸器和报警器等。

4) 应急技术。根据事故特点确定必要的救援技术，比如对油罐泄漏着火、液化气体储罐泄漏着火、有毒气体泄漏等情形必须有相对应的救援技术作为支撑。

5) 通信与信息。包括内部通信、外部通信、无线通信、卫星通信、局域网、专业网和互联网等。

6) 应急管理部门。包括企业内的应急、安全、调度、工程、生产和设备等部门，也包括政府应急救援、电力、气象、地震等相关部门。

7) 应急经费。应急经费应包括应急预案编制、应急装备、应急物资、应急培训与演练实际的应急救援等各种费用。

8) 互助协议。与相关方是否签订互助协议，从当前实际来看，这一点对于互助应对突发事件具有非常重要的现实作用。

(5) 应急预案编制　针对可能发生的事故，按照有关规定和要求编制应急预案。应急预案编制过程中，应注重全体人员的参与和培训，使所有与事故有关人员均掌握危险源的危险性、应急处置方案和技能、应急预案充分利用社会应急资源，与地方政府预案、上级主管单位以及相关部门的预案相衔接。

应急预案编写过程如下。

1) 明确应急对象。

2）明确行动的优先顺序。

3）按照任务书列出任务清单、工作人员清单和时间表。

4）按照任务清单与工作人员清单，进行分工。

5）定期组织讨论，发现问题后要及时改进。

6）完成初稿，征求意见，初步评审。

7）创造条件，进行应急演练，对预案进行验证。

8）评审定稿。

（6）应急预案的评审与发布　评审由本单位主要负责人组织有关部门和人员进行。外部评审由上级主管部门或地方政府负责安全管理的部门组织审查。评审后，按规定报有关部门备案，并由生产经营单位主要负责人签署发布。

二、综合应急预案编制

综合应急预案编制主要内容如下。

1. 总则

（1）编制目的　明确预案编制的目的、要达到的目标和作用等。

（2）编制依据　明确预案编制所依据的国家法律法规、规章制度，行业有关技术规范标准及关于应急工作的有关制度、规定和管理办法等。

（3）适用范围　规定预案适用的对象、范围以及突发事件类型、级别等。

（4）应急管理工作原则　明确应急管理工作应遵循的主要原则，内容应简明扼要，满足预防与应急准备、监测与预警、应急处置与救援、事后恢复与重建等要求。

（5）预案体系　明确预案文本构成，并辅以预案体系构成图，表述预案之间的横向关联及上下衔接关系。

2. 组织机构及职责

（1）应急组织体系　明确应急组织体系的构成，一般由应急领导小组、应急办公室、应急工作主要部门和支持部门、现场应急指挥部等构成。

（2）机构及职责　规定应急组织体系中各部门、主要岗位的应急工作职责、协调管理范畴、负责解决的主要问题和具体操作步骤等。

3. 风险分析与应急能力评估

（1）单位概况　简述单位地址、性质、从业人数、隶属关系、主要原材料、主要产品、产量、生产装置、工艺流程和生产设施等情况；有毒有害、易燃易爆危险品、放射源、"三废"（废水、废气、废渣）排放点等危险源分布等情况；生产作业现场、公众聚集场所及其他存在重大危险源的场所、设施、建（构）筑物布局等情况；周边区域的公众、社区、重大危险源、重要设施、环境（气候、河流、地质）以及医疗、消防、公安、交通、环保、安全监管和通信等情况。

（2）风险分析和应急能力评估　按照自然灾害、事故灾难、公共卫生、社会安全4种突发事件类别，对存在的风险进行识别。对可能引发事故灾难类突发事件的危险目标，应分析其关键装置、要害部位以及安全环保重大危险源等突发事件的类型及风险程度，作为事件分级的主要依据。针对各种类型突发事件的风险程度，对本企业的应急资源、处置能力以及员工的综合应急能力进行分析和评估，并列出不足。在应急保障中针对这些不足，采取适当的强化保障措施。

（3）事件分类与分级　事件按照自然灾害、事故灾难、公共卫生、社会安全四种突发事件类别划分。事件分级应与应急预案相对应，参照突发事件风险分析结果，依据事件可能的后果划定。

4. 预防预警及信息报告

（1）预防与应急准备　按照突发事件的4种类型，结合本单位应急管理工作现状，分别描述防止事件发生采取的措施，从完善预案体系、健全规章制度、开展宣传教育、提高员工素质、应急硬件设施建设、新技术开发、强化应急管理等方面进行准备。

（2）监测与预警　根据单位应急能力情况及可能发生的突发事件的类型及事件特征，有针对性地开展应急监测工作。通过新闻媒体、上级预警、下级报送、风险评估、应急监测等途径获取突发事件预报信息，对突发事件发生的可能性和严重程度进行判断，当发生突发事件的可能性较大、严重程度较深时，发出预警通知，按既有预警程序采取行动，并按程序进行应急响应准备。

（3）信息报告与处置　明确24h应急值守电话、内部信息报告的形式和要求，以及事故信息的通报流程；明确事故信息上报的部门、方式、内容和时限等内容；明确事故发生后向可能遭受事故影响的单位，以及向请求援助单位发出有关信息的方式、方法。

5. 应急响应

（1）应急响应流程　根据所编制预案的类型和特点，明确应急响应的流程和步骤，并用流程图加以表示。

（2）应急响应启动　明确应急响应的启动条件和启动方式。

（3）应急响应程序　按照突发事件的发展态势和过程顺序，结合事件特点，根据需要明确接警报告和记录、应急机构启动、资源调配、媒体沟通和信息告知、后勤保障、应急状态解除和现场恢复等应急响应程序。

（4）恢复与重建　明确开展恢复重建工作的内容和程序。

（5）应急联动　明确应急联动程序。

6. 信息发布

明确向有关新闻媒体、社会公众通报事故信息的部门、负责人和程序以及通报原则。

7. 后期处置

主要明确污染物处理、生产秩序恢复、医疗救治、人员安置、善后赔偿、应急救援评估等内容。

8. 应急保障

（1）应急计划保障　制订应急资源建设及储备目标，落实责任主体，明确应急专项经费来源，确定外部依托机构，针对应急能力评估中发现的不足制订措施。

（2）应急资源保障　应急保障责任主体依据既有应急保障计划，落实应急专家、应急队伍、应急资金、应急物资配备及调用标准及措施。

（3）应急通信保障　明确与应急工作相关的单位和人员联系方式及方法，并提供备用方案。建立健全应急通信系统与配套设施，确保应急状态下信息通畅。

（4）应急技术保障　阐述应急处置技术手段、技术机构等内容。

（5）其他保障　根据应急工作需求，确定其他相关保障措施（交通运输、治安、医疗、后勤、体制机制、对外信息发布保障等）。

9. 预案管理

（1）预案培训　说明对本单位人员开展的应急培训计划、方式和要求。如果预案涉及相关方，应明确宣传、告知等工作。

（2）应急预案演练　明确生产经营单位不同类型应急预案演练的形式、范围、频次、内容以及演练评估、总结等要求。

（3）应急预案修订　明确应急预案修订基本要求，并定期进行评审，实现可持续改进。

（4）应急预案备案　明确应急预案的报备部门，并进行备案。

（5）应急预案实施　明确应急预案实施的具体内容、负责制定与解释的部门。

10. 奖惩

明确应急工作中的奖励和处罚的条件和内容。

综合应急预案编制要素和内容要求见表4-1。

表4-1　综合应急预案编制要素和内容要求

类别	要素		内容
综合应急预案	一、总则	编制目的	说明预案编制的目的、作用等
		编制依据	简述预案编制依据的法律法规、规章、规范和标准等
		适用范围	说明预案所适用的区域范围，以及事故的类型、级别
		应急管理工作原则	说明本单位应急工作原则，内容简明扼要、明确具体
		预案体系	说明本单位的预案体系构成情况
	二、危险性分析	单位概况	说明单位地址、从业人数、隶属关系、主要工作内容，周边设施、人员分布等
		危险源与风险分析	阐述本单位存在的危险源及风险分析结果
	三、组织机构及职责	应急组织体系	说明应急组织形式，构成单位或人员等
		指挥机构及职责	说明应急救援指挥机构总指挥、副总指挥、各成员单位及其相应职责；应急救援工作小组及工作任务与职责
	四、预防与预警	危险源监控	说明本单位对危险源监测监控的方式、方法以及采取的预防措施
		预警行动	说明事故预警的条件、方式、方法和信息的发布程序
		信息报告与处置	说明事故及未遂伤亡事故信息报告及处置办法
	五、应急响应	应急分级	根据事故危害程度、影响范围和单位控制事态的能力，明确应急响应级别
		响应程序	根据事故的大小和发展态势，明确应急指挥、应急行动、资源调配、应急避险、扩大应急等响应程序
		应急结束	明确应急终止的条件、事故情况上报事项、向事故调查组处理小组移交的相关事项、应急救援总结报告
	六、信息发布	信息发布	明确事故信息发布的部门和发布原则

（续）

类别	要素		内容
综合应急预案	七、后期处置	后期处置	包括污染物处理、事故后果影响消除、生产恢复、善后赔偿、抢险过程和应急救援能力评估、预案修订等
	八、保障措施	通信与信息保障	明确应急工作关联的人员、单位通信联系方式，并提供备用、维护方案
		应急队伍保障	明确各类应急的人力资源，包括专业、兼职队伍的组织与保障方案
		应急物资装备保障	明确应急物资和装备的类型、数量、性能、存放位置、管理责任人及联系方式等
		经费保障	明确应急经费的来源、使用范围、数量和监管措施
		其他保障	与应急相关的保障措施，如交通、治安、技术、医疗和后勤保障等
	九、培训与演练	培训	明确对相关人员应急培训计划、方式和要求
		演练	明确演练的规模、方式、频次、范围、内容、组织、评估和总结等
	十、奖惩	奖惩	明确应急工作中的奖励和处罚的条件和内容
	十一、附则	术语和定义	对预案涉及的主要术语进行定义
		预案备案	明确预案报备部门
		维护和更新	明确预案维护和更新的基本要求
		制定与解释	明确预案负责制定与解释的部门
		预案实施	明确预案实施的具体时间
综合应急预案附件	有关应急机构或人员联系方式		列出应急工作中需要联系的有关部门、机构或人员的联系方式
	重要物资装备名录或清单		列出预案涉及的重要物资和装备名称、型号、存放地点和联系电话
	规范化格式文本		信息接收、处理、上报等规范化表格、文本
	关键路线、标识和图样		包括警报系统分布及覆盖范围、重要防护目标一览表及分布图、应急救援指挥位置及救援队伍行动路线、疏散路线、重要地点标识、相关平面布置图样及救援力量的分布图样等
	相关应急预案名录		列出直接与预案相关的或相衔接的应急预案名称
	有关协议或备忘录		与相关应急救援部门签订的应急支援协议或备忘录

三、专项应急预案编制

专项应急预案编制要素和内容要求见表4-2。

表 4-2　专项应急预案编制要素和内容要求

类别	要素		内容
专项应急预案	一、事故类型和危害程度分析		在危险源评估的基础上，对其可能发生的事故类型、季节和严重程度进行确定
	二、应急处置基本原则		明确处置事故应当遵循的基本原则
	三、组织机构及职责	应急组织体系	明确应急组织形式，构成单位和人员
		指挥机构及职责	明确总指挥、副总指挥、各成员单位及人员职责；应急救援工作小组和工作任务及主要负责人职责
	四、预防与预警	危险源监控	明确危险源的监控方式、方法及采取的预防措施
		预警行动	明确预警条件、方式、方法和信息发布程序
	五、信息报告程序		确定报警系统、程序及现场报警方式；确定值班信息沟通、通信及联络方式；明确相互认可的通告、报警形式和向外部求援的方式
	六、应急处置	响应分级	根据事故危害程度、影响范围和单位控制事态的能力，设定事故的不同等级，明确应急响应级别
		响应程序	根据事故的大小和发展态势，明确应急指挥、应急行动、资源调配、应急避险、扩大应急等响应程序
		处置措施	根据事故类别和可能发生的事故特点、危险性，制定相应的应急处置措施
	七、应急物资与装备保障		明确应急处置所需的物资与装备数量、管理和维护、正确使用等
专项应急预案附件	有关应急机构或人员联系方式		列出应急工作中需要联系的有关部门、机构或人员的联系方式
	重要物资装备名录或清单		列出预案涉及的重要物资和装备名称、型号、存放地点和联系电话
	规范化格式文本		信息接收、处理、上报等规范化表格、文本
	关键路线、标识和图样		包括警报系统分布及覆盖范围、重要防护目标一览表及分布图、应急救援指挥位置及救援队伍行动路线、疏散路线、重要地点标识、相关平面布置图样及救援力量的分布图样等
	相关应急预案名录		列出直接与预案相关的或相衔接的应急预案名称
	有关协议或备忘录		与相关应急救援部门签订的应急支援协议或备忘录

四、现场处置方案编制

现场处置方案编制要素和内容要求见表 4-3。

表 4-3 现场处置方案编制要素和内容要求

类别	要 素	内 容
现场处置方案	一、事故特征	包括：危险性分析、可能发生的事故类型；事故发生的区域、地点或装置名称；事故可能发生的季节和造成的危害程度；事故前可能出现的征兆
现场处置方案	二、应急组织与职责	包括：基层单位应急自救组织形式及人员构成，应急自救组织机构及相关人员的具体职责
现场处置方案	三、应急处置	包括：事故应急处置程序；现场应急处置措施；报警电话及上级管理部门、相关应急救援单位和人员联系方式；事故报告内容和基本要求等
现场处置方案	四、注意事项	包括：个人防护用品及抢险救援器材使用、采取救援对策或措施、现场自救和互救、现场应急处置能力确认和人员安全防护、应急结束后及特别警示等的注意事项
现场处置方案附件	有关应急机构或人员联系方式	列出应急工作中需要联系的有关部门、机构或人员的联系方式
现场处置方案附件	重要物资装备名录或清单	列出预案涉及的重要物资和装备名称、型号、存放地点和联系电话
现场处置方案附件	规范化格式文本	信息接收、处理、上报等规范化表格、文本
现场处置方案附件	关键路线、标识和图样	包括警报系统分布及覆盖范围、重要防护目标一览表及分布图、应急救援指挥位置及救援队伍行动路线、疏散路线、重要地点标识、相关平面布置图样及救援力量的分布图样等
现场处置方案附件	相关应急预案名录	列出直接与预案相关的或相衔接的应急预案名称
现场处置方案附件	有关协议或备忘录	与相关应急救援部门签订的应急支援协议或备忘录

五、企事业单位应急预案编制

生产经营单位编制应急预案包括成立应急预案编制工作组、资料收集、危险源与风险评估、应急能力评估、编制应急预案、应急预案评审与发布、备案应急预案和实施应急预案 8 个步骤。

（1）成立应急预案编制工作组　生产经营单位应结合本单位部门的职能和分工，成立以单位主要负责人（或分管负责人）为组长，单位相关部门人员参加的应急预案编制工作组，明确工作职责和任务分工，制订工作计划，组织开展应急预案编制工作。

（2）资料收集　应急预案编制工作组应收集与预案编制工作相关的法律法规、技术标准、应急预案、国内外同行业企业事故资料，同时收集本单位安全生产相关技术资料、周边环境影响、应急资源等有关资料。主要包括：企业基本情况；厂区消防设施布置图；每个单体建筑物的疏散图（多层建筑需提供每层疏散图）；周边环境图和总平面图；工艺流程文字简述及流程图；主要设备情况；急救药品与应急配备；主要建（构）筑物情况；储存、使用主要危险物料（危险化学品）情况；应急救援组织成员组成及联系电话；外部救援单位及政府有关部门联系电话。

（3）危险源与风险评估　主要内容包括：分析生产经营单位存在的危险因素，确定事故危险源；分析可能发生的事故类型及后果，并指出可能产生的次生、衍生事故；评估事故的危害程度和影响范围，提出风险防控措施。

（4）应急能力评估　在全面调查和客观分析生产经营单位应急队伍、装备、物资等应急资源状况基础上开展应急能力评估，并依据评估结果，完善应急保障措施。

（5）编制应急预案　依据生产经营单位风险评估及应急能力评估结果，组织编制应急预案。应急预案编制应注重系统性和可操作性，做到与相关部门和单位应急预案相衔接。具体要求如下。

1）应急预案编制过程中，应征求相关应急救援队伍、公民、法人或其他组织的意见。

2）各类应急预案之间应当相互衔接，并与相关人民政府及其部门、应急救援队伍和涉及的其他单位的应急预案相衔接。

3）应当在编制应急预案的基础上，针对工作场所、岗位的特点，编制简明、实用、有效的应急处置卡。应急处置卡应当规定重点岗位、人员的应急处置程序和措施，以及相关联络人员和联系方式，便于从业人员携带。

（6）应急预案评审与发布　应急预案编制完成后，生产经营单位应组织评审。评审分为内部评审和外部评审。内部评审由生产经营单位主要负责人组织有关部门和人员进行。外部评审由生产经营单位组织外部有关专家和人员进行评审。应急预案评审合格后，由生产经营单位主要负责人（或分管负责人）签发实施，并进行备案管理。

1）评审：矿山、金属冶炼、建筑施工企业和易燃易爆物品、危险化学品的生产、经营（带储存设施的，下同）、储存企业，以及使用危险化学品达到国家规定数量的化工企业、烟花爆竹生产、批发经营企业和中型规模以上的其他生产经营单位，应当对本单位编制的应急预案进行评审，并形成书面评审纪要。

其他生产经营单位应当对本单位编制的应急预案进行论证。

2）发布：评审或者论证后，由本单位主要负责人签署公布，并及时发放到本单位有关部门、岗位和相关应急救援队伍。

事故风险可能影响周边其他单位、人员的，生产经营单位应当将有关事故风险的性质、影响范围和应急防范措施告知周边的其他单位和人员。

（7）备案应急预案　生产经营单位应当在应急预案公布之日起20个工作日内，按照分级属地原则，向安全生产监督管理部门和有关部门进行告知性备案。

（8）实施应急预案　各类生产经营单位应当采取多种形式开展应急预案的宣传教育，普及生产安全事故避险、自救和互救知识，提高从业人员和社会公众的安全意识与应急处置技能。应急培训的时间、地点、内容、师资、参加人员和考核结果等情况应当如实记入本单位的安全生产教育和培训档案。

生产经营单位应当制订本单位的应急预案演练计划，根据本单位的事故风险特点，每年至少组织一次综合应急预案演练或者专项应急预案演练，每半年至少组织一次现场处置方案演练。应急预案演练结束后，应急预案演练组织单位应当对应急预案演练效果进行评估，撰写应急预案演练评估报告，分析存在的问题，并对应急预案提出修订意见。

矿山、金属冶炼、建筑施工企业和易燃易爆物品、危险化学品等危险物品的生产、经营、储存企业、使用危险化学品达到国家规定数量的化工企业、烟花爆竹生产、批发经营企业和中型规模以上的其他生产经营单位，应当每三年进行一次应急预案评估。应急预案评估可以邀请相关专业机构或者有关专家、有实际应急救援工作经验的人员参加，必要时可以委托安全生产技术服务机构实施。

某化工企业应急预案见附录。

第四节　应急预案管理

一、应急预案管理原则

应急预案管理遵循统一规划、分类指导、分级负责、动态管理的原则。应急预案编制要依据有关法律、行政法规和制度，紧密结合实际，合理确定内容，切实提高针对性、实用性和可操作性。国家应急管理部负责全国应急预案的综合协调管理工作。

县级以上地方各级应急管理部门负责本行政区域内应急预案的综合协调管理工作。县级以上地方各级其他负有安全生产监督管理职责的部门按照各自的职责负责有关行业、领域应急预案的管理工作。

生产经营单位主要负责人负责组织编制和实施本单位的应急预案，并对应急预案的真实性和实用性负责；各分管负责人应当按照职责分工落实应急预案规定的职责。

二、应急预案评审、公布、备案

1. 应急预案评审

预案编制工作小组或牵头单位应当将预案送审稿及各有关单位复函和意见采纳情况说明、编制工作说明等有关材料报送应急预案审批单位。因保密等原因需要发布应急预案简本的，应当将应急预案简本一起报送审批。

应急预案审核内容主要包括预案是否符合有关法律、行政法规，是否与有关应急预案进行了衔接，各方面意见是否一致，主体内容是否完备，责任分工是否合理明确，应急响应级别设计是否合理，应对措施是否具体简明、管用可行等。必要时，应急预案审批单位可组织有关专家对应急预案进行评审。

地方各级应急管理部门应当组织有关专家对本部门编制的部门应急预案进行审定；必要时，可以召开听证会，听取社会有关方面的意见。

矿山、金属冶炼、建筑施工企业和易燃易爆物品、危险化学品的生产、经营、储存企业，以及使用危险化学品达到国家规定数量的化工企业、烟花爆竹生产、批发经营企业和中型规模以上的其他生产经营单位，应当对本单位编制的应急预案进行评审，并形成书面评审纪要。其他生产经营单位应当对本单位编制的应急预案进行论证。

参加应急预案评审的人员应当包括有关安全生产及应急管理方面的专家。评审人员与所评审应急预案的生产经营单位有利害关系的，应当回避。应急预案的评审或者论证应当注重基本要素的完整性、组织体系的合理性、应急处置程序和措施的针对性、应急保障措施的可行性、应急预案的衔接性等内容。

2. 应急预案公布

生产经营单位的应急预案经评审或者论证后，由本单位主要负责人签署公布，并及时发放到本单位有关部门、岗位和相关应急救援队伍。事故风险可能影响周边其他单位、人员的,生产经营单位应当将有关事故风险的性质、影响范围和应急防范措施告知周边的其他单位和人员。

国家总体应急预案报国务院审批,以国务院名义印发;专项应急预案报国务院审批,以国务院办公厅名义印发;部门应急预案由部门有关会议审议决定,以部门名义印发,必要时,可以由国务院办公厅转发。地方各级人民政府总体应急预案应当经本级人民政府常务会议审议,以本级人民政府名义印发;专项应急预案应当经本级人民政府审批,必要时经本级人民政府常务会议或专题会议审议,以本级人民政府办公厅(室)名义印发;部门应急预案应当经部门有关会议审议,以部门名义印发,必要时,可以由本级人民政府办公厅(室)转发。单位和基层组织应急预案须经本单位或基层组织主要负责人或分管负责人签发,审批方式根据实际情况确定。

3. 应急预案备案

应急预案审批单位应当在应急预案印发后的 20 个工作日内依照下列规定向有关单位备案:

1)地方人民政府总体应急预案报送上一级人民政府备案。
2)地方人民政府专项应急预案抄送上一级人民政府有关主管部门备案。
3)部门应急预案报送本级人民政府备案。
4)涉及需要与所在地政府联合应急处置的中央单位应急预案,应当向所在地县级人民政府备案。

地方各级应急管理部门的应急预案,应当报同级人民政府备案,并抄送上一级应急管理部门。其他负有安全生产监督管理职责的部门的应急预案,应当抄送同级应急管理部门。

生产经营单位应当在应急预案公布之日起 20 个工作日内,按照分级属地原则,向安全生产监督管理部门和有关部门进行告知性备案。

中央企业总部(上市公司)的应急预案,报国务院主管的负有安全生产监督管理职责的部门备案,并抄送国家应急管理部;其所属单位的应急预案报所在地的省、自治区、直辖市或者设区的市级人民政府主管的负有安全生产监督管理职责的部门备案,并抄送同级应急管理部门。

非煤矿山、金属冶炼和危险化学品生产、经营、储存企业,以及使用危险化学品达到国家规定数量的化工企业、烟花爆竹生产、批发经营企业的应急预案,按照隶属关系报所在地县级以上地方人民政府应急管理部门备案;其他生产经营单位应急预案的备案,由省、自治区、直辖市人民政府负有安全生产监督管理职责的部门确定。

油气输送管道运营单位的应急预案,除按照规定备案外,还应当抄送所跨行政区域的县级安全生产监督管理部门。

煤矿企业的应急预案除按照规定备案外,还应当抄送所在地的煤矿安全监察机构。

生产经营单位申报应急预案备案,应当提交下列材料。

1)应急预案备案申报表。
2)应急预案评审或者论证意见。
3)应急预案文本及电子文档。
4)风险评估结果和应急资源调查清单。

受理备案登记的负有安全生产监督管理职责的部门应当在 5 个工作日内对应急预案材料

进行核对，材料齐全的，应当予以备案并出具应急预案备案登记表；材料不齐全的，不予备案并一次性告知需要补齐的材料。逾期不予备案又不说明理由的，视为已经备案。

对于实行安全生产许可的生产经营单位，已经进行应急预案备案的，在申请安全生产许可证时，可以不提供相应的应急预案，仅提供应急预案备案登记表。各级应急管理部门应当建立应急预案备案登记建档制度，指导、督促生产经营单位做好应急预案的备案登记工作。

三、应急预案评估与修订

应急预案编制单位应当建立定期评估制度，分析评价预案内容的针对性、实用性和可操作性，实现应急预案的动态优化和科学规范管理。应急预案编制单位应当建立应急预案定期评估制度，对预案内容的针对性和实用性进行分析，并对应急预案是否需要修订做出结论。

有下列情形之一的，应当及时修订应急预案并归档。
1）有关法律、行政法规、规章、标准、上位预案中的有关规定发生变化的。
2）应急指挥机构及其职责发生重大调整的。
3）面临的风险发生重大变化的。
4）重要应急资源发生重大变化的。
5）在突发事件实际应对和应急演练中发现问题需要做出重大调整的。
6）应急预案编制单位认为应当修订的其他情况。

应急预案修订涉及组织指挥体系与职责、应急处置程序、主要处置措施、突发事件分级标准等重要内容的，修订工作应参照本办法规定的预案编制、审批、备案、公布程序组织进行。仅涉及其他内容的，修订程序可根据情况适当简化。

各级政府及其部门、企事业单位、社会团体、公民等，可以向有关预案编制单位提出修订建议。应急预案修订涉及组织指挥体系与职责、应急处置程序、主要处置措施、应急响应分级等内容变更的，修订工作应当参照本办法规定的应急预案编制程序进行，并按照有关应急预案报备程序重新备案。生产经营单位应当按照应急预案的规定，落实应急指挥体系、应急救援队伍、应急物资及装备，建立应急物资、装备配备及其使用档案，并对应急物资、装备进行定期检测和维护，使其处于适用状态。

四、法律责任

各级应急管理部门和煤矿安全监察机构应当将生产经营单位应急预案工作纳入年度监督检查计划，明确检查的重点内容和标准，并完全按照计划开展执法检查。地方各级应急管理部门应当每年对应急预案的监督管理工作情况进行总结，并报上一级应急管理部门。对于在应急预案管理工作中做出显著成绩的单位和人员，应急管理部门、生产经营单位可以给予表彰和奖励。

生产经营单位有下列情形之一的，由县级以上人民政府应急管理部门依照《中华人民共和国安全生产法》第94条的规定，责令限期改正，可以处5万元以下罚款；逾期未改正的，责令停产停业整顿，并处5万元以上10万元以下罚款，对直接负责的主管人员和其他直接责任人员处1万元以上2万元以下的罚款。

1) 未按照规定编制应急预案的。
2) 未按照规定定期组织应急预案演练的。

依照《生产安全事故应急预案管理办法》,生产经营单位有下列情形之一的,由县级以上人民政府应急管理部门责令限期改正,可以处 1 万元以上 3 万元以下罚款。

1) 在应急预案编制前未按照规定开展风险辨识、评估和应急资源调查的。
2) 未按照规定开展应急预案评审的。
3) 事故风险可能影响周边单位、人员的,未将事故风险的性质、影响范围和应急防范措施告知周边单位和人员的。
4) 未按照规定开展应急预案评估的。
5) 未按照规定进行应急预案修订的。
6) 未落实应急预案规定的应急物资及装备的。

对需要公众广泛参与的非涉密的应急预案,编制单位应当充分利用互联网、广播、电视、报刊等多种媒体广泛宣传,制作通俗易懂、好记管用的宣传普及材料,向公众免费发放。

第五章 应急管理培训与应急演练

各级政府及其有关部门应将应急管理培训和应急预案演练作为重要内容,纳入领导干部培训、公务员培训、应急管理干部日常培训内容。应急预案编制单位应当通过编发培训材料、举办培训班、开展工作研讨等方式,对与应急预案实施密切相关的管理人员和专业救援人员等组织开展应急预案培训与演练。

第一节 应急管理人员职责

应急管理人员是指政府、企事业单位、其他公共机构为了预防突发事件的发生,监测突发事件,预警突发事件,响应突发事件,处置突发事件,救援突发事件,恢复突发事件所设部门及岗位的工作人员。应急管理人员只有对自己的应急职责及应急操作要求熟稔于心,面对突发危险,才能从容沉稳,处变不惊,果敢行动,发现意外时能灵活应对,从而保证应急救援行动的有序、高效展开,圆满完成应急管理工作。应急管理人员要职责清楚,操作要熟练,应对要灵活,处置要正确,就必须通过全面、系统、反复的应急管理培训,并在应急演练、应急拉练、应急竞赛和实战中熟悉技能,积累丰富的经验,不断提高应急救援水平。因此,应急管理培训与应急演练,对于应急管理机构、人员灵活按照应急管理"作战方案",圆满完成应急救援工作,至关重要。

1)履行应急值守、预案管理、信息汇总和综合协调职能,发挥政府应急管理工作的运转枢纽作用。

2)督促检查落实安全隐患的排查及整改,宣传普及预防、抗灾、避险、救援和减灾等相关应急知识。

3)组织编制、修订突发公共事件总体应急预案,指导和监督检查应急委成员单位应急预案的编制、修订和实施,掌握应急物资保障、应急装备、器材配置储存等有关情况。

4)督促检查应急委成员单位应急组织机构、队伍建设和应急处置措施的落实,组织、指导突发公共事件应急培训和演练。

5)联系协调突发公共事件预防预警、应急处置、事件调查、善后处理、事后评估和信息报送等工作。

6)负责接受和办理向政府报送的紧急事项,承办政府应急管理的专题会议,督促落实有关决定事项。

7)负责与专家咨询机构及有关机构的协调联系。

8）完成领导交办的其他工作。

第二节 应急管理培训

一、应急管理培训对象

（1）政府及派出机关人员　主要包括：政府人员、政府各级相关领导、政府各级相关部门人员、应急值班人员和社区工作人员。

（2）企事业单位人员　主要包括：企事业单位各级领导（企业法人、企业实际控制人、企业主管负责人）、企事业单位安全管理人员及消防管理人员、企事业单位专业应急救援人员、企事业单位一般应急救援人员、企事业单位其他人员及临时外来人员和社会救援人员。

（3）专职应急队伍　主要包括：消防队伍，医疗卫生队伍，矿山、危险化学品、电力、专业工程抢险队伍。

二、应急管理培训内容

（1）应急管理法制教育　主要包括：应急突发事件管理，应急管理法律法规，应急预案的操作规程等。

（2）应急管理基础知识教育　主要包括：应急管理概念，应急管理体系建设，危险因素辨识，重大危险源辨识，应急预案作用，应急预案的构成及编制实施管理。

（3）应急管理工作　主要包括：应急管理检查，应急管理隐患整改，应急管理处置，应急救援工作，应急救援技能。

（4）应急管理技能教育　主要包括：相关危险化学品、电力、工程施工等专业知识，风险分析方法，应急预案编制，应急物资储备与使用管理，应急装备选择、使用与维护，应急预案评审与改进，应急预案管理实施。

三、应急管理培训方法

（1）书本教育　编制通俗应急管理知识读本，进行全员发放，人手一册，以提高应急知识普及程度。

（2）举办知识讲座　聘请外部专家对专业人员进行系统的专业知识教育，或者对某一专题进行讲解。

（3）企业内部培训班　组织具备相当水平的企业内外专业人员从上至下进行分层次的教育培训。

（4）事故案例教育　精选近期典型事故成败案例，结合企事业单位实际情况，进行生动灵活的教育。

（5）利用互联网多媒体教育　利用幻灯片、三维动画模拟、影视剧影像资料、在线网络直播等互联网多媒体技术进行教育。

（6）模拟演练　对应急预案进行模拟演练。模拟演练与实战情景最接近，最能锻炼应急人员的心理素质、应急技能，对提高应急救援水平最有效果。

（7）应急知识比赛或应急技能比武竞赛　通过在线知识问答比赛，国家或者区域技能比武，设置相关奖励机制进行有效宣传。

> **案例　应急管理部举行全国首届社会应急力量技能竞赛**
>
> 　　日前，应急管理部发出通知，于2019年3~5月，以"提升能力，共筑平安"为主题，组织举办全国首届社会应急力量技能竞赛。
>
> 　　这次竞赛是针对社会应急力量举办的第一次技能竞赛，也是应急管理部成立后举办的首个全国性竞赛。竞赛是应急管理部贯彻落实党中央、国务院关于应急管理工作决策部署、支持引导社会应急力量参与应急救援工作的重要举措，体现了对社会应急力量的高度重视。

第三节　应急演练

　　预案只是预想的作战方案，实际效果如何，还需要实战来验证。因此，必须对应急预案进行经常性演练，验证应急预案的适用性、有效性，发现问题及时进行完善。制定预案就是为了参与实战，完善的预案最终还需要人来按照确定的原则、方针、响应程序及操作要求进行正确执行。熟能生巧，熟练操作才能做到高效。演练搞得好，从中获取的宝贵经验，其价值不亚于用事故代价换来的教训。

　　应急演练是应急管理的重要环节，在应急管理工作中有着十分重要的作用。通过开展应急演练，可以实现评估应急准备状态，发现并及时修改应急预案、执行程序等相关工作的缺陷和不足；评估突发公共事件的应急能力，识别资源需求，澄清相关机构、组织和人员的职责，改善不同机构、组织和人员之间的协调问题；检验应急响应人员对应急预案、执行程序的了解程度和实际操作技能水平，评估应急培训效果，分析培训需求。同时，作为一种培训手段，通过调整演练难度，可以进一步提高应急响应人员的业务素质和能力，促进公众、媒体对应急预案的理解，争取他们对应急工作的支持。

一、应急演练的目的与原则

　　（1）应急演练的目的　应急演练是指各级政府部门、企事业单位、社会团体，组织相关应急人员与群众，针对特定的突发事件假想情景，按照应急预案所规定的职责和程序，在特定的时间和地域，执行应急响应任务的训练活动。

　　1）检验预案。通过开展应急演练，查找应急预案中存在的问题，进而完善应急预案，提高应急预案的实用性和可操作性。

　　2）完善准备。通过开展应急演练，检查应对突发事件所需应急队伍、物资、装备、技术等方面的准备情况，发现不足后要及时予以调整补充，做好应急准备工作。

　　3）锻炼队伍。通过开展应急演练，增强演练组织单位、参与单位和人员等对应急预案的熟悉程度，提高其应急处置能力。

　　4）磨合机制。通过开展应急演练，进一步明确相关单位和人员的职责任务，理顺工作关系，完善应急机制。

　　5）科普宣教。通过开展应急演练，普及应急知识，提高公众风险防范意识和自救互救等灾害应对能力。

（2）应急演练的原则

1）结合实际、合理定位。紧密结合应急管理工作实际，明确演练目的，根据资源条件确定演练方式和规模。

2）着眼实战、讲求实效。以提高应急指挥人员的指挥协调能力、应急队伍的实战能力为着眼点，重视对演练效果及组织工作的评估、考核，总结推广好经验，及时整改存在问题。

3）精心组织、确保安全。围绕演练目的，精心策划演练内容，科学设计演练方案，周密组织演练活动，制订并严格遵守有关安全措施，确保演练参与人员及演练装备设施的安全。

4）统筹规划、厉行节约。统筹规划应急演练活动，适当开展跨地区、跨部门、跨行业的综合性演练，充分利用现有资源，努力提高应急演练效益。

二、应急演练的类型

根据应急演练的组织方式、演练内容、演练目的和作用等，可以对应急演练进行分类，目的是便于演练的组织管理和经验交流。

（1）按组织方式分类　应急演练按照组织方式及目标重点的不同，可以分为桌面演练和实战演练等。

1）桌面演练：是一种圆桌讨论或演习活动，其目的是使各级应急部门、组织和个人在较轻松的环境下，明确和熟悉应急预案中所规定的职责和程序，提高协调配合及解决问题的能力。桌面演练的情景和问题通常以口头或书面叙述的方式呈现，也可以使用地图、沙盘、计算机模拟、视频会议等辅助手段，有时被分别称为图上演练、沙盘演练、计算机模拟演练、视频会议演练等。

2）实战演练：是以现场实战操作的形式开展的演练活动。参演人员在贴近实际状况和高度紧张的环境下，根据演练情景的要求，通过实际操作完成应急响应任务，以检验和提高相关应急人员的组织指挥、应急处置以及后勤保障等综合应急能力。

（2）按演练内容分类　应急演练按其内容，可以分为单项演练和综合演练两类。

1）单项演练：是指只涉及应急预案中特定应急响应功能或现场处置方案中一系列应急响应功能的演练活动，注重针对一个或少数几个参与单位（岗位）的特定环节和功能进行检验。

2）综合演练：是指涉及应急预案中多项或全部应急响应功能的演练活动，注重对多个环节和功能进行检验，特别是对不同单位之间应急机制和联合应对能力的检验。

（3）按演练目的和作用分类　应急演练按其目的与作用，可以分为检验性演练、示范性演练和研究性演练。

1）检验性演练：主要是指为了检验应急预案的可行性及应急准备的充分性而组织的演练。

2）示范性演练：主要是指为了向参观、学习人员提供示范，为普及宣传应急知识而组织的观摩性演练。

3）研究性演练：主要是为了研究突发事件应急处置的有效方法，试验应急技术、设施和设备,探索存在问题的解决方案等而组织的演练。

不同演练组织形式、内容及目的交叉组合,可以形成多种多样的演练方式,如:单项桌面演练、综合桌面演练、单项实战演练、综合实战演练、单项示范演练和综合示范演练等。

三、应急演练的组织与实施

一次完整的应急演练活动要包括计划、准备、实施、评估总结和改进 5 个阶段,如图 5-1 所示。计划阶段的主要任务是明确演练需求,提出演练的基本构思和初步安排。准备阶段的主要任务是完成演练策划,编制演练总体方案及其附件,进行必要的培训和预演,做好各项保障工作安排。实施阶段的主要任务是按照演练总体方案完成各项演练活动,为演练评估总结收集信息。评估总结阶段的主要任务是评估总结演练参与单位在应急准备方面的问题和不足,明确改进的重点,提出改进计划。改进阶段的主要任务是按照改进计划,由相关单位实施落实,并对改进效果进行监督检查。

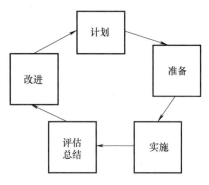

图 5-1 应急演练基本流程

1. 计划

演练组织单位在开展演练准备工作前应先制订演练计划。演练计划是有关演练的基本构想和对演练准备活动的初步安排,一般包括演练的目的、方式、时间、地点、日程安排、演练策划领导小组和工作小组构成、经费预算和保障措施等。

在制订演练计划过程中需要确定演练目的、分析演练需求、确定演练内容和范围、安排演练准备日程、编制演练经费预算等。

(1) 梳理需求 演练组织单位根据自身应急演练年度规划和实际情况需要,提出初步演练目标、类型、范围,确定可能的演练参与单位,并与这些单位的相关人员充分沟通,进一步明确演练需求、目标、类型和范围。

1) 确定演练目的,归纳提炼举办应急演练活动的原因、演练要解决的问题和期望达到的效果等。

2) 分析演练需求,首先是在对所面临的风险及应急预案进行认真分析的基础上,发现可能存在的问题和薄弱环节,确定需加强演练的人员、需锻炼提高的技能、需测试的设施装备、需完善的突发事件应急处置流程和需进一步明确的职责等,然后仔细了解过去的演练情况:哪些人参与了演练、演练目标实现的程度、有什么经验与教训、有什么改进、是否进行了验证等。

3) 确定演练范围,是根据演练需求及经费、资源和时间等条件的限制,确定演练的事件类型、等级、地域、参与演练的机构及人数和演练方式。

① 事件类型与等级:根据需求分析结果确定需要演练的事件。

② 地域:选择一个现实可行的地点,并考虑交通和安全等因素。

③ 演练方式:考虑法律法规的规定、实际的需要、人员具有的经验、需要的压力水平等因素,确定最适合的演练形式。

④ 参与演练的机构及人数：根据需要演练的事件和演练方式，列出需要参与演练的机构和人员，以及确定是否涉及社会公众。

(2) 明确任务　演练组织单位根据演练需求、目标、类型、范围和其他相关需要，明确细化演练各阶段的主要任务，安排日程计划，包括各种演练文件编写与审定的期限、物资器材准备的期限、演练实施的日期等。

(3) 编制计划　演练组织单位负责起草演练计划文本，计划内容应包括：演练需求、目标、类型、时间、地点、演练准备实施进程安排、领导小组和工作小组构成、预算等。

(4) 计划审批　演练计划编制完成后，应按相关管理要求，呈报上级主管部门批准。演练计划获准后，按计划开展具体演练准备工作。

2. 准备

演练准备阶段的主要任务是根据演练计划成立演练组织机构，设计演练总体方案，并根据需要针对演练方案进行培训和预演，为演练实施奠定基础。

演练准备的核心工作是设计演练总体方案。演练总体方案是对演练活动的详细安排。

演练总体方案的设计一般包括确定演练目标、设计演练情景与演练流程、设计技术保障方案、设计评估标准与方法、编写演练方案文件等内容。

(1) 成立演练组织机构　演练应在相关预案确定的应急领导机构或指挥机构领导下组织开展。演练组织单位要成立由相关单位领导组成的演练领导小组，通常下设策划部、保障部和评估组，对于不同类型和规模的演练活动，其组织机构和职能可以适当调整。演练组织机构的成立是一个逐步完善的过程，在演练准备过程中，演练组织机构的部门设置和人员配备及分工可能根据实际需要随时调整，在演练方案审批通过之后，最终的演练组织机构才得以确立。

1) 演练领导小组。演练领导小组负责应急演练活动全过程的组织领导，审批决定演练的重大事项。演练领导小组组长一般由演练组织单位或其上级单位的负责人担任；副组长一般由演练组织单位或主要协办单位负责人担任；小组其他成员一般由各演练参与单位相关负责人担任。

2) 策划部。策划部负责应急演练策划、演练方案设计、演练实施的组织协调、演练评估总结等工作。策划部设总策划、副总策划，下设文案组、协调组、控制组等。

3) 保障部。保障部负责调集演练所需物资装备，购置和制作演练模型、道具、场景，准备演练场地，维持演练现场秩序，保障运输车辆，保障人员生活和安全保卫等。其成员一般是演练组织单位及参与单位后勤、财务、办公等部门人员，常称为后勤保障人员。

4) 评估组。评估组负责设计演练评估方案和编写演练评估报告，对演练准备、组织、实施及其安全事项等进行全过程、全方位评估，及时向演练领导小组、策划部和保障部提出意见、建议。其成员一般是应急管理专家，具有一定演练评估经验和突发事件应急处置经验专业人员，常称为演练评估人员。评估组可由上级部门组织，也可由演练组织单位自行组织，或由受邀承担评估工作的第三方机构组织。

5) 宣传组。宣传组负责演练提前宣传、通知，对演练过程中所涉及的场地、路段、环境等进行解答。

6) 参演队伍和人员。参演队伍包括应急预案规定的有关应急管理部门（单位）工作人员、各类专兼职应急救援队伍以及志愿者队伍等。参演人员承担具体演练任务，针对模拟事件场景做出应急响应行动。有时也可使用模拟人员替代未参加现场演练的单位人员，或模拟事故的发生过程，如释放烟雾、模拟泄漏等。

演练组织机构的部门设置和人员配备及分工可根据实际需要随时调整，在演练方案审批通过之后，最终的演练组织机构才得以确立。

（2）确定演练目标　演练目标是为实现演练目的而需完成的主要演练任务及其效果，一般需说明"由谁在什么条件下完成什么任务，依据什么标准或取得什么效果"。

演练组织机构召集有关方面和人员，商讨确认范围、演练需求、演练目标以及各参与机构的目标，并进一步商讨，为确保演练目标实现而在演练场景、评估标准和方法、技术保障及对演练场地等方面应满足的要求。

演练目标应简单、具体、可量化、可实现。一次演练一般有若干项演练目标，每项演练目标都要在演练方案中有相应的事件和演练活动予以实现，并在演练评估中有相应的评估项目判断该目标的实现情况。

（3）演练情景事件设计　演练情景事件是为演练而假设的一系列突发事件，为演练活动提供了初始条件并通过一系列的情景事件，引导演练活动继续直至演练完成。

其设计过程包括：确定原生突发事件类型、请专家研讨、收集相关素材、结合演练目标、设计备选情景事件、研讨修改确认可用的情景事件及其细节。

演练情景事件设计必须做到真实合理，在演练组织过程中需要根据实际情况不断修改完善。演练情景可通过演练情景说明书和演练情景事件清单加以描述。

（4）演练流程设计　演练流程设计是按照事件发展的科学规律，将所有情景事件及相应应急处置行动按时间顺序有机衔接的过程。其设计过程包括：确定事件之间的演化衔接关系；确定各事件发生与持续时间；确定各参与单位和角色在各场景中的期望行动以及期望行动之间的衔接关系；确定所需注入的信息及注入形式。

（5）技术保障方案设计　为保障演练活动顺利实施，演练组织机构应安排专人根据演练目标、演练情景事件和演练流程的要求，预先进行技术保障方案设计。当技术保障因客观原因确难实现时，可及时向演练组织机构相关负责人反映，提出对演练情景事件和演练流程的相应修改建议。当演练情景事件和演练流程发生变化时，技术保障方案必须根据需要进行适当调整。

（6）评估标准和方法选择　演练评估组召集有关方面和人员，根据演练总体目标和各参与机构的目标以及演练的具体情景事件、演练流程和技术保障方案，商讨确定演练评估标准和方法。

演练评估应以演练目标为基础。每项演练目标都要设计合理的评估项目方法和标准。根据演练目标的不同，可以用选择项（如：是否判断、多项选择）、主观评分（如：1-差、2-合格、5-优秀）、定量测量（如：响应时间、被困人数、获救人数）等方法进行评估。

为便于演练评估操作，通常事先设计好评估表格，包括演练目标、评估方法、评价标准和相关记录项等。有条件时还可以采用专业评估软件等工具。

（7）编写演练方案文件　文案组负责起草演练方案相关文件。演练方案文件主要包括演练总体方案及其相关附件。根据演练类别和规模的不同，演练总体方案的附件一般有演练人员手册、演练控制指南、技术保障方案和脚本、演练评估指南、演练脚本和解说词等。

（8）方案审批　演练方案文件编制完成后，应按相关管理要求，报有关部门审批。对综合性较强或风险较大的应急演练，在方案报批之前，要由评估组组织相关专家对应急演练方案进行评审，确保方案科学可行。

演练总体方案获准后，演练组织机构应根据领导出席情况，细化演练日程，拟定领导出席演练活动安排。

（9）落实各项保障工作　为了按照演练方案顺利安全实施演练活动，应切实做好人员、经费、场地、物资和器材、技术和安全方面的保障工作。

1）人员保障。演练参与人员一般包括演练领导小组、演练总指挥、总策划、文案人员、控制人员、评估人员、保障人员、参演人员和模拟人员等，有时还会有观摩人员等其他人员。在演练准备过程中，演练组织单位和参与单位应合理安排工作，保证相关人员参与演练活动的时间；通过组织观摩学习和培训，提高演练人员的素质和技能。

2）经费保障。演练组织单位每年要根据具体应急演练方案规划编制应急演练经费预算，纳入该单位的年度财政（财务）预算，并按照演练需要及时拨付经费。对经费使用情况进行监督检查，确保演练经费专款专用、节约高效。

3）场地保障。根据演练方式和内容，经现场勘察后选择合适的演练场地。桌面演练一般可选择会议室或应急指挥中心等；实战演练应选择与实际情况相似的地点，并根据需要设置指挥部、集结点、接待站、供应站、救护站、停车场等设施。演练场地应有足够的空间、良好的交通、生活、卫生和安全条件，尽量避免干扰公众生产生活。

4）物资和器材保障。根据需要，准备必要的演练材料、物资和器材，制作必要的模型设施等，主要包括：信息材料、物资设备、通信器材和演练情景模型等。

5）技术保障。根据技术保障方案的具体需要，保障应急演练所涉及的有线通信、无线调度、异地会商、移动指挥、社会面监控、应急信息管理系统等技术支撑系统的正常运转。

6）安全保障。应急演练组织单位要高度重视应急演练组织与实施全过程的安全保障工作。在应急演练方案编制中，应充分考虑应急演练实施中可能面临的风险，制定必要的应急演练安全保障措施或方案。大型或高风险应急演练活动要按规定制定专门应急预案，采取预防和控制措施。

（10）培训　为了使演练相关策划人员及参演人员熟悉演练方案和相关应急预案，明确其在演练过程中的角色和职责，在演练准备过程中，可根据需要对其进行适当培训。

在演练方案获准后至演练开始前，所有演练参与人员都要经过应急基本知识、演练基本概念、演练现场规则、应急预案、应急技能及个体防护装备使用等方面的培训。对控制人员要进行岗位职责、演练过程控制和管理等方面的培训；对评估人员要进行演练评估方法、工具使用等方面的培训；对参演人员要进行应急预案、应急技能及个体防护装备使用等方面的培训。

（11）预演　对大型综合性演练，为保证演练活动顺利实施，可在前期培训的基础上，在演练正式实施前，进行一次或多次预演。预演遵循先易后难、先分解后合练、循序渐进的原则。预演可以采取与正式演练不同的形式，演练正式演练的某些或全部环节。大型或高风险演练活动，要结合预先制定的专门应急预案，对关键部位和环节可能出现的突发事件进行针对性演练。

3. 实施

演练实施是对演练方案付诸行动的过程，是整个演练程序中核心环节。

（1）演练前检查　演练实施当天，演练组织机构的相关人员应在演练开始前提前到达现场，对演练所用设备设施等的情况进行检查，确保其正常工作。

按照演练安全保障工作安排，对进入演练场所的人员进行登记和身份核查，防止无关人员进入。

（2）演练前情况说明和动员　导演组完成事故应急演练准备，以及对演练方案、演练场地、演练设施、演练保障措施的最后调整后，应在演练前夕分别召开控制人员、评估人员、演练人员的情况介绍会，确保所有演练参与人员了解演练现场规则以及演练情景和演练计划中与各自工作相关的内容。演练模拟人员和观摩人员一般参加控制人员情况介绍会。

导演组可向演练人员分发演练人员手册，说明演练适用范围、演练大致日期（不说明具体时间）、参与演练的应急组织、演练目标的大致情况、演练现场规则、采取模拟方式进行演练的行动等信息。演练过程中，如果某些应急组织的应急行为由控制人员或模拟人员以模拟方式进行演示，则演练人员应了解这些情况，并掌握相关控制人员或模拟人员的联系方式，以免演练时与实际应急组织发生冲突。

（3）演练启动　演练目的和作用不同，演练启动形式也有所差异。

示范性演练一般由演练总指挥或演练组织机构相关成员宣布演练开始并启动演练活动；检验性和研究性演练，一般在到达演练时间节点，演练场景出现后，自行启动。

（4）演练执行　演练组织形式不同，其演练执行程序也有差异。

1）实战演练。应急演练活动一般始于报警消息，在此过程中，参演应急组织和人员应尽可能按实际紧急事件发生时的响应要求进行演示，即"自由演示"，由参演应急组织和人员根据自己关于最佳解决办法的理解，对情景事件做出响应行动。

演练过程中参演应急组织和人员应遵守当地相关的法律法规和演练现场规则，确保演练安全进行，如果演练偏离正确方向，控制人员可以采取"刺激行动"以纠正错误。"刺激行动"包括终止演练过程。使用"刺激行动"时应尽可能平缓，以诱导方法纠偏，只有对背离演练目标的"自由演示"才使用强刺激的方法使其中断反应。

2）桌面演练。桌面演练的执行通常是五个环节的循环往复：演练信息注入、问题提出、决策分析、决策结果表达和点评。

3）演练解说。在演练实施过程中，演练组织单位可以安排专人对演练过程进行解说。解说内容一般包括演练背景描述、进程讲解、案例介绍、环境渲染等。对于有演练脚本的大型综合性示范演练，可按照脚本中的解说词进行讲解。

4）演练记录。演练实施过程中，一般要安排专门人员，采用文字、照片和音像等手段记录演练过程。文字记录一般可由评估人员完成，主要包括演练实际开始与结束时间、演练过程控制情况、各项演练活动中参演人员的表现、意外情况及其处置等内容，尤其要详细记录可能出现的人员"伤亡"（如进入"危险"场所而无安全防护，在规定的时间内不能完成疏散等）及财产"损失"等情况。

照片和音像记录可安排专业人员和宣传人员在不同现场、不同角度进行拍摄，尽可能全方位反映演练实施过程。

5）演练宣传报道。演练宣传组按照演练宣传方案做好演练宣传报道工作。认真做好信息采集、媒体组织、广播电视节目现场采编和播报等工作，扩大演练的宣传教育效果。对涉密应急演练做好相关保密工作。

（5）演练结束与意外终止　演练完毕，由总策划发出结束信号，演练总指挥或总策划宣布演练结束。演练结束后，所有人员停止演练活动，按预定方案集合进行现场总结讲评或者组织疏散。保障部负责组织人员对演练场地进行清理和恢复。

演练实施过程中出现下列情况，经演练领导小组决定，由演练总指挥或总策划按照事先规定的程序和指令终止演练：出现真实突发事件，需要参演人员参与应急处置时，要终止演练，使参演人员迅速回归其工作岗位，履行应急处置职责；出现特殊或意外情况，短时间内不能妥善处理或解决时，可提前终止演练。

（6）现场点评会　演练组织单位在演练活动结束后，应组织针对本次演练现场点评会。其中包括专家点评、领导点评、演练参与人员的现场信息反馈等。

4. 评估总结

（1）评估　演练评估是指观察和记录演练活动、比较演练人员表现与演练目标要求并提出问题的过程。演练评估目的是确定演练是否已经达到要求，检验各应急组织指挥人员及应急响应人员完成任务的能力。要全面、正确地评估演练效果，必须在演练地域的关键地点和各参演应急组织的关键岗位上，派驻公正的评估人员。评估人员的作用主要是观察演练的进程，记录演练人员采取的每一项关键行动及其实施时间，访谈演练人员，要求参演应急组织提供文字材料，评估参演应急组织和演练人员表现并反馈演练发现。

应急演练评估方法是指演练评估过程中的程序和策略，包括评估组组成方式、评估目标与评估标准。评估人员较少时可仅成立一个评估小组并任命一名负责人。评估人员较多时，则应按演练目标、演练地点和演练组织进行适当的分组，除任命一名总负责人，还宜分别任命小组负责人。评估目标是指在演练过程中要求演练人员展示的活动和功能。评估标准是指供评估人员对演练人员各个主要行动及关键技巧的评判指标，这些指标应具有可测量性，或力求定量化，但是根据演练的特点，评判指标中可能出现相当数量的定性指标。

情景设计时，策划人员应编制评估计划，应列出必须进行评估的演练目标及相应的评估准则，并按演练目标进行分组，分别提供给相应的评估人员，同时给评估人员提供评价指标。

（2）总结报告

1）召开演练评估总结会议。在演练结束后一个月内。由演练组织单位召集评估组和所有演练参与单位，讨论本次演练的评估报告，并从各自的角度总结本次演练的经验教训，讨论确认评估报告内容，并讨论提出总结报告内容，拟订改进计划，落实改进责任和时限。

2）编写演练总结报告。在演练评估总结会议结束后，由文案组根据演练记录、演练评估报告、应急预案、现场总结等材料，对演练进行系统和全面的总结，并形成演练总结报告。演练参与单位也可对本单位的演练情况进行总结。

演练总结报告的内容包括：演练目的，时间和地点，参演单位和人员，演练方案概要，发现的问题与原因，经验和教训，以及改进有关工作的建议、改进计划、落实改进责任和时限等。

（3）文件归档与备案　演练组织单位在演练结束后应将演练计划、演练方案、各种演练记录（包括各种音像资料）、演练评估报告、演练总结报告等资料归档保存。

对于由上级有关部门布置或参与组织的演练，或者法律、法规、规章要求备案的演练，演练组织单位应当将相关资料报有关部门备案。

5. 改进

（1）改进行动　对演练中暴露出来的问题，演练组织单位和参与单位应按照改进计划中规定的责任和时限要求，及时采取措施予以改进，包括修改完善应急预案，有针对性地加强应急人员的教育和培训，对应急物资装备有计划地更新等。

（2）跟踪检查与反馈　演练总结与讲评过程结束之后，演练组织单位和参与单位应指派专人，按规定时间对改进情况进行监督检查，确保本单位对自身暴露出的问题做出改进。

第六章
应急管理安全检查与隐患整改

第一节 安全检查的目的与内容

安全检查是指依据党和国家有关生产安全的方针、政策、法规、标准,以及企业的规章制度,通过查领导、查思想、查制度、查管理和查隐患,对企业生产安全状况做出正确评价,督促企业及被检查单位做好生产安全工作。

一、安全检查的目的

(1) 查领导 就是在检查一个单位的生产安全工作时,首先要检查领导对生产安全是否有正确的认识,是否真正关心职工的安全健康,是否重视安全工作,并纳入重要议事日程;是否能正确处理安全与生产、效益的关系;能否坚持"三同时""五同时""四不放过"的原则办事;企业有无长期安全规划和年度计划;经费有无保证等。

(2) 查思想 就是检查企业全体员工是否牢固树立了"安全第一,预防为主"的思想;各有关部门及人员能否做到,当生产、效益与安全发生矛盾时,把安全放在第一位。

(3) 查制度 就是检查企业的各项制度和操作规程、应急预案是否建立健全,内容是否正确、完善,能否严格执行。

(4) 查管理 就是检查企业的安全生产管理状况,即检查安全组织管理网络,全员管理、目标管理和生产全过程管理、安全生产培训管理的工作。

(5) 查隐患 就是深入生产作业现场,排查管理上的漏洞、人的不安全行为和物的不安全状态。

二、安全检查的内容

人的不安全行为和物的不安全状态是造成事故的基本因素。为了消除这些因素,排除隐患,就要设法及时发现它,进而采取消除措施。第一步就是开展安全检查。安全检查包括以下几种形式:企业本身对生产中的安全工作进行的经常性检查;劳动部门和企业主管部门联合组织的定期性大检查;对安全工作的普遍检查;对某项问题的专业检查和季节性检查;地区之间、产业之间、企业之间或劳动者之间开展的互相检查;劳动者广泛深入的自行检查等。开展安全检查,要以劳动者对自己的行为、周围环境和设备的检查为基础。

1. 查思想

一切行为首先萌发于人们的思想。因此,在安全检查中,应把检查思想作为一项重要的内容。主要是结合实际检查自身是否牢固树立了"安全第一，预防为主"的思想，是否有轻视安全生产的思想，是否有安全与生产对立的观点，是否有冒险蛮干的思想，是否有消极悲观的观点，是否有麻痹思想和侥幸心理。对检查出的不正确思想，要采取思想工作和行政制约措施予以消除。

2. 查现场隐患

安全隐患是事故发生的根源之一。要防止事故发生，必须及时发现并消除隐患。因此，应把查现场隐患作为安全检查的重要方面。查现场隐患应包括定期检查作业场所建筑物是否安全，安全通道是否通畅，零部件的存放是否有条理，各种机器设备的排列和防护装置、保险装置、信号装置是否完好，电气设备的安全设施、乙炔发生器、各种气瓶和压力容器、化学用品的使用管理是否严守制度，车间内的照明设施、有毒有害物质的防护设施、工人的劳动条件、相应的安全标志设置是否完备；经常检查生产现场及周围环境是否有变化，是否有不安全因素，生产设备是否有带病运转现象。劳动者对自己经常接触和使用的机械设备、电气设备、工夹具、原材料、化学用品、安全装置、个人防护用品等，应随时进行检查，一旦发现隐患就要及时排除。检查自己是否按标准作业，是否遵守安全技术操作规程，是否违反劳动纪律。同时，还要检查自己每一时期的生物节律变化情况，协调家庭或周围环境影响引起的情绪变化以及其他方面的思想波动。总之，要通过各种办法采取有效措施来提高自我防范能力，以消除人的不安全行为。

3. 查安全知识

在实践中，因为工作人员安全生产知识水平低下而引发的事故相当多。因此，在安全检查中把查安全知识作为一项内容很有必要。检查的具体内容包括：检查了解企业的生产概况，基本生产技术、作业方法或工艺流程，以及产品的构造、性能、质量和规格，是否掌握企业内特别危险的设备和区域及其人身安全防护的基本知识和注意事项，与生产技术和作业方法相适应的各种机具设备的性能和知识，有关电气设备的基本安全知识，起重机械和厂内运输有关的安全知识，生产中使用的有毒有害原材料或可能散发的有毒有害物质的安全防护基本知识，企业中一般消防制度和规则，个人防护用品的正确使用，以及伤亡事故报告办法等。对于特种作业人员，应检查其是否掌握专业安全技术知识，是否经过专门训练，是否持证上岗。

4. 专业检查和季节性检查

不同工种在安全生产上都存在一些关键部位。抓住关键进行预防，就可以避免事故的发生。专业检查就是对各工种工人易发生事故的地方进行经常性的和预防性的重点检查。例如，煤矿工人在采煤工作面重点检查顶板事故隐患，建筑工人在高空作业重点检查坠落事故隐患，冶炼工人重点检查烧伤事故隐患等。

根据统计分析，生产中发生各类事故，往往具有一定的时间特点和季节特点。在时间上说，一般在夜班、后半班、工作结束时和假日前后发生事故多；从季节上说，一般雨季或气候潮湿季节触电事故多，在气候寒冷、干燥、多风的季节，火灾、煤气中毒事故多。抓住这个时间和季节事故多发的规律，突出重点地进行安全检查，往往会取得事半功倍的良好效果。

5. 查领导

企业领导人是企业的中枢和核心，安全生产的状况常反映出领导人的安全管理水平。因此，要把查领导作为安全检查的重要内容。要检查企业是否设置劳动保护机构；是否坚决执行并督促所属部门执行国家有关劳动保护方针、政策、法令、指示和各项规章制度；是否同时计划、布置、检查、总结和评比生产工作和劳动保护工作；是否编制安全技术措施计划，合理安排措施经费，并认真组织实施；新建、扩建、改建工程项目的劳动保护设施是否与主体工程同时设计、同时施工、同时投产，搞好设计审查和竣工验收工作；是否经常检查生产现场的建筑物、机器设备、工具、原材料、成品、工作地点、生活用品等符合安全卫生要求的情况；工厂、车间和班组是否建立健全安全生产规章制度，并随着生产的发展，相应地修改规章制度。

6. 互相检查

人们常说："当局者迷，旁观者清。"在安全生产上许多事情都充分证明了这一点。因此，要提倡职工个人在自检的基础上开展互查。互查是自查的基础，没有互查，自查不易广泛深入。安全检查中强调互查互学、互相评比，既有利于进一步提高领导和工人对安全生产的思想认识，又可以更多更清楚地发现和解决那些不安全、不卫生的问题。还可以组织同一区域的企业互相检查。

三、专项检查

专项检查主要以行业为主，如气象部门检查（防雷、防静电），安全生产检查（矿山、非煤矿山、金属冶炼和危险化学品、化工、烟花爆竹、冶金有色等），以及道路交通运输、水上交通、铁路运输、民航、建筑施工、水利、电力、农业机械、渔业船舶、特种设备、民爆器材、消防等行业（领域）的企业及其他相关领域开展针对性安全隐患排查整治，严防事故发生。

1. 防雷电检查

常规的防雷电检查项目有8项（建筑物的防雷分类、接闪器、引下线、接地装置、防雷区的划分、雷击电磁脉冲屏蔽、等电位连接及浪涌保护器），涵盖了外部防雷装置和内部防雷装置，只有通过防雷检测才能了解到各个防雷装置是否损坏、劣化、锈蚀等，判断防雷装置是否有效运行，若存在问题的话，就要及时更换，排除防雷安全隐患；各个电气连接是否良好，有无接触不良的情况，若有，需要整改，重新焊接，保持电气连接贯通；如果后期建筑物有扩建、改建存在，建筑物的防雷分类就会发生变化，应检查原有防雷装置的保护范围是否符合改扩建后的建筑物防雷类别，若不符合，就会存在雷击安全隐患，需要全面进行整改和防护。防雷电专项安全检查表见表6-1。

表6-1 防雷电专项安全检查表

检查时间： 检查人：

项目	检查内容	依　　据	检查方法	结果	备注
防雷、防静电装置	装有避雷针的建筑物上严禁架设低压线、通信线和广播线	GB 50057—2010	现场检查		
	避雷针的安装应满足机械强度和耐蚀要求。避雷针长度在1m以下时，宜用直径不小于20mm的钢管或直径不小于12mm的圆钢，并镀锌		现场检查及测量		

（续）

项目	检查内容	依据	检查方法	结果	备注
防雷、防静电装置	避雷针连线应用截面积不小于50mm²的镀锌钢绞线		测量		
	防雷装置应定期进行检查和预防性试验，接闪器及引下线已腐蚀30%以上时应更换		现场检查及测量		
	易燃液体的储罐应设独立避雷针，其引下线冲击电阻不大于10Ω		测量		
	室外的罐、塔、容器的静电接地的要求：对大于50m³或直径在2.5m以上的罐、塔、容器，其接地部分不得少于2处，接地点应对称布置，其间距小于30m		现场检查		
	设备、管道采用金属法兰连接，连接处过渡电阻大于0.03Ω时，应用金属线跨接。对于不少于5个螺栓连接的法兰盘，在非腐蚀环境下不可跨接		现场检查		
	站台区域内的管道、设备、构筑物等应进行等电位连接并接地。储罐汽车在装卸作业开始前，必须将专用地线夹接在车辆的指定位置上	石油化工静电接地设计规范	检查		
户外架空管道的防雷	户外输送可燃气体、易燃或可燃体的管道，可在管道的始端、终端、分支处、转角处以及直线部分每隔100m处接地，每处接地电阻不大于30Ω	GB50057—2010	现场检查及抽检测量		
	当管道连接点（弯头、阀门、法兰盘等）不能保持良好的电气接触时，应用金属线跨接		现场检查		
	接地引下线若是活动金属支架，在管道与支持物之间必须增设跨接线；若是非金属支架，必须另设引下线		现场检查		
管网系统的接地	输送易燃可燃的气体及其混合物的管道系统，应在管道的始端、末端通过机泵、油罐等设备有可靠的接地连接	石油化工静电接地设计规范	检查		
	管网内的过滤器、缓冲器等应设置接地连接点	石油化工静电接地设计规范	检查		
	如果管网系统中有部分管路或部件是非导体，应在其表面设置导电的屏蔽层	石油化工静电接地设计规范	检查		

注：本表为每年雷雨季节前（3月、9月）进行一次检查。

案例4 某化工有限公司爆炸事故

2019年3月21日下午14时许，位于江苏省盐城市的某化工企业发生爆炸事故。截至3月25日，该事故已造成78人遇难。从国家应急管理部网站上可以看到，2018年2月7日，国家安全监管总局办公厅曾对该企业发布《国家安全监管总局办公厅关于督促整改安全隐患问题的函》。其中在"有关安全隐患问题清单"中，该企业有13项问题。

1) 主要负责人未经安全知识和管理能力考核合格。
2) 仪表特殊作业人员仅有1人取证，无法满足安全生产工作实际需要。
3) 生产装置操作规程不完善，缺少苯罐区操作规程和工艺技术指标；无巡回检查制度，对巡检没有具体要求。
4) 硝化装置设置联锁后未及时修订、变更操作规程。
5) 部分二硝化釜的DCS和SIS压力变送器共用一个压力取压点。
6) 构成二级重大危险源的苯罐区、甲醇罐区未设置罐根部紧急切断阀。
7) 部分二硝化釜补充氢管线切断阀走副线，联锁未投用。
8) 机柜间和监控室违规设置在硝化厂房内。
9) 部分岗位安全生产责任制与公司实际生产情况不匹配，如供应科没有对采购产品安全质量提出要求。
10) 现场管理差，跑冒滴漏较多；现场安全警示标识不足，部分安全警示标识模糊不清，现场无风向标。
11) 动火作业管理不规范，如部分安全措施无确认人、可燃气体分析结果填写"不存在、无可燃气体"等。
12) 苯、甲醇装卸现场无防泄漏应急处置措施、充装点距离泵区近，现场洗眼器损坏且无水。
13) 现场询问的操作员工不清楚装置可燃气体报警设置情况和报警后的应急处置措施，硝化车间可燃气体报警仪无现场光报警功能。

2. 危险化学品检查

危险化学品的主要检查内容包括企业主要负责人履职情况、企业安全生产条件情况、建设项目管理情况、安全生产许可证管理情况、安全资金投入情况、安全生产管理机构和管理人员情况、重大危险源管理情况、企业安全管理情况、工艺过程管理情况、设备设施管理情况、危险化学品经营情况、危险化学品储存情况、危险化学品销售情况，并在此基础上进一步细化分解为80项具体内容。同时要求其他涉危、涉爆企业要按照有关法律法规和安全生产检查流程、检查清单开展检查。危险化学品安全管理专项检查表见表6-2。

3. 消防安全检查

防火巡查与检查是消防安全管理的重要手段之一，为及时发现单位生产经营等各项活动中可能存在的隐患、有害因素、危险因素和缺陷等，及时纠正不安全因素和不安全行为，监督各项消防安全规章制度的贯彻执行，以便制定整改措施，消除或控制火灾隐患及有害、危险因素，确保实现单位消防安全工作方针和目标。

表 6-2　危险化学品安全管理专项检查表

检查要素	检查内容	是否合格	备注
危险化学品管理机构和职责	明确危险化学品安全管理的部门，落实专责或兼职管理人员 明确管理人员及从业人员的安全职责 明确危险化学品安全管理部门、相关基层单位的安全职责		
法律法规与危化品管理制度	收集安全生产法律法规、危险化学品管理规定、标准及其他安全管理制度并定期更新 修订和健全本单位安全生产规章制度 根据生产工艺、技术、设备特点和原材料、辅助材料、产品的危险性编制危险化学品岗位安全操作规程 将有关法律法规、规章制度和安全操作规程发放到有关的工作岗位，及时对从业人员进行宣传和培训 定期评审和修订安全生产规章制度和危险化学品安全操作规程		
安全教育培训	对危险化学品从业人员进行安全技能训练和安全培训教育，考核合格方可上岗作业 特种作业人员必须按照国家有关规定经专门的安全作业培训，取得特种作业操作资格证书，并按规定参加复审 对从事危险化学品运输的驾驶员、装卸管理人员、押运人员进行有关安全知识培训。驾驶员、装卸管理人员、押运人员必须经所在地交通部门考核合格，取得上岗资格证，方可上岗作业 新工艺、新技术、新装置、新产品投产前，其主管部门应组织编制新的安全操作规程，并进行专门培训。有关人员经考核合格，方可上岗操作 对新从业人员进行厂、车间、班组安全培训教育 对转岗、干部顶岗以及脱离岗位 6 个月以上者，应进行厂、车间安全培训教育，经考试合格后，方可从事新岗位工作 对外来参观、学习等人员进行有关安全规定及安全注意事项的安全培训教育 对外来施工单位的作业人员进行入厂前安全培训教育，经考核合格发放入厂证。进入作业现场前，应由作业现场所在单位进行进入现场前安全培训教育 危险化学品从业基层单位、班组应开展班组安全活动，班组安全活动应有内容、有记录		
重大危险源管理	确定单位的重大危险源，建立重大危险源管理制度 重大危险源应登记建档，进行定期检测、评估与监控 针对重大危险源制定应急预案，告知单位员工和相关人员在紧急情况下应采取的应急措施		

(续)

检查要素	检查内容	是否合格	备注
危险化学品生产（储存、使用）设备设施	制订危险化学品设备设施安全管理制度 建立设备设施台账 各种安全设施应有专人负责管理，定期检查和维护保养并落实到人。安全设施应编入设备检修计划，定期检修 根据危险化学品的种类、特性，在车间、库房等作业场所设置相应的安全设施、设备，并按照国家标准和有关规定进行维护保养，以保证符合安全运行要求 建立危险化学品特种设备台账和档案，定期检测检验，确保证件齐全。特种设备操作人员要持证上岗 建立危险化学品监测设备（仪器）台账，定期进行校准和维护，并保存校准和维护活动的记录 制定关键装置、重点部位安全管理制度，实行单位领导人员定点挂点的安全管理机制 挂点领导对所负责的关键装置、重点部位负有安全监督与指导责任，并至少每月到挂点部门和部位进行一次安全检查活动 建立关键装置、重点部位档案及安全检查制度，定期进行巡检 制定关键装置、重点部位应急预案，至少每年进行一次演练 建立危险化学品设备设施安全检维修管理制度，明确检维修时机和频次 制订检维修计划； 进行检维修前，对检维修作业进行风险评价，采取有效的措施控制风险		
现场作业安全	对动火、进入受限空间、动土、临时用电、高处作业等实施作业许可票管理，严格履行审批手续 在易燃易爆、有毒有害场所的适当位置张贴警示标志和告知牌 在可能产生严重职业危害作业岗位的醒目位置设置警示标志和警示说明，告知产生职业危害的种类、后果、预防及应急救治措施等内容 在检修、施工、吊装等作业现场设置警戒区域和警示标志 对动火、进入受限空间、临时用电、高处作业、起重、动土、施工作业、高温作业等直接作业环节进行风险分析，制定控制措施，配备、使用安全防护用品，配备监护人员 制定和履行严格的危险化学品储存、出入库安全管理制度及运输、装卸安全管理制度		
产品安全与危害告知	对所有可能接触和产生的危险化学品（包括产品、原料和中间体）进行普查，建立危险化学品档案 危险化学品生产单位应编制危险化学品安全技术说明书和安全标签 采购危险化学品时，应索取安全技术说明书和安全标签，不得采购无安全技术说明书和安全标签的危险化学品 以适当、有效的方式对从业人员及相关方进行宣传，使其了解单位生产（储存、使用）过程中危险化学品的特性和预防及应急处理措施，降低或消除危害后果		

（续）

检查要素	检查内容	是否合格	备注
职业危害	确保使用有毒物品作业场所与生活区域分开，作业场所不得住人，将有害作业与无害作业分开 在可能发生急性职业损伤的有毒有害作业场所，按规定设置警示标志、报警设施、冲洗设施、防护急救器具专柜，设置应急撤离通道和必要的泄险区，定期检查和记录 对作业场所进行职业危害因素检测，在检测点设置标识牌予以告知，并存入职业卫生档案 根据接触危害的种类、强度，为从业人员提供符合国家标准或行业标准的个体防护用品和器具，并监督、教育从业人员按照使用规则佩戴、使用 各种防护器具都应定点存放在安全、方便的地方，并有专人负责保管，定期校验和维护 建立职业卫生防护设施及个体防护用品管理台账，加强对劳动防护用品使用情况的检查监督，凡不按规定使用劳动防护用品者不得上岗作业 有毒有害作业场所作业人员上岗前体检率达到100%，体检不合格者禁止其从事有害作业		
危险化学品应急管理	按照《危险化学品事故应急救援预案编制导则》的要求，根据风险识别的结果，针对潜在事件和突发事故，制定应急救援预案 建立应急指挥系统，明确应急指挥系统的职责 组织从业人员进行应急救援预案的培训，定期演练，评价演练效果，评审应急救援预案的充分性和有效性 定期评审应急救援预案，尤其在潜在事件和突发事故发生后 将应急救援预案报指挥部安全部门备案，并通报应急协作单位 按有关规定，配备足够的应急救援器材，并保持完好 建立应急通信网络并保证应急通信网络的畅通 为有毒有害岗位配备救援器材柜，放置必要的防护救护器材，进行经常性的维护保养，保证其处于正常状态		
危险化学品安全检查与隐患整改	制订各种检查形式的危险化学品安全检查表 定期或不定期地开展综合检查、专业检查、季节性检查和日常检查 定期开展事故隐患排查，建立动态事故隐患管理档案 对事故隐患，下达隐患整改通知书，做到"四定"（定措施、定负责人、定资金来源、定完成期限） 单位无力解决的重大事故隐患，除采取有效防范措施外，应书面向指挥部报告。对不具备整改条件的重大隐患，必须采取应急防范措施，并纳入计划，限期解决或停产		

第六章 应急管理安全检查与隐患整改

（续）

检查要素	检查内容	是否合格	备注
应急要点	发现被遗弃的化学品，不要捡拾，应立即拨打报警电话，说清具体位置、包装标志、大致数量以及是否有气味等情况 立即在事发地点周围设置警告标志，不要在周围逗留。严禁吸烟，以防发生火灾或爆炸 遇到危险化学品运输车辆发生事故时，应尽快离开事故现场，撤离到上风口位置，不要围观，并立即拨打报警电话。其他机动车驾驶人要听从工作人员的指挥，有序地通过事故现场 居民小区施工过程中挖掘出有异味的土壤时，应立即拨打当地区（县）政府值班电话说明情况，同时在其周围拉上警戒线或竖立警示标志。在异味土壤清走之前，周围居民和单位不要开窗通风 严禁携带危险化学品乘坐公交车、地铁、火车、汽车、轮船、飞机等交通工具		

据统计，近十年全国共发生一次致 10 人以上死亡的群死群伤火灾 30 多起，这些火灾主要发生在人员密集场所。集中分布在 9 类重点场所：大型商场市场；"多合一"场所，商业综合体；劳动密集型企业；公共娱乐场所；群租房；宾馆、酒店、饭店；高层建筑物；养老院、福利院；建筑施工工地。

普遍存在的 9 类风险：违规使用易燃可燃材料装饰装修；防火分隔不到位；疏散通道不畅通；违规存放易燃易爆危险品；消防设施损坏停用；电动车自行车违规停放充电；重点岗位人员责任不落实；消防安全管理不规范；宣传教育培训不深入。防火检查记录表见表 6-3。

表 6-3 防火检查记录表

时间： 检查人员：

监督检查内容					
检查内容		具体部位	检查情况		
			合格	不合格	责任人
消防通道安全出口	消防车通道				
	疏散通道				
	防火间距				
	安全出口				
	封闭、防烟楼梯间				
	防火门				
消防控制室	自动消防设备运行情况				
	消防联动控制设施运行				
	值班操作人员培训				
	主电源、备用电源				
用火用电管理	用火用电情况				
	燃气用具、油烟管道				
	电器产品、线路				

（续）

检查内容		具体部位	检查情况		
			合格	不合格	责任人
消防栓系统	室内外消防栓				
	启泵按钮				
	水泵接合器				
	屋顶试验用消防栓				
自动喷水灭火系统	报警阀组				
	末端试水装置				
	水流指示器				
消防供水系统	消防水泵				
	水泵控制器				
	屋顶消防水箱				
	压力储罐				
	稳压泵				
	消防水池				
火灾报警系统	烟感器、温感器				
	报警控制器				
	手报按钮				
	消防联动控制器				
	报警装置				
消防设施设备	灭火器				
	泡沫灭火系统				
	气体灭火系统				
	防排烟系统				
	防火卷帘				
	防火门				
	应急照明				
	疏散指示标志				
	应急广播				
其他情况	易燃易爆品管理				
	消防制度				
	消防责任人管理人				
	隐患整改情况				
	消防预案				

4. 建筑施工安全检查

首先，要检查安全管理资料，主要检查施工组织设计、安全技术交底、安全测试、安全验收、安全检查等记录，要检查这些资料有无责任单位、责任人的签字盖章。要采取"一看（资料）、二查（现场）、三提（问题）、四反馈"的检查方法。

其次，检查施工现场安全防护的实施情况，重点检查基坑支护、模板、脚手架等内容。在检查的过程中要对陪检人员进行安全防护和安全知识的提问，一是落实现场安全防护措施的真实性，二是检查有关人员对安全防护措施的掌握情况。

最后，要将检查结果进行现场反馈，对存在的隐患下达安全事故隐患通知书，隐患严重的要下达责令停工整改通知书。各检查组、各有关单位，在检查中遇到技术性较强的问题，难以判定的，要立即上报。建筑工地安全检查表见表6-4。

表6-4 建筑工地安全检查表

被检单位：　　　日期：　　　　　　　　　　　　　　　　　年　月　日

项目	检查内容	检查标准	是否合格	备注
安全管理	安全生产责任制	1. 是否建立安全生产责任制 2. 各级各部门是否执行安全生产责任制 3. 经济承包中是否有安全生产指标 4. 是否制定各工种安全技术操作规程 5. 是否按规定配备专（兼）职安全员 6. 管理人员责任制考核是否合格	□ □ □ □ □ □	
	目标管理	1. 是否制定安全管理目标（伤亡控制指标和安全达标、文明施工目标） 2. 是否进行安全责任目标解释 3. 是否有责任目标考核规定 4. 考核办法是否落实	□ □ □ □	
	施工组织设计	1. 施工组织设计中是否有安全措施 2. 施工组织设计是否审批 3. 专业性较强项目，是否单独编制专项安全施工组 4. 安全措施是否全面 5. 安全措施是否有针对性 6. 安全措施是否落实	□ □ □ □ □ □	
	部（项）工程安全技术交底	1. 是否有书面安全技术交底 2. 交底是否有针对性 3. 交底是否全面 4. 交底是否履行签字手续	□ □ □ □	
	安全检查	1. 是否有定期安全检查制度 2. 安全检查是否有记录 3. 检查出事故隐患整改是否做到定人、定时间、定措施 4. 对重大事故隐患整改通知书所列项目是否如期完成	□ □ □ □	

（续）

项目	检查内容	检查标准	是否合格	备注
安全管理	安全教育	1. 是否有安全教育制度 2. 新入厂工人是否进行三级安全教育 3. 是否有具体安全教育内容 4. 变换工种时是否进行安全教育 5. 作业人员是否懂本工种安全技术操作规程 6. 施工管理人员是否按规定进行年度培训 7. 专职安全员是否按规定进行年度培训考核或考核是否合格	□ □ □ □ □ □ □	
	班前安全活动	1. 是否建立班前安全活动制度 2. 班前安全活动是否有记录	□ □	
	特种作业持证上岗	1. 是否经培训从事特种作业 2. 是否持操作证上岗	□ □	
	工伤事故处理	1. 工伤事故是否按规定报告 2. 工伤事故是否按事故调查分析处理 3. 是否建立工伤事故档案	□ □ □	
	安全标志	1. 是否有现场安全标志布置总平面图 2. 现场是否按安全标志总平面图设置安全标志	□ □	
文明施工	现场围挡	1. 在市区主要路段工地周围是否设置高于2.5m的围挡 2. 一般路段工地周围是否设置高于1.8m的围挡 3. 围挡材料是否坚固、稳定、整洁、美观 4. 围挡是否沿工地四周连续设置	□ □ □ □	
	封闭管理	1. 施工现场进出口是否有大门 2. 是否有门卫及门卫制度 3. 进入施工现场是否佩戴工作卡 4. 门头是否设置企业标志	□ □ □ □	
	施工场地	1. 工地地面是否已进行硬化处理 2. 是否有排水设施，排水是否通畅 3. 是否有防止泥浆、污水、废水外流或堵塞下水道的措施 4. 工地是否有积水 5. 工地是否设置吸烟处，是否有随意吸烟现象 6. 温暖季节是否有绿化布置	□ □ □ □ □ □	
	材料堆放	1. 建筑材料、构件、料具是否按总平面布局堆放 2. 料堆是否挂名称、品种、规格等标牌 3. 堆放是否整齐 4. 是否做到工完场地清 5. 建筑垃圾堆放是否整齐，是否标出名称、品种 6. 易燃易爆物品是否分类存放	□ □ □ □ □ □	

（续）

项目	检查内容	检查标准	是否合格	备注
文明施工	现场住宿	1. 在建工程兼作住宿 2. 施工作业区与办公、生活区是否能明显划分 3. 宿舍是否有保暖和防煤气中毒措施 4. 宿舍是否有消暑和防蚊虫叮咬措施 5. 宿舍内是否私拉乱接电线插座，使用电炉、碘钨灯等高耗能电器 6. 是否使用木制通铺、生活用品放置是否整齐 7. 宿舍周围环境是否卫生、安全	□ □ □ □ □ □ □	
	现场防火	1. 是否有消防措施、制度或灭火器材 2. 灭火器材配置是否合理 3. 是否有消防水源（高层建筑）或是否能满足消防要求 4. 是否有动火审批手续和动火监护	□ □ □ □	
	施工现场标牌	1. 大门口处挂重大危险源控制牌内容是否全 2. 标牌是否规范、整齐 3. 是否有宣传栏、读报栏、黑板报 4. 是否有安全标语	□ □ □ □	
基坑支护	施工方案	1. 基础施工是否有支护方案 2. 施工方案是否有针对性，是否能指导施工 3. 基坑深度超过5m时是否有专项支护设计，是否经专家论证 4. 支护设计及方案是否经上级审批	□ □ □ □	
	临边防护	1. 深度超过2m基坑施工是否有临边防护措施 2. 临边及其他防护是否符合要求	□ □	
	坑壁支护	1. 坑槽开挖设置安全边坡是否符合安全要求 2. 特殊支护是否符合设计方案 3. 支护设施已产生局部变形是否采取措施调整	□ □ □	
	排水措施	1. 基坑施工是否设置有效排水措施 2. 深基础施工是否有防止临近建筑危险沉降措施	□ □	
	坑边荷载	1. 积土、料具堆放距槽边距离是否小于设计规定 2. 机械设备施工与槽边距离是否符合要求	□ □	
	上下通道	1. 人员上下是否有专用通道 2. 通道设置是否符合要求	□ □	
	土方开挖	1. 施工机械进场是否经验收 2. 挖土机作业时，是否有人员进入挖土机作业半径内 3. 挖土机作业位置是否稳定、安全 4. 司机是否持证作业 5. 是否按规定程序挖土	□ □ □ □ □	

（续）

项目	检查内容	检查标准	是否合格	备注
基坑支护	基坑支护变形监测	1. 是否按规定进行基坑支护变形监测 2. 是否按规定对毗邻建筑物、重要管线和道路进行沉降观测	☐ ☐	
	作业环境	1. 基坑内作业人员是否有安全立足点 2. 垂直作业上下是否有隔离防护措施 3. 是否设置足够照明设施	☐ ☐ ☐	
模板	施工方案	1. 模板工程是否有施工方案或施工方案是否经审批 2. 是否根据混凝土输送方法制定有针对性的安全措施	☐ ☐	
	支撑体系	1. 现浇混凝土模板支撑系统是否有设计计算 2. 支撑系统是否符合设计要求	☐ ☐	
	高大模板	支撑高度超过8m或搭设跨度超过18m或施工总荷载大于$10kN/m^2$或集中线荷载大于15kN/m是否有专项方案，是否有专家论证	☐	
	立柱稳定	1. 支撑模板立柱材料是否符合要求 2. 立柱底部是否有垫板或用砖垫高 3. 是否按规定设置纵横向支撑 4. 立柱间距是否符合规定	☐ ☐ ☐ ☐	
	施工荷载	1. 模板上施工荷载是否超过规定 2. 模板上堆料是否均匀	☐ ☐	
	模板存放	1. 大模板存放是否有防倾倒措施 2. 各种模板存放是否整齐、符合安全要求	☐ ☐	
	支拆模板	1. 2m以上高处作业是否有可靠立足点 2. 拆除区域是否设置警戒线且有监护人 3. 悬空模板是否拆除	☐ ☐ ☐	
	模板验收	1. 模板拆除前是否经拆模申请批准 2. 模板工程是否有验收手续 3. 验收单是否有量化验收内容 4. 支撑模板是否进行安全技术交底	☐ ☐ ☐ ☐	
	作业环境	1. 作业面孔洞及临边是否有防护措施 2. 垂直作业上下是否有隔离防护措施	☐ ☐	
落地式外脚手架	施工方案	1. 脚手架是否有施工方案 2. 脚手架高度超过规范规定是否有设计计算书或经过审批 3. 施工方案是否能指导施工	☐ ☐ ☐	
	立杆基础	1. 每10延长米立杆基础是否平实、是否符合方案设计要求 2. 每10延长米立杆是否缺少底座、垫木 3. 每10延长米是否有扫地杆 4. 每10延长米木脚手架立杆是否埋地或有扫地杆 5. 每10延长米是否有排水措施	☐ ☐ ☐ ☐ ☐	

（续）

项目	检查内容	检查标准	是否合格	备注
落地式外脚手架	架体与建筑结构拉结	1. 高度在7m以上架体是否与建筑结构拉结 2. 拉结是否坚固	□ □	
	脚手板与防护栏杆	1. 脚手板是否满铺 2. 脚手板材质是否符合要求 3. 是否有探头板 4. 脚手架外侧是否设置密目网且网间严密 5. 施工层是否设1.2m高防护栏杆和挡脚板	□ □ □ □ □	
	杆件间距与剪刀撑	1. 每10延长米立杆、大横杆、小横杆间距是否超过规定要求 2. 是否按规定设置剪刀撑 3. 剪刀撑是否沿架高度连续设置或角度是否符合要求	□ □ □	
	交底与验收	1. 脚手架搭设前是否有交底 2. 脚手架搭设完毕是否办理验收手续 3. 是否有量化验收内容	□ □ □	
	小横杆设置	1. 立杆与大横杆交点处是否设置小横杆 2. 小横杆是否只固定一端、单排架子小横杆插入墙内是否小于24cm	□ □	
	杆件搭接	1. 立杆、大横杆搭接长度小于1.5m 2. 钢管立杆是否有采用搭接的	□ □	
	架体内封闭	1. 施工层以下每隔10m是否用平网或其他措施封闭 2. 施工层脚手架内立杆与建筑物之间是否进行封闭	□ □	
	脚手架材质	1. 木杆直径、材质是否合要求 2. 钢管是否有弯曲、锈蚀严重的情况	□ □	
	通道	1. 架体是否设上下通道 2. 通道设置是否符合要求	□ □	
	卸料平台	1. 卸料平台是否经设计计算 2. 卸料平台搭设是否符合设计要求 3. 卸料平台支撑系统是否与脚手架连接 4. 卸料平台是否有限定荷载标牌	□ □ □ □	
三保四口安全防护	安全帽	1. 现场工人是否全部戴安全帽 2. 安全帽是否符合标准 3. 是否按规定佩戴安全帽	□ □ □	
	安全网	1. 在建工程外侧是否用密目安全网封闭 2. 安全网规格、材质是否符合要求 3. 安全网是否取得建筑安全监督管理部门准用证	□ □ □	
	安全带	1. 现场高处作业工人是否系安全带 2. 安全带系挂是否符合要求 3. 安全带是否符合标准	□ □ □	

(续)

项目	检查内容	检查标准	是否合格	备注
三保四口安全防护	预留洞口、坑井防护	1. 是否有防护措施 2. 防护措施是否符合要求或是否严密 3. 防护设施是否形成定型化、工具化	□ □ □	
	楼梯口、电梯井口	1. 是否有防护措施 2. 电梯井内每隔两层（不大于10m）是否设置一道平网 3. 防护设施是否形成定型化、工具化 4. 防护措施是否符合要求或是否严密	□ □ □ □	
	通道口	1. 是否有防护棚 2. 防护是否严密、防护棚是否牢固、材质是否符合要求	□ □	
	阳台、楼板、屋面等	1. 临边是否有防护 2. 临边防护是否严密、是否符合要求	□ □	
悬挑式脚手架	施工方案	1. 脚手架是否有施工方案、设计计算书或是否经上级审批 2. 施工方案中搭设方法是否有具体内容	□ □	
	悬挑梁及架体稳定	1. 外挑杆件与建筑结构连接是否牢固 2. 悬挑梁安装是否符合设计要求 3. 立杆底部固定是否牢固 4. 架体是否按规定与建筑结构拉结	□ □ □ □	
	脚手板	1. 脚手板铺设是否严密牢固 2. 脚手板材质是否符合要求 3. 是否有探头板	□ □ □	
	荷载	1. 脚手架荷载是否超过规定 2. 施工荷载堆放是否均匀 3. 是否有交底记录	□ □ □	
	交底与验收	1. 脚手架搭设是否符合方案要求 2. 每段脚手架搭设后是否有验收资料 3. 是否有交底记录	□ □ □	
	杆件间距	1. 每10延长米立杆间距是否超过规定 2. 大横杆间距是否超过规定	□ □	
	架体防护	1. 施工层外侧是否设置1.2m高防护栏杆、18cm高挡脚板 2. 脚手架外侧是否挂密目式安全网或网间是否严密	□ □	
	层间防护	1. 作业层下是否有平网或其他措施防护 2. 防护是否严密	□ □	
	脚手架材质	杆件直径、型钢规格及材质是否符合要求	□	

（续）

项目	检查内容	检查标准	是否合格	备注
门型脚手架	施工方案	1. 脚手架是否有施工方案，施工方案是否符合规范要求 2. 脚手架高度超过规范规定，是否有设计计算书或是否经上级审批	☐ ☐	
	架体基础	1. 脚手架基础是否平实、是否有垫木 2. 脚手架底部是否设置扫地杆	☐ ☐	
	交底与验收	1. 脚手架搭设是否有交底 2. 是否办理分段验收手续 3. 是否有交底记录	☐ ☐ ☐	
	杆件、锁件	1. 是否按说明书规定组装，是否有漏装杆件和锁件 2. 脚手架组装是否牢固，紧固是否合要求	☐ ☐	
	脚手板	1. 脚手板是否满铺，离墙是否小于10cm 2. 脚手板是否牢固，材质是否合要求	☐ ☐	
	架体稳定	1. 与墙体拉结间距是否符合规定 2. 拉结是否牢固 3. 是否按规定设置剪刀撑 4. 是否按规定高度做整体加固 5. 门架立杆垂直偏差超过规定	☐ ☐ ☐ ☐ ☐	
	架体防护	1. 脚手架外侧是否设置1.2m高防护栏杆和18cm高挡脚板 2. 架体外侧是否挂密目网或网间是否严密	☐ ☐	
	材质	1. 杆件变形严重 2. 局部开焊 3. 杆件锈蚀是否刷防锈漆	☐ ☐ ☐	
	荷载	1. 施工荷载超过规定 2. 脚手架荷载堆放是否均匀	☐ ☐	
	通道	1. 是否设置上下专用通道 2. 通道设置是否符合要求	☐ ☐	
施工用电	外电防护	1. 小于安全距离是否有防护措施 2. 防护措施是否符合要求，封闭是否严密	☐ ☐	
	接地与接零保护系统	1. 工作接地与重复接地是否符合要求 2. 是否采用TN-S系统 3. 专用保护零线设置是否符合要求 4. 保护零线与工作零线混接	☐ ☐ ☐ ☐	
	配电箱、开关箱	1. 是否符合"三级配电两级保护"要求 2. 开关箱（末级）是否有漏电保护装置或保护器是否失灵 3. 漏电保护装置参数是否匹配 4. 电箱内是否有隔离开关 5. 是否违反"一机、一闸、一漏、一箱"原则 6. 安装位置是否适当，周围是否存在杂物多等不便操作的情况 7. 闸具是否符合要求 8. 配电箱内多路配电是否有标记 9. 电箱下引出线混乱 10. 电箱是否有门、锁、防雨雪等措施	☐ ☐ ☐ ☐ ☐ ☐ ☐ ☐ ☐ ☐	

（续）

项目	检查内容	检 查 标 准	是否合格	备注
施工用电	现场照明	1. 照明专用回路是否有漏电保护装置 2. 灯具金属外壳是否做接零保护 3. 室内线路及灯具安装高度是否过低，是否使用安全电压供电 4. 潮湿作业是否使用36V以下安全电压 5. 使用36V安全电压照明线路是否混乱和接头处是否用绝缘布包扎 6. 手持照明灯是否使用36V及以下电源供电	□ □ □ □ □ □	
	配电线路	1. 电线老化、破皮处是否包扎 2. 线路过道是否有保护装置 3. 电杆、横担是否符合要求 4. 架空线路是否符合要求 5. 是否使用五芯线（电缆） 6. 是否使用四芯电缆外加一根线替代五芯电缆 7. 电缆架设或埋设是否符合要求	□ □ □ □ □ □ □	
	电器装置	1. 闸具、熔断器参数与设备容量是否匹配，安装是否合要求 2. 是否用其他金属丝代替熔丝	□ □	
	变配电装置	是否符合安全规定	□	
	用电档案	1. 是否有专项用电施工组织设计 2. 是否有地极阻值摇测记录 3. 是否有电工巡视维修记录或填写是否真实 4. 内容是否全，是否有专人管理	□ □ □ □	
物料提升机	架体制作	1. 是否有设计计算书或是否经上级审批 2. 架体制作是否符合设计要求和规范要求 3. 使用厂家生产产品是否有建筑安全监督管理部门准用证	□ □ □	
	限位保险装置	1. 吊篮是否有停靠装置 2. 停靠装置是否形成定型化 3. 是否有超高限位装置 4. 使用摩擦式卷扬机超高限位采用断电方式 5. 高架提升机是否有下极限限位器、缓冲器、超载限制器	□ □ □ □ □	
	与建筑结构连接	1. 连墙杆位置是否符合规范要求 2. 连墙杆连接是否牢固 3. 连墙杆与脚手架连接 4. 连墙杆材质或连接做法是否符合要求	□ □ □ □	
	钢丝绳	1. 钢丝绳磨损已超过报废标准 2. 钢丝绳锈蚀、缺油 3. 绳卡是否符合规定 4. 钢丝绳是否有过路保护 5. 钢丝绳是否拖地	□ □ □ □ □	
	楼层卸料平台防护	1. 卸料平台两侧是否有防护栏杆或防护是否严密 2. 平台脚手板搭设是否严密、牢固 3. 平台是否有防护门或是否起作用 4. 防护门是否形成定型化、工具化 5. 地面进料口是否有防护棚或是否符合要求	□ □ □ □ □	

（续）

项目	检查内容	检查标准	是否合格	备注
物料提升机	吊篮	1. 吊篮是否有安全门 2. 安全门是否形成定型化、工具化 3. 高架提升机是否使用吊笼 4. 是否有人员违章乘坐吊篮上下 5. 吊篮提升使用单根钢丝绳	☐ ☐ ☐ ☐ ☐	
	安装与验收	1. 是否有验收手续和责任人签字 2. 验收单是否有量化验收内容	☐ ☐	
	架体	1. 架体安装拆除是否有施工方案 2. 架体基础是否符合要求 3. 架体垂直偏差是否超过规定 4. 架体与吊篮间隙是否超过规定 5. 架体外侧是否有立网防护或防护是否严密 6. 摇臂杆是否经设计或安装是否符合要求或是否有保险绳 7. 井字架开口处是否加固	☐ ☐ ☐ ☐ ☐ ☐ ☐	
	传动装置	1. 卷扬机地锚是否牢固 2. 卷筒钢丝绳缠绕是否整齐 3. 第一个导向滑轮距离小于卷筒宽度 4. 滑轮翼缘是否破损或未与架体柔性连接 5. 卷筒上是否有防止钢丝绳滑脱保险装置 6. 滑轮与钢丝绳是否匹配	☐ ☐ ☐ ☐ ☐ ☐	
	联络信号	1. 是否有联络信号 2. 信号是否合理、准确	☐ ☐	
	卷扬机操作棚	1. 卷扬机是否有操作棚 2. 操作棚是否符合要求	☐ ☐	
	避雷	1. 防雷保护范围以外是否有避雷装置 2. 避雷装置是否符合要求	☐ ☐	
外用电梯	安全装置	1. 吊笼安全装置是否经试验或是否灵敏 2. 门联锁装置是否起作用	☐ ☐	
	安全防护	1. 地面吊笼出入口是否有防护棚 2. 防护棚材质搭设是否符合要求 3. 每层卸料口是否有防护门 4. 有防护门是否使用 5. 卸料台口搭设是否符合要求	☐ ☐ ☐ ☐ ☐	
	司机	1. 司机是否持证上岗作业 2. 每班作业前是否按规定试车 3. 是否按规定交接班或是否有交接记录	☐ ☐ ☐	

（续）

项目	检查内容	检查标准	是否合格	备注
外用电梯	荷载	1. 超过规定承载人数是否有控制措施 2. 超过规定重量是否有控制措施 3. 是否未加配重载人	□ □ □	
	安装与拆卸	1. 是否制定安装拆卸方案 2. 拆装队伍是否取得资格证书	□ □	
	安装验收	1. 电梯安装后是否有验收或拆装是否有交底 2. 验收单上是否有量化验收内容	□ □	
	架体稳定	1. 架体垂直度是否超过说明书规定 2. 架体与建筑结构附着是否符合要求 3. 架体附着装置是否与脚手架连接	□ □ □	
	联络信号	1. 是否有联络信号 2. 信号是否准确	□ □	
	电气安全	1. 电气安装是否符合要求 2. 电气控制是否有漏电保护装置	□ □	
	避雷	1. 在避雷保护范围外是否有避雷装置 2. 避雷装置是否符合要求	□ □	
塔吊	力矩限制器	1. 是否有力矩限制器 2. 力矩限制器是否灵敏	□ □	
	限位器	1. 是否有超高、变幅、行走限位器 2. 限位器是否灵敏	□ □	
	保险装置	1. 吊钩是否有保险装置 2. 卷扬机滚筒是否有保险装置 3. 上人爬梯是否有护圈或护圈是否符合要求	□ □ □	
	附墙装置	1. 塔吊高度超过规定是否安装附墙装置 2. 附墙装置安装是否符合说明书要求	□ □	
	安装拆卸	1. 是否制定安装拆卸方案 2. 作业队伍是否取得资格证	□ □	
	塔吊指挥	1. 司机是否持证上岗 2. 指挥是否持证上岗 3. 高塔指挥是否使用旗语或对讲机	□ □ □	
	基础	1. 混凝土强度等级是否低于C35 2. 基础是否坚实、平整，是否有排水措施 3. 高塔基础是否符合设计要求	□ □ □	
	电气安全	1. 塔吊与架空线路是否小于安全距离且是否有防护措施 2. 防护措施是否符合要求 3. 接地、接零是否符合要求	□ □ □	

第六章 应急管理安全检查与隐患整改

（续）

项目	检查内容	检查标准	是否合格	备注
塔吊	多塔作业	1. 两台以上塔吊作业是否有防碰撞措施 2. 措施是否可靠	□ □	
	安装验收	1. 安装完毕是否有验收资料或责任人签字 2. 验收单上是否有量化验收内容	□ □	
施工机具	平刨	1. 平刨安装后是否有验收合格手续 2. 是否有护手安全装置 3. 传动部位是否有防护罩 4. 是否做保护接零，有剩余电流断路器 5. 有人操作时是否切断电源 6. 使用平刨和圆盘锯是否合用一台多功能木工机具	□ □ □ □ □ □	
	圆盘锯	1. 电锯安装后是否有验收合格手续 2. 是否有锯盘护罩、料器、防护挡板安全装置和传动部位是否有防护 3. 是否做保护接零，有剩余电流断路器 4. 有人操作时是否切断电源	□ □ □ □	
	手持电动工具	1. Ⅰ类手持电动工具是否保护接零 2. 使用Ⅰ类手持电动工具是否按规定穿戴绝缘用品 3. 使用手持电动工具是否随意接长电源线或更换插头	□ □ □	
	钢筋机械	1. 机械安装后是否有验收合格手续 2. 是否做保护接零，有剩余电流断路器 3. 钢筋冷拉作业区及对焊作业区是否有防护措施 4. 传动部位是否有防护	□ □ □ □	
	电焊机	1. 电焊机安装后是否有验收合格手续 2. 是否做保护接零，有剩余电流断路器 3. 是否有二次空载降压保护器或触电保护器 4. 一次线长度超过规定或是否穿管保护 5. 电源是否使用自动开关 6. 焊把线接头处是否绝缘老化 7. 电焊机是否有防雨罩	□ □ □ □ □ □ □	
	搅拌机	1. 搅拌机安装后是否有验收合格手续 2. 是否做保护接零，有剩余电流断路器 3. 离合器、制动器、钢丝绳是否达到要求 4. 操作手柄是否有保险装置 5. 搅拌机是否有防雨棚和作业台是否安全 6. 料斗是否有保险挂钩或挂钩是否可以使用 7. 传动部位是否有防护罩 8. 作业平台是否平稳	□ □ □ □ □ □ □ □	

（续）

项目	检查内容	检 查 标 准	是否合格	备注
施工工具	气瓶	1. 各种气瓶是否有标准色标 2. 气瓶间距是否大于5m，距明火是否大于10m/且有隔离措施 3. 乙炔瓶使用或存放时是否平放 4. 气瓶存放是否符合要求 5. 气瓶是否有防振圈和防护帽	☐ ☐ ☐ ☐ ☐	
其他	翻斗车	1. 翻斗车是否取得准用证 2. 翻斗车制动装置是否灵敏 3. 是否持证司机驾车 4. 是否行车载人或违章行车	☐ ☐ ☐ ☐	
	潜水泵	1. 是否做保护接零，有剩余电流断路器 2. 保护装置是否灵敏，使用是否合理	☐ ☐	
	打桩机械	1. 打桩机是否取得准用证和安装后是否有验收合格手续 2. 打桩机是否有超高限位装置 3. 打桩机行走路线地面耐力是否符合说明书要求 4. 打桩作业是否有方案 5. 打桩操作是否违反操作规程	☐ ☐ ☐ ☐ ☐	

第二节 应急管理工作检查

应急管理工作检查的主要内容包括政府机构及企事业应急管理组织体系建设、应急救援队伍建设、应急救援物资装备配备、执行应急预案管理规定、组织开展应急演练、应急管理教育培训和事故应急处置7个方面。应急管理检查包括对企业应急管理工作的日常监督检查活动和查处企业应急管理违法行为。应急管理检查表见表6-5。

表6-5 应急管理检查表

序号	内 容	检查内容	检查情况
1	组织体系	是否依法设置相应的应急管理机构	
		是否建立应急管理工作制度	
		是否建立应急管理责任体系，是否明确单位主要负责人是应急管理第一责任人	
		是否配备专职或兼职应急管理人员	
2	应急救援队伍	是否按规定建立专（兼）职应急救援队伍	
3	应急物资装备	是否按规定配备了应急救援器材	
		是否建立了应急救援器材台账，应急器材台账是否与实物相符	
		重点岗位工作人员是否会正确使用应急救援器材	

(续)

序号	内　容	检查内容	检查情况
4	应急预案	主要负责人是否履行组织编制和实施本单位应急预案的职责	
		是否按有关要求编制综合应急预案及相关专项应急预案	
		预案编制前是否开展风险评估和应急资源调查	
		预案发布前是否进行论证或评审	
		应急预案是否按要求向有关部门备案	
		应急预案中应急组织和人员的职责分工是否明确，应急程序和处置措施是否与本单位应急能力相适应，应急保障措施是否满足本单位应急工作要求，预案附件提供的信息是否准确	
		应急预案与地方政府及其相关部门应急预案是否相互衔接	
		综合应急预案是否涵盖应急组织机构及其职责、应急预案体系、事故风险描述、预警及信息报告、应急响应、保障措施、应急预案管理等内容	
		应急预案是否由本单位主要负责人签署公布	
5	应急演练	是否制订了年度应急演练计划	
		综合应急预案、专项应急预案是否能做到至少每年演练一次，是否有演练方案和记录	
		是否对应急演练进行书面评估总结	
		演练评估报告中是否有对应急预案的改进建议	
6	教育培训	主要负责人及安全管理人员是否经过安全教育和培训，并考核合格	
		是否对其他人员开展了安全教育和培训	
备注			

检查人员签字：　　　　　　　　　　　　　　　　　　检查时间：

第三节　应急管理隐患及整改

《安全生产事故隐患排查治理暂行规定》规定，所称安全生产事故隐患（以下简称事故隐患），是指生产经营单位违反安全生产法律、法规、规章、标准、规程和安全生产管理制度的规定，或者因其他因素在生产经营活动中存在可能导致事故发生的物的危险状态、人的不安全行为和管理上的缺陷。

事故隐患分为一般事故隐患和重大事故隐患。一般事故隐患是指危害和整改难度较小，发现后能够立即整改排除的隐患。重大事故隐患是指危害和整改难度较大，应当全部或者局部停产停业，并经过一定时间整改治理方能排除的隐患，或者因外部因素影响致使生产经营单位自身难以排除的隐患。隐患排查是指对高危行业等重点行业的排查治理。按照国务院的通知，在重点行业和领域开展安全生产隐患排查治理专项行动。通过开展隐患排查治理专项行动，进一步落实企业的安全生产主体责任。隐患排查治理专项行动的范围主要包括：煤矿、金属/非金属矿山、石油、化工、烟花爆竹、冶金、有色金属、建筑施工、民爆器材、电力等工矿企业；道路交通、水运、铁路、民航等交通运输企业；渔业、农机、水利等单位；人员密集场所；其他行业和领域近年来发生重特大事故的单位。

一、检查与整改的要求

1）检查要有目的性，要求和计划要明确；要经常检查，抓落实、促整改；不走过场，不搞形式。

2）在日常工作中认真执行巡回检查制度，坚持做好巡检工作；重视交接班的检查，认真对待隐患问题的交接。

3）管理人员要强化对员工检查与整改的监督、考核职能，严格要求，合理奖惩，积极整改。

4）做到"四个及时"，即及时查找并发现安全隐患，及时进行汇报与协调，及时组织整改解决，及时做好记录台账。

5）定期组织检查和不定期的抽查相结合，如查岗或结合活动、工作需求随时安排检查。每月至少一次综合全面的检查。按要求做好专项检查如消防设施、机具设备、车间用电、防火、防汛等专项检查。专项检查还包括对关键装置、重点部位的检查，如每天一次的对重大危险源的检查。

6）必须落实安全隐患整改责任制，落实责任和期限。不检查就不知道隐患在哪儿，也谈不上整改，而光检查不整改，等于没检查。对检查中发现的一般安全隐患要立即整改，对不能处理的隐患实施跟踪监督，实施临时应急措施，挂牌限期整改。

7）安全管理要全员参与。要调动全员参与安全检查与整改的意识和责任，每一个人都要尽职尽责，才能做到防微杜渐。

二、检查与整改的原则

坚持早发现、早汇报、早整改的原则。

安全检查要坚持领导与群众相结合、综合检查与专业检查相结合、检查与整改相结合的原则，并做到经常化、制度化、规范化。

对检查出的隐患，要进行原因分析，及时实施整改解决措施。对事故隐患，按照隐患整改"四定"（定措施、定负责人、定期限、定资金来源）原则落实。

对检查中发现的一般安全隐患要立即整改，对不能处理的隐患实施跟踪监督，并实施临时应急措施，挂牌限期整改。对不具备整改条件的隐患，要采取一定的应急防范措施，或临时解决措施，按要求限期整改或停车停产整改，在条件具备的情况下彻底整改，确保安全生产。对危险性及危害性较大的隐患必须立即落实整改。

检查和整改是互动互补的关系，在检查中发现问题后要加以整改，在整改中还要继续排查隐患，不断优化和完善，最终达到安全生产的目的。所以我们必须重视安全检查与整改，认真做好相关工作。

三、隐患整改的落实

（1）落实隐患排查治理责任　企业在排查出隐患后，应当指定事故隐患治理责任单位或责任人，明确责任分工，避免事故隐患"视而不见""查而不治""久病难医"。真正将隐患排查治理工作落实到岗，落实到人。

（2）落实隐患排查治理措施　企业应当制定合理有效的隐患治理方案，积极协调生产安排和隐患治理工作，对于重大事故隐患，在保证人员安全的前提下，有序安排生产和隐患治理工作，确保隐患治理措施落到实处，同时确保隐患治理中不产生新的事故隐患。

（3）落实隐患排查治理资金　企业应当将事故隐患评估、监控和整改支出费用列入企业安全费用计划，并按照《企业安全生产费用提取和使用管理办法》有关规定，依法列支安全生产费用，确保隐患排查治理资金充足可用。

（4）落实隐患排查治理时限　企业不但要落实隐患排查治理责任人，更要落实治理时限，实现隐患排查治理的闭环管理，真正避免隐患排查治理"拖而不办""办而无效"的情况产生。在治理时限内确实无法完成的，应当积极协调，解决困难与问题，重新给定治理时限，确保隐患排查治理落实到位。

（5）落实隐患排查治理预案　企业应当针对企业生产实际，制定隐患排查治理预案，明确和细化隐患排查的事项、内容和频次，制订符合企业实际的隐患排查治理清单，并将责任逐一分解落实，推动全员参与自主排查隐患，尤其要强化对存在重大风险的场所、环节、部位的隐患排查。

四、事故隐患的特性

1. 隐蔽性

隐患是潜藏的祸患，它具有隐蔽、藏匿、潜伏的特点，是不可明见的灾祸，是埋藏在生产过程中的隐形炸弹。它在一定的时间、范围、条件下，显现出好似静止、不变的状态，往往使人一时看不清楚，意识不到。

正由于"祸患常积于疏忽"，才使隐患逐步形成并发展成事故。在企业生产过程中，常常遇到认为不该发生事故的区域、地点、设备、工具，却发生了事故。这都与当事者不能正确认识隐患的特点有关。事故带来的惨痛教训告诫我们：隐患不及时发现和排除，迟早要演变成事故。

2. 危险性

俗话说："蝼蚁之穴，可以溃堤千里。"在安全工作中一个小小的隐患往往引发巨大的灾害。无数血与泪的历史教训都反复证明了这一点。

> **案例5　一个烟头引发的森林火灾**
> 1987年5月6日发生的大兴安岭特大森林火灾，就由一个烟头引起的，导致数百人死伤，经济损失数亿元。

> **案例6　克拉玛依宾馆火灾**
> 1994年12月8日克拉玛依某宾馆惨烈的大火，就是因为舞台纱幕后7号光柱灯离纱幕23cm，灯柱温度过高，引发火灾，无情地吞噬了325人的生命。

> **案例7　炼铁厂过滤池检修惨剧**
> 1995年9月24日某炼铁厂，在两位"行家里手"工作过程中，一位由于粗心大意，另一位擅离岗位，几分钟内酿成6号过滤池检修人员2死6伤的悲剧。

事实说明，在安全上哪怕一个烟头、一盏灯、一颗螺钉、一个小小的疏忽，都有可能导致危险发生。

3. 突发性

任何事都存在量变到质变，渐变到突变的过程，隐患也不例外。集小变而为大变，集小患而为大患是一条基本规律。例如：在化工企业生产中，常常要与易燃易爆物质打交道，有些原辅燃材料本身的燃点、闪点很低，爆炸极限范围很宽，稍不留意，随时都有可能造成事故的突然发生。

4. 因果性

某些事故的突然发生是会有先兆的，隐患是事故发生的先兆，而事故则是隐患存在和发展的必然结果。

在企业组织生产的过程中，每个人的言行都会对企业安全管理工作产生不同的效果，特别是企业领导对待事故隐患所持的态度不同，往往会导致安全生产的结果截然不同，就是这种因果关系的体现。

5. 连续性

实践中，常常遇到一种隐患掩盖另一种隐患，一种隐患与其他隐患相联系而存在的现象。例如：在产成品转运站，如果装卸搬运机械设备、工具发生隐患故障，就会引起产品堆放超高、安全通道堵塞、作业场地变小，并造成调整难、堆放难、起吊难、转运难等方面的隐患，这种连带的、持续的、发生在生产过程的隐患，对安全生产构成的威胁很大，搞不好就会导致"拔出萝卜带出泥，牵动荷花带动藕"的现象发生，而使企业面临祸不单行的局面。

6. 重复性

事故隐患治理过一次或若干次后，并不等于隐患从此销声匿迹，永不发生了，也不会因为发生一两次事故，就不再重复发生类似隐患和悲剧。只要企业的生产方式、生产条件、生产工具、生产环境等因素未改变，同一隐患就会重复发生。甚至在同一区域、同一地点发生与历史惊人相似的隐患、事故，这种重复性也是事故隐患的重要特征之一。

7. 意外性

这里所指的意外性不是天灾人祸，而是指未超出现有安全、卫生标准的要求和规定以外的事故隐患。这些隐患潜伏于人——机系统中，有些隐患超出人们认识范围，或在短期内很难为劳动者所辨认，但由于它具有很大的巧合性，因而容易导致一些意想不到的事故的发生。

例如：飞轮外侧装防护罩、内侧未装而造成人身伤亡事故；2m以上高度会造成坠落伤亡事故，1.5m高度有时同样也会出现坠落死亡事故；36V是安全电压，然而夏季在劳动作业者有汗的情况下，照样会发生触电伤亡事故；劳动者在作业现场易发生伤亡事故，而在职工更衣室内也会被更衣橱柜压死。这些隐患引发的事故，带有很大的偶然性、意外性，往往是我们在日常安全管理中始料不及的。

8. 时效性

尽管隐患具有偶然性、意外性，但如果从发现到消除过程中，讲求时效，是可以避免隐患演变成事故的；反之，时至而疑，知患而处，不能有效地把隐患消除在初期，必然会导致严重后果。

> **案例 8　隐患未按期整改造成的火灾**
>
> 鞍山市消防部门曾对某商场进行 4 次检查，提出 6 条隐患整改意见，而这些隐患却一直未按期整改，并在 1996 年 3 月造成火灾事故，使 35 个鲜活的生命被烈火吞噬。

> **案例 9　危房未及时修缮带来的悲剧**
>
> 沈阳某机器厂的主厂房两年前定为危房，维修工作一拖再拖，结果一面墙突然倒塌，导致 7 名工人被夺去宝贵的生命，损失达百万元之多。

从发现到事故的发生的两年多时间，就是这两起事故隐患的时效期，它随着火灾、坍塌事故的发生而结束，然而这两起隐患留给人们的教训是极其深刻的，它告诫人们，对隐患治理不讲时效，拖得越久，代价越大。

9. 特殊性

隐患具有普遍性，同时又具有特殊性。由于人、机、料、法、环的本质安全水平不同，其隐患属性、特征是不尽相同的。在不同的行业、企业和岗位，其表现形式和变化过程，更是千差万别。即使同一种隐患，在使用相同的设备、工具从事相同性质的作业时，其隐患存在也会有差异。

例如，某厂在用的一批行车，所使用的钢丝绳、吊具规格、质量等方面要求基本相同，周期性出现断毛等隐患是其共性，但由于各台行车使用的频率、作业环境、作业内容，包括操作者的技术素质程度的不同，其使用周期、断毛磨损的部位和程度是不同的。其中有两台行车由于其钢丝绳有一段被固定在中间定滑轮组的位置上，它的一个端面始终与高温接触，并处于受力点，极易引起脆断。如果在实践中没有认识到这种隐患存在的特殊性，不能及时采取定期抽出检查，适时移动受力位置等措施，而运用与其他钢丝绳相同的监控管理办法，就很难发现成股脆断，由此所造成的后果必然是非常严重的。

10. 季节性

某些隐患带有明显的季节性和特点，它随着季节的变化而变化。一年四季，夏天由于天气炎热、气温高、雷雨多、食物易腐烂变质等情况的出现，必然会带来人员中暑、食物中毒、洪涝、雷击。使用、维修电器的人员又会因为汗水过多而产生触电等事故隐患；冬季又会由于天寒地冻、风干物燥，而极易产生火灾、冻伤、煤气中毒等事故隐患。充分认识各个季节特点，适时地、有针对性地做好隐患季节性防治工作，对于企业的安全生产也是十分重要的。

五、隐患整改的方式

隐患整改由当地行业主管部门决定，且没有统一的标准，因此要根据整改的难度而定。

一般情况下,较系统性的安全隐患需要较长的时间进行整改,一般性独立的隐患需要的时间较短。因而要求"立即整改""限期整改"原则上不得超过60日。

1. 当场整改

整改起来比较简单,不需要花费较多的时间、人力、物力或财力,对生产经营活动不产生较大影响的隐患,存在隐患的单位、部位应当当场进行整改。对于一般性事故隐患,应当责成有关人员当场改正并督促落实。

2. 限期整改

限期整改,即责令改正或者限期改正违法行为,是指行政主体责令违法行为人停止和纠正违法行为,以恢复原状,维持法定的秩序或者状态,具有事后救济性。处罚,只是保证法律实施的一种手段,不是最终目的。对违法行为给予处罚,目的在于维护社会秩序。因此,在对违法行为人给予行政处罚时,要同时责令行为人改正违法行为,不能让违法行为继续下去。我国很多法律都有责令改正的规定:《中华人民共和国行政处罚法》第23条"行政机关实施行政处罚时,应当责令当事人改正或者限期改正违法行为。"《中华人民共和国产品质量法》第53条"伪造产品产地的,伪造或者冒用他人厂名、厂址的,伪造或者冒用认证标志等质量标志的,责令改正,没收违法生产、销售的产品,并处违法生产、销售产品货值金额等值以下的罚款;有违法所得的,并处没收违法所得;情节严重的,吊销营业执照。"

对于重大事故隐患:应暂时局部、全部停产停业或停止使用,并立即上报上级政府主管部门,根据实际情况和具体要求,进行限期整改。对于特别重大事故隐患:应立即停产停业,同时上报同级人民政府和上级政府主管部门,并及时进行人员疏散、加强安全警戒等相应措施,进行彻底整改。

3. 行政处罚

根据《中华人民共和国行政处罚法》第8条的规定,行政处罚有以下措施。

(1) 警告 是国家对行政违法行为人的谴责和告诫,是国家对行为人违法行为所做的正式否定评价。从国家方面说,警告是国家行政机关的正式意思表示,会对相对一方产生不利影响,应当纳入法律约束的范围;对被处罚人来说,警告的制裁作用,主要是对当事人形成心理压力、不利的社会舆论环境。使用警告处罚的重要目的,是使被处罚人认识其行为的违法性和对社会的危害,纠正违法行为并不再继续违法。

(2) 罚款 是行政机关对行政违法行为人强制收取一定数量的金钱,剥夺一定财产权利的制裁方法。适用于对多种行政违法行为的制裁。

(3) 没收违法所得、没收非法财物 没收违法所得是行政机关将行政违法行为人占有的,通过违法途径和方法取得的财产收归国有的制裁方法;没收非法财物是行政机关将行政违法行为人非法占有的财产和物品收归国有的制裁方法。

(4) 责令停产停业 是行政机关强制命令行政违法行为人暂时或永久地停止生产经营和其他业务活动的制裁方法。

(5) 暂扣或者吊销许可证、暂扣或者吊销执照 是行政机关暂时或者永久地撤销行政违法行为人拥有的国家准许其享有某些权利或从事某些活动资格的文件,使其丧失权利和活动资格的制裁方法。

(6) 行政拘留 即公安机关对违反治安管理法规的人在短期内剥夺其人身自由的一种强制性惩罚措施。由于行政拘留是行政处罚中最严厉的一种,因而法律对其适用作了严格的规定：在适用机关上，只能由公安机关决定和执行；在适用对象上，一般只适用于严重违反治安管理法规的自然人，但不适用于精神病患者、不满 14 岁的公民以及孕妇或者正在哺乳自己一周岁以内的婴儿的妇女，同时也不适用于我国的法人和其他组织；在适用时间上，为 1 日以上，15 日以下；在适用程序上，必须经过传唤、讯问、取证、裁决、执行等程序。

(7) 法律、行政法规规定的其他行政处罚

1) 人身自由处罚：包括行政拘留。

2) 行为处罚：主要形式有责令停产停业，吊销许可证、执照等。

3) 财产处罚：主要形式有罚款、没收财物（没收非法财物和违法所得）。

4) 声誉处罚：主要形式有警告、责令具结悔过、通报批评等。

第七章 应急管理处置

当面临天灾人祸时,我们临危不惧,采取科学的方法,根据既定的应急救援预案,按照科学规范的响应程序和处置要求,充分运用应急指挥、应急队伍、应急装备等各种应急资源,对事故进行抢险救灾,这样就会有效控制事故的发展,并且最终将事故成功处置,避免事故的扩大和恶化,从而大大减轻事故对人员、财产、环境造成的危害。

第一节 应急处置概述

一、基本术语

(1)事故 简单地讲,事故就是突然发生的与人的希望和意志相反的事件。

具体地讲,事故主要是指个人或组织在生产生活活动中,突然发生违背人们意愿的情况,迫使有目的的活动暂时性中断或永久性终止。

在生产过程中,事故是指造成人员伤亡、职业病、财产损失或其他损失的意外情形。

(2)应急处置 应急处置就是对突发险情、事故、事件等采取紧急措施或行动,进行应对处置。

(3)应急预案 应急预案就是针对可能发生的事故,为迅速、有序地开展应急行动而预先制定的行动方案。

(4)应急准备 应急准备就是针对可能发生的事故,为迅速、有序地开展应急行动而预先进行的组织准备和应急保障。

(5)应急响应 应急响应就是事故发生后,有关组织或人员采取的应急行动。

(6)应急救援 应急救援就是在应急响应过程中,为消除、减少事故危害,防止事故扩大或恶化,最大限度地降低事故造成的损失或危害而采取的救援措施或行动。

(7)恢复 恢复就是事故的影响得到初步控制后,为使生产、工作、生活和生态环境尽快恢复到正常状态而采取的措施或行动。

二、应急处置原则

(1)统一领导、分级负责 应急处置和应急管理工作实行统一领导,分级负责。在上级部门的统一领导下,建立健全"分级管理,分线负责"为主的应急管理体制;各级领导各司其职、各负其责,充分发挥应急响应的指挥作用。

(2) 以人为本、减少危害　把保障人的生命安全和身体健康、最大限度地预防和减少事故造成的人员伤亡和财产损失作为首要任务。切实加强应急救援人员的安全防护。坚持"先撤人、后排险"的原则，即在发生事故或出现紧急险情之后，应首先将处于危险区域内的一切人员撤出危险区域，然后再有组织地进行排险工作。坚持"先救人、后排险"的原则，即当有人受伤或死亡时，应先救出伤员和撤出亡者，然后进行排险处理工作，以免影响对伤员的及时抢救和对伤员、亡者造成新的伤害。

(3) 强化基础，快速反应　包括及时撤离人员，及时报告上级有关主管部门，及时拨打报警电话和及时进行排险救助工作。坚持预防与应急相结合、常态与非常态相结合，常抓不懈，在不断提高安全风险辨识、防范水平的同时，加强现场应急基础工作，做好常态下的风险评估、物资储备、队伍建设、装备完善、预案演练等工作。强化一线人员的紧急处置和逃生的能力，"早发现、早报告、迅捷处置"。居安思危，预防为主。

(4) 预防为主，科学实用　应急处置应具有针对性、实用性和可操作性。通过危险源辨识、风险评估进行编制；应急对策简练实用，通过演练不断完善改进。依法规范，加强管理。在事故调查组未决定结束事故调查之前，必须全力保护好现场的原状，以免影响事故的调查和处理工作。保护事故现场是所有人员的责任，破坏事故现场是违法行为。但为了救人和进行排险工作，可采取如下做法：在不破坏现状的要求下，为了确保救人和排险工作的安全，设置临时支护以阻止破坏的继续发展和稳定破坏的状态。在设置临时支护前，应先拍下现场全部和局部情况照片。

(5) 分级响应。　应急工作按照事故的危害程度、波及和影响范围，实施分级应急响应。

根据《生产经营单位安全生产事故应急预案编制导则》的规定，应急处置主要包括以下内容。

1) 事故应急处置程序。根据可能发生的事故类型及现场情况，明确事故报警、各项应急措施启动、应急救护人员的引导、事故扩大及同企业应急预案的衔接程序。

2) 现场应急处置措施。针对可能发生的火灾、爆炸、危险化学品泄漏、坍塌、水患、机动车辆伤害等，从人员救护、工艺操作、事故控制、消防、现场恢复等方面制定明确的应急处置措施。

3) 明确报警负责人和报警电话，以及上级管理部门、相关应急救援单位联络方式和联系人员，明确事故报告基本要求和内容。

三、应急预案

应急预案又名"预防和应急处理预案""应急处理预案""应急计划"或"应急救援预案"，是事先针对可能发生的事故或灾害预先制定的应急与救援行动、降低事故损失的有关救援措施、计划或方案。应急预案实际上是标准化的反应程序，以使应急救援活动能迅速、有序地按照计划和最有效的步骤进行，是应急处置的根据。

1. 应急预案的含义

应急预案有三个方面的含义：

(1) 事故预防　通过危险辨识、事故后果分析，采用技术和管理手段降低事故发生的可能性且将可能发生的事故控制在局部，防止事故蔓延，并预防次生、衍生事故的发生。同时，通过编制应急预案并开展相应的培训，可以进一步提高各层次人员的安全意识，从而达到事故预防的目的。

（2）应急处理　一旦发生事故或故障，有应急处理程序和方法，能快速反应处理故障或将事故消除在萌芽状态。

（3）抢险救援　采用预定现场抢险和抢救的方式，对人员进行救护并控制事故发展，从而减少事故造成的损失。

2. 应急预案的目的和主要作用

（1）编制应急预案的目的　为控制重大事故的发生，防止事故蔓延，有效地组织抢险和救援，政府和生产经营单位应对已初步认定的危险场所和部位进行风险分析。对认定的危险有害因素和重大危险源，应事先对事故后果进行模拟分析，预测重大事故发生后的状态、人员伤亡情况及设备破坏程度，以及由于物料的泄漏可能引起的火灾、爆炸、有毒有害物质扩散对单位造成的影响。

依据预测，提前制定重大事故应急预案，组织、培训应急救援队伍，配备应急救援器材，以便在重大事故发生后，能及时按照预定方案进行救援，在最短时间内使事故得到有效控制。消除蔓延条件，防止突发性重大和连锁事故发生。能在事故发生后迅速控制和处理事故，尽可能减轻事故对人员及财产的影响，保障人员生命和财产的安全。

（2）应急预案的主要作用　生产经营单位安全生产事故应急预案是国家安全生产应急预案体系的重要组成部分，是应急救援工作的核心内容之一。制定生产经营单位安全生产事故应急预案是贯彻落实"安全第一、预防为主、综合治理"方针，规范生产经营单位应急管理工作，提高应对和防范风险与事故的能力，保证职工安全健康和公众生命安全，最大限度地减少财产损失、环境损害和社会影响的重要措施。

应急预案在应急系统中起着关键作用，它明确了在突发事故发生之前、发生过程中以及结束之后，谁负责做什么，何时做，相应策略和资源准备等。它是在辨识和评估潜在重大危险、事故类型、发生的可能性及发生的过程、事故后果及影响严重程度的基础上，为应急准备和应急响应的各个方面所预先做出的详细安排，是开展及时、有序和有效事故应急救援工作的行动指南。

应急预案在应急救援中的突出作用和地位体现在以下几点。

1）应急预案明确了应急救援的范围和体系，使应急准备和应急管理不再无据可依、无章可循，尤其是培训和演习工作的开展，更依赖于应急预案；培训可以让应急响应人员熟悉自己的任务，具备完成指定任务所需的相应技能；演习可以检验预案和行动程序，并评估应急人员技能和整体协调性。

2）制定应急预案有利于做出及时的应急响应，降低事故损失。应急行动对时间要求十分严格，不允许有任何拖延。应急预案预先明确了应急各方的职责和相应程序，在应急力量、应急资源等方面做了大量准备，可以指导应急救援迅速、高效、有序地开展，将事故的人员伤亡、财产损失和环境破坏降低到最低限度。此外，如果预先制定了预案，对重大事故发生后必须快速解决的一些应急恢复问题，也有帮助。

3）成为各类突发重大事故的应急基础。通过编制基本应急预案，可保证应急预案有足够的灵活性，对那些事先无法预料到的突发事件或事故，也可以起到基本的应急指导作用，成为开展应急救援的"底线"。在此基础上，可以针对特定危害编制专项应急预案，有针对性制定应急措施,进行专项应急准备和演习。

4)当发生超过应急能力的重大事故时,便于与上级应急部门的协调。

5)有利于提高风险防范意识。预案的编制、评审、发布和宣传,有利于各方了解可能面临的重大风险及其相应的应急措施,有利于促进各方提高风险防范意识和能力。

3. 应急处置的过程

应急过程有接警、响应级别确定、警报、应急启动、救援行动、扩大应急、应急结束和后期处置几个过程。

(1) 接警 事故灾难发生后,报警信息应迅速汇集到应急救援指挥中心并立即传送到各专业区域应急指挥中心。性质严重的重大事故灾难的报警应及时向上级应急指挥机关和相应行政领导报送。接警时应做好事故的详细情况记录和联系方式等。

(2) 响应级别确定 应急救援指挥中心接到警报后,应立即建立与事故现场的地方或企业应急机构的联系,根据事故报告的详细信息,对警情做出判断,由应急中心值班负责人或现场指挥人员初步确定相应的响应级别。

(3) 警报 响应级别确定后,应立即按规定程序发布预警信息和警报。如果事故不足以启动应急救援体系的最低响应级别,通知应急机构和其他有关部门响应关闭。

(4) 应急启动 应急响应级别确定后,相应的应急救援指挥中心按所确定的响应级别启动应急程序,如通知应急救援指挥中心有关人员到位,开通信息与通信网络,调配救援所需的应急资源(包括应急队伍和物资、装备等),派出现场指挥协调人员和专家组等。

(5) 救援行动 现场应急指挥中心迅速启用,救援中心应急队伍及时进入事故现场,积极开展人员救助、工程抢险等有关应急救援工作,专家组为救援决策提供建议和技术支持。

(6) 扩大应急 当事态仍无法得到有效控制时,必须向上级救援机构(场外应急指挥中心)请求实施扩大应急响应。

(7) 应急结束和后期处置 救援行动完成后,进入后期处置阶段,包括现场清理,人员清点和撤离,警戒解除,善后处理和事故调查等。

在上述应急响应程序每一项活动中,具体负责人都应按照事先制定的标准操作程序来执行实施。

四、应急功能

应急处置在紧急时刻实施的应急功能包括:报警、接警与通知,指挥与控制,通信,警报与紧急公告,事态监测与评估,警戒与治安,人员疏散及安置,应急抢险等。这些功能对应于应急活动有关的各类组织机构,应急职能部门、指挥机构和应急救援队伍。

1. 报警、接警与通知

1)报警与接警是应急响应的第一步,是应急处置行动启动的关键,早期的报警可以使事故应急处理工作始于事故初发期,及时控制事故的蔓延和扩大。

报警分为两种形式,即自动报警和人工报警。这里就某企业的人工报警、接警要求介绍如下。

① 报警主要采用固定电话、手机、对讲机等进行。

② 列出所有的通知对象及电话号码清单,将事故信息及时通知到相关部门和人员。

③ 企业应急救援人员之间采用内部和外部电话(包括手机、对讲机等无线电话)进行联系,应急救援小组成员的电话必须24h开机,禁止随意更换电话号码。特殊情况下,电话号码发生变更,必须在变更之日起8h内向生产安全管理部门报告,生产安全管理部门必须在24h内向各成员和部门发布变更通知。

2)建立事故通报流程。发生事故时,现场人员在保证自身安全的情况下应立即拨打企业24h报警电话,并通报指挥中心值班人员。

指挥中心值班人员接到报警后,立即通知应急指挥中心。值班人员应报告以下内容。

① 已经发生或将要发生的事故类型、时间和地点。

② 发生事故的可能原因,影响范围。

③ 已经发生的事故伤亡情况、严重程度。

④ 已经采取的安全措施和将要采取的安全措施。

⑤ 请示下一步应采取的安全措施。

由总指挥确定是否启动相应级别的应急预案。

3)报告上级机构。根据应急的类型和严重程度,企业应急总指挥或企业有关人员(业主或操作人员)必须按照相关法律、法规和标准的规定将事故有关情况上报政府安全生产主管部门。通报信息内容如下。

① 发生事故的企业名称和地理位置。

② 通报人的姓名和电话号码。

③ 事故的现状及风险。

④ 事故的危害。

⑤ 对事故采取的安全措施。

⑥ 应急行动级别,以及其他的相关信息。

2. 指挥与控制

应急处置过程往往涉及多个救援部门和机构,为使应急行动迅速有效地开展,就必须建立统一的应急指挥、协调和决策程序。该应急功能应明确的内容包括以下几点。

1)组织编制事故应急预案,并定期进行培训和演练。

2)建立企业应急救援体系,组建应急救援队伍,加强专业应急救援队伍建设。

3)现场指挥部的设立程序。

4)明确事故状态下各级人员的职责和权力。

5)指挥系统(谁指挥谁、谁配合谁、谁向谁报告)。

6)建立现场指挥部与各应急队伍之间的通信网络。

7)应急中心的启动标准。

8)应急队伍的启动方法。

9)事态评估与应急决策的程序。

10)根据事故的严重程度确定响应级别。

11)企业应急指挥与外部指挥之间的协调。

应急指挥一般设有应急总指挥部和现场应急指挥部,应急指挥一般由总经理(厂长)担任,现场指挥一般由生产副总经理(副厂长)或事发单位第一负责人担任,若总经理或副总经理无法到场,则由安全部门或其他部门负责人担负。

应急总指挥的职责:

1) 分析判断事故、事件或灾情的受影响区域、危害程度,确定相应的警报级别。
2) 组织、指挥、协调、调度各保障小组参加企业的应急救援行动。
3) 发布启动或解除应急救援行动的信息。
4) 批准成立现场抢救指挥部,批准现场抢救方案或现场预案。
5) 报告上级机关,与地方政府应急反应组织或机构进行联系,通报事故、事件或灾害情况。
6) 批准新闻发布。
7) 决定企业各类事故应急救援演练、监督各单位事故应急演练。

现场指挥的职责:

1) 全权负责应急救援现场的组织指挥工作。
2) 监督应急操作人员的行动,保证现场抢救和现场其他人员的安全。
3) 及时向总指挥报告现场抢险救援工作情况。
4) 保证现场抢险救援行动与总指挥部的指挥和各保障系统的工作协调。
5) 评估事态发展程度,并提出抢险救援的相关方案,报应急救援总指挥部备案。必要时,可直接与总指挥部的专业技术人员进行沟通,确定抢险救援方案。
6) 根据事态发展情况,向总指挥提出现场抢险增援、人员疏散撤离、向政府求援等建议。
7) 负责保护现场,参与事故调查处理和抢险救援工作的总结。

3. 通信

为保证应急救援工作及时有效,事先必须配备装备器材,建立起完善的通信网络,以确保应急指挥、协调、联络等工作的正常进行。为保障通信畅通,常常另设一套备用通信系统。通信部门的职责有以下几点。

1) 建立应急救援各部门之间的通信网络。
2) 负责通信设备和线路的日常维护管理工作,确保突发事件应急处理期间通信畅通。
3) 对现有通信方式的不可靠因素和缺陷等提出改进意见和措施。
4) 内部报警电话以及对外电话变更时,及时公布并书面通知各应急救援小组。
5) 在紧急情况下,迅速安排布置人员和通信设备,保障通信畅通,积极支持和配合重大事故和突发事件的应急救援工作。

4. 警报与紧急公告

发生危险事故时,响应速度是应急行动的关键,一旦报警延迟,将可能导致事故后果进一步恶化,所以在事故危及周边人员或企业时,必须及时向公众发出警报,同时采取多种通信方式告知事故情况,包括对人员健康的危害、逃生路线、自我防护措施等信息,以确保公众及时做好自我安全防护。

该应急功能要求以下几点。

1) 明确在发生紧急事故时,由谁决定启动警报系统,在什么时间启动,使用何种警报设备,在什么位置使用。

2）确定各种警报信号的不同含义，如爆炸用什么信号，火灾用什么信号等。

3）明确报警器及应急广播覆盖的地理区域。

4）通过应急广播向群众通告事故基本信息、疏散时间、逃生路线、避难场所和自我防护信息等。企业内部警报一般使用警笛，而应急广播系统与警笛报警结合使用效果会更好，如果有必要还应考虑使用机动方式，如用移动指挥车、广播车辅助发出警报和紧急公告，或逐家通知的方法，但是必须确保工作人员的安全，对老、幼、病、残、孕等特殊人群以及学校等特殊场所和警报盲区应当采取有针对性的公告方式。

5. 事态监测与评估

事态监测与评估是控制事故现场，制定抢险救援措施，保障应急人员安全，建立现场工作区域及进行公众疏散的重要决策依据。在应急救援过程中必须对事故的发展态势、性质、影响等及时进行动态的监测，即使在现场恢复阶段，也应当对现场和环境进行监测，建立对事故现场及场外的监测和评估程序，得出准确的监测和评估结果，为后面的决策工作服务。

在该应急功能中应明确以下几点。

1）监测与评估活动的负责人是谁，以及人员分工情况。

2）监测仪器设备情况。

3）现场监测的方法。

4）实验室化验及检验的内容。

5）监测点的设置和监测的内容。

事故监测的主要内容有以下几点。

1）事故的规模、影响范围及气象条件。

2）伤亡人数、类型、程度等。

3）财产损失情况。

4）泄漏危险化学品的品种、数量、特性，如爆炸极限、毒性、密度、燃烧产物、闪点、燃烧值等。

5）事故设备、设施、建筑、结构的理化性质等。

6）密闭系统的压力、温度、容器损坏的数量和类型等状况。

通过评估将得到以下信息。

1）事故扩大的潜在可能性。

2）危险化学物质泄漏的可能性。

3）发生火灾、爆炸的可能性。

4）建筑物坍塌的可能性。

5）可能造成的人员伤亡情况。

6）对环境、水源、食物等的影响。

正确而迅速的应急行动，不仅能挽救更多的生命，减少损失，而且可以避免和减少应急人员受伤害。信息采集、分析、处理等监测评估工作一般由事故现场指挥和技术负责人完成。需特别注意的是在对危险物质进行监测时，一定要考虑监测人员的安全，到事故区域工作时，监测人员要穿戴相应的防护用品。

第七章 应急管理处置

6. 警戒与治安

警戒与治安的目的是保障现场救援工作顺利开展。救援现场要设立警戒区域，执行事故现场警戒和交通管制程序，防止与救援无关的人员进入事故现场，保障救援队伍、物资供应、人员疏散的交通畅通。该项职责一般由企业保安人员负责，必要时可增派其他人员支援。

该应急功能要求明确承担警戒与治安职责的组织及其指挥系统，建立事故发生前后的警戒开始与撤销的程序，编制警戒工作指导书，为警戒人员配备个体防护装备等。

警戒与治安的具体职责包括以下几点。

1）对事故现场进行封锁，严格控制进出事故现场的人员，避免出现意外的人员伤亡或引起现场的混乱。

2）疏导交通堵塞，指引应急车辆进入现场。

3）指挥危险区域内人员的紧急疏散、撤离。

4）维护事故现场及撤离区域的社会治安，保卫重要目标和财产安全，打击各种犯罪分子。

5）协助发出警报、清点人员、传达信息和事故调查等。

7. 人员疏散及安置

发生重大事故，可能对厂区、外部人群安全构成威胁时，必须在指挥部的统一指挥下，紧急疏散与事故应急救援无关的人员，并妥善安置已经疏散的人群。在预案中，应对疏散的方向、距离和集中地点做出具体规定，并应使所有工种熟悉报警系统、集合点、逃生线路、避难所及总体疏散程序，以便疏散工作顺利进行。

该应急功能应明确以下几点。

1）哪个部门有权决定实施人员疏散及安置。

2）哪个部门和哪些人员负责疏散及安置。

3）能够进行短期避难的场所。

4）通知疏散的方法。

5）疏散避难场所的位置、疏散距离、疏散路线、疏散运输工具等。

6）疏散程序，包括：控制疏散人群的流量，指挥引导人群，告知自身防护措施，维护治安，避免恐慌情绪等方面。

7）避难场所的设置，如临时安置场所内食品、水、电等的供应情况，以及医疗卫生等服务的安排情况。

8）哪种情况下需要疏散人群。

9）对疏散人群数量及疏散时间的估测。

10）对需要特殊援助的群体单位，如学校、幼儿园、医院、养老院、监管所等的考虑。

11）回迁程序。

12）发生事故时，如果现场人员较多，出于对事故的惊惶、恐惧、冲动，往往会导致群体性的盲目流动，这种状态会严重干扰人们的正常思维，引起更大的混乱和恐慌。因此，现场有计划地疏散和沉着地应急指挥能够避免以上情况的发生，防止因盲目流向造成的某一出口人流拥挤、相互踩踏而堵塞出口等情况。

人员疏散及安置指挥的要求如下。

1）疏散指挥人员首先应确认事故中疏散的方向，然后按照疏散示意图标志的路线疏散人员。

2）如果可能威胁周边地域，指挥部应和当地有关部门联系，引导疏散。

3）疏散人员在引导无关人员有序疏散后，应检查自己负责的区域，确保无人员滞留后方可离开。

8. 应急抢险

应急抢险是应急处置行动的中心任务，它关系整个处置工作的成败。事先应根据危险目标模拟事故状态，制定出各种事故状态下的应急处置方案，以便开展救援行动。

应急抢险部由工程抢险人员、消防人员组成，承担着危险排除、救人、物资转移、疏散等任务，对该应急功能有如下要求。

1）根据事故的类型、性质建立企业内部的应急救援专业队伍，并明确职责和任务。

2）明确对重大危险源的防治情况。

3）制定各种事故扑救抢险方案，如井下事故、大量毒气泄漏、多人中毒、燃烧、爆炸等情况的抢险方案。

4）明确抢险人员及物资准备，如消防用水、灭火器、泵、容器、吸附材料、洒水车、起重机等情况。

5）制定搜救遇险人员的相关措施。

应急救援专业队主要职责有以下几点。

1）抢修破坏设备，如道路交通设备、设施，通信设备、设施。

2）修复用电设施或铺设临时线路，保证事故应急用电。

3）扑灭已经发生的火灾，及时撤走易燃、易爆、有毒物品或物质。

4）控制重大危险源灾害的进一步发展。

5）维修各种因事故造成损害的其他急用设备、设施。

6）设法使引发事故或导致事故扩大的设备、设施停止运行。

应急抢险应遵循以下原则。

1）应急抢险优先原则。应急抢险的优先原则包括：员工和应急抢险队员的安全优先；防止事故蔓延优先；保护环境优先。

2）应急处理程序化。为了避免现场救援工作杂乱无章，可事先设计好各部门的应急程序。例如，群体化学中毒事故处置，医疗救护部门可采取以下步骤：除去伤病员受污染的衣物→冲洗→共性处理→个性处理→转送医院。

3）制定具体、详细、具有可操作性的专项应急方案。例如，化学事故中控制管道泄漏时，选择远程关闭、流量控制或转移物料。在具体的应急方案中应明确规定：某段管路泄漏应关闭的阀门是哪个，在应急平面图中明确每一个关键阀门的编号、位置以及控制的管段。

五、员工应急方法

企业一旦发生事故，第一受害人就是一线员工。为了保护自己的生命安全，保证家庭的幸福完整，员工必须掌握必要的应急方法。

1. 心理应对

在事故发生时，员工容易产生恐慌心理，而恐慌心理下的不理智行为，可能导致事态升级、损失加重。因此，员工一定要保持良好的心态，这是做好应急处置的第一步。

保持良好心态的秘诀，就是平时要接受应急教育，掌握一定的应急常识；参加应急演练，提高自救、互救、救援的应急实战能力。

2. 迅速逃生

在事故面前，保住生命才是最重要的，所以一旦发现事故可能危及自己的生命时，一定要在第一时间内采取正确的方式逃离事故现场，服从指挥人员的安排。如果实在无法逃离事故现场，一定要选择比较安全的场所暂时躲避，等待救援。

3. 及时报警

现场人员在保证自身安全的情况下应立即拨打企业24h报警电话，并通报指挥中心值班人员，报警的内容包括：发生事故的具体地点和时间；事故简要经过；事故类型（火灾、爆炸、中毒等）；有无人员伤亡和初步估计的直接经济损失；发生事故的可能原因、影响范围；事故的现状、严重程度、已经采取的措施及其他相关情况。

如果事态严重可首先拨打"119""120""110"，然后再向上级报告。

1）拨打"119"报警注意事项如下。

① 要讲清着火的单位或地点，所处的位置，包括区县、街道、胡同、门牌号码或乡村地址等信息。

② 讲清什么物品着火，火势怎样，是否有人员被困火场，并留下姓名和联系电话。

③ 报警以后，应安排人员到附近的路口等待消防车。

2）拨打"120"报警注意事项如下。

① 简要说明伤员的大致伤情（如神志是否清醒，有无出血等），包括伤员的一般情况如年龄、性别等，以便医护人员做好相应的准备。

② 详细说明伤员所在的位置，最好能够提供附近比较醒目的标志物，避免救护车走错路延误抢救时间。

③ 提供联系方式或伤员身边的固定电话等，并保持联络。

④ 若是意外灾难性事故，如交通事故、火灾、溺水、触电、中毒等，要说明伤害的性质以及需要救助的人数等情况。

3）拨打"110"报警注意事项如下。

① 拨通"110"电话后，首先进行确认，然后说清楚灾害事故或求助的确切地址。

② 简要说明情况。如果是求助，请说清楚为了什么事；如果是灾害事故，请说清灾害事故的性质、范围和损害等情况。

③ 说清自己的姓名和联系电话，以便公安机关联系。

4. 抓紧救人

发现有人受伤时，一定要抓紧时间采取相应的急救措施进行救助，以免错过急救时间。

5. 尽力抢险

事故初发期，是抢险的最佳时期。当事故还未威胁到人身安全时，度量自己的能力，在能力范围内可以采取相应的措施，以此避免一次事故，免受一次灾难。

第二节 事故灾难应急处置

一、火灾应急处置

火灾应急处置的原则是：先控制后消灭；先救人后灭火；先重点后一般。

1. 火场逃生自救

（1）火场逃生原则

1)"三要"。

① 要熟悉自己所在场所的环境。

② 要保持沉着冷静，及时拨打"119"。

③ 要警惕烟毒的侵害。

2)"三救"。

① 选择正确方法自救。

② 与周围被困人员互救。

③ 向外界求救。

3)"三不"。

① 不乘普通电梯。

② 不贪恋财物。

③ 不轻易跳楼。

（2）被火围困的自救方法

1）做必要的防护准备。如穿上质地较厚的衣服，用水将身上浇湿或披上湿棉被等。

2）观察、判明火势情况，明确自己所在环境的危险程度，以便采取相应的措施，查明疏散通道是否被烟火封堵，选择一条最为安全可靠的路线。穿过烟雾区要用拧干的湿毛巾或口罩捂住口鼻。

3）如烟不太浓，可俯身行走；如烟较浓，必须匍匐前进。

4）实在无法脱身时，创造避难间自救。

（3）身上着火的自救方法

1）立即脱去衣服帽子，如果来不及可把衣服撕裂扔掉。

2）卧倒在地上打滚，把身上的火苗压灭。

3）现场其他人可用湿麻袋、毯子等把身上着火的人包起来，使火熄灭，或者向着火人浇水（烧伤面积不大时，可以采用）。切不可用灭火器直接向着火人身上喷射，因为灭火器内的药剂会引起伤口感染。

4）若附近有池塘、水池、小河等，可直接跳入水中。但身体已被烧伤，且烧伤面积很大时，不宜跳水，以防感染。

火场逃生方法见表 7-1。

2. 火场急救

（1）烧伤人员的急救

1）一灭。迅速灭火是火灾烧伤急救的基本原则。切不可呼喊，以免吸入火焰引起呼吸道烧伤。

表7-1 火场逃生方法

逃生方法	具体内容及使用条件
结绳外悬法	把床单、沙发布、衣服等,拴接制成绳索,一头捆住腰部,另一头固定在室内火焰不能侵袭处,悬挂在窗外等候救助
骑坐窗外空调机法	室内充满浓烟,没有条件结绳时,可沿窗口攀向窗外空调机,骑坐在上面,等待救援
结绳下滑法	如果所处楼层较低,结绳足够长时,可将布条一头固定在窗口安全处,另一头抛向地面,顺绳滑到地面或者下滑到着火层下面的安全层窗台,逃离浓烟区
扒在窗台翻出窗外法	借助房间的窗台和外墙的凸沿,扒在窗外,等待救援
创造避难空间法	如果室外烟火很大,而且对安全疏散路线、出口不熟悉,应及时返回房间,关紧迎火的门窗,打开背火的门窗,把房间的门、墙壁、地面弄湿,用湿的床单、毛巾塞住门缝,把门顶住,创造避难空间
卫生间避难法	当逃离烟火区已无可能,又无其他条件可利用时,应冲向卫生间,闭门堵缝,向门泼水,打开排气扇,打开背火的窗子。若找不到封堵物品堵门缝,可将自身的衣服撕成条,也可用纸张等封堵
抛物跳楼法	当所处楼层较低(2层以下),逃生之路被烟火封锁,所处环境又非常恶劣,逃生无望不得已跳楼时,可先往地上扔一些棉被、弹簧床垫、沙发等松软物品,以起到缓冲作用,然后用手拉住窗台往下滑
逃向避难层(间)法	避难层是指发生火灾时,人员躲避火灾威胁的安全场所。避难层的入口,要有引导标志,保证即使在火灾条件下也能容易识别
沿落水管下滑法	沿落水管下滑,不一定非要滑到地面,能滑到无烟火的楼层就可以,然后破窗进入安全地带,逃离火场

2)二查。检查有无危及生命的严重损伤,如颅脑和内脏损伤、呼吸道烧伤致呼吸困难等。严重伤员应立即就地抢救,心跳、呼吸停止者立即进行心肺复苏(包含人工呼吸和胸外心脏按压)。

3)三冷。立即冷却烧伤的部位,用清水冲洗烧伤部位 10~30min 或冷水浸泡直到无痛感为止。

4)四防。防止因疼痛而休克,防止急性喉头梗阻而窒息,防止创面感染。

5)五包。现场救护注意保护烧伤创面,用干净纱布、被单包裹或覆盖,然后送医院处理。

(2)昏迷人员的急救

1)将伤员移至阴凉处,以获得充分的新鲜空气。

2)有呕吐者应侧卧,以防将呕吐物吸入肺部。

3)无呕吐者应平躺,下肢抬高 20~30cm,松解颈部、胸部衣服,保持呼吸道通畅。

4)有呼吸困难情形,应将其置于半坐卧姿势。

5)如急救后未马上恢复知觉者,应立即送往医院治疗。

3. 火灾扑救

常用的灭火方法如下。

（1）冷却灭火法　这是最常用的灭火方法，常用水和二氧化碳作为灭火剂冷却降温灭火。在火场上，除了用冷却法直接扑灭明火外，还可冷却尚未燃烧的可燃物，以防其达到燃点而燃烧。如石化企业的火灾，冷却法的主要作用就是降低毗邻部位的塔、罐及其他设备受火灾的辐射热，防止它们受热变形或发生爆炸。

（2）窒息灭火法　适用于扑救封闭式的空间及容器内的火灾。包括以下几种。

1）用沙土、水泥、湿棉被等不燃或难燃物质覆盖燃烧物或封闭孔洞。

2）用水蒸气或二氧化碳、惰性气体等充入燃烧区域内。

3）喷洒雾状水、干粉、泡沫等灭火剂覆盖燃烧物。

4）利用建筑物上原有的门、窗以及生产储运设备上的部件，封闭燃烧区，阻止新鲜空气流入。

5）在扑救钾、钠、镁粉等化学品时，应采用干沙或干粉灭火剂埋压方法灭火。

6）在无法采取其他扑救方法而条件又允许的情况下，可采取水淹的方法进行扑救。

（3）隔离灭火法　适用于扑救各种固体、液体、气体火灾。包括以下几种。

1）关闭可燃气体、液体管道的阀门，以减少和阻止可燃物质进入燃烧区。

2）拆除与火源相毗连的易燃建筑物，形成防止火势蔓延的空间地带。

3）阻拦流散的易燃、可燃液体或扩散的可燃气体。

4）封闭建筑物的孔洞，如门窗、楼板洞等，防止火焰和气流从孔洞蔓延引燃可燃物。

（4）抑制灭火法　采用抑制灭火法时，一定要将足够数量的灭火剂准确无误地喷射到燃烧区内，使灭火剂参与并中断燃烧反应，否则，将起不到抑制燃烧反应的作用，达不到灭火的目的。要同时采取冷却降温措施，以防燃烧物质复燃。

4. 常见的灭火器

常见的灭火器有：干粉灭火器、二氧化碳灭火器、泡沫灭火器。

（1）干粉灭火器　分为 ABC 类和 BC 类两种，ABC 类干粉灭火器可用于扑灭固体、液体、气体着火；BC 类干粉灭火器主要用于扑灭液体和气体着火。

（2）二氧化碳灭火器　主要用于扑救贵重设备、档案资料、仪器仪表、600V 以下的电气设备及油类火灾，但不能扑救钾、钠、镁等轻金属着火。

（3）泡沫灭火器　能扑救一般固体、油类等可燃液体火灾，但不能扑救带电设备和醇、酮、酯、醚类有机溶剂的火灾。

二、危险化学品事故应急处置

危险化学品分为 9 大类，分别是爆炸品、压缩气体和液化气体、易燃液体、易燃固体、自燃物品和遇湿易燃物品、氧化剂和有机过氧化物、有毒品、放射性物品和腐蚀品。

危险化学品事故是指一种或数种危险化学品或其能量意外释放造成的人身伤亡、财产损失或环境污染事故。危险化学品事故可分为 6 类：危险化学品火灾事故、危险化学品爆炸事故、危险化学品泄漏事故、危险化学品灼伤事故、危险化学品中毒和窒息事故、其他危险化学品事故。

1. 危险化学品事故现场自救

如果位于污染区或在污染区附近，应当立即向上风向撤离，并且尽快找到避难场所。撤离时应注意以下几点。

（1）做好防护　用湿毛巾、湿口罩等保护呼吸道；用雨衣、手套、雨靴等保护皮肤；用游泳潜水镜、开口透明塑料袋等保护眼睛。

（2）逆风逃生　根据危险化学品泄漏位置，向上风向或侧风向转移撤离。

（3）低洼处勿滞留　如果泄漏物质的密度比空气大，则选择往高处逃生；相反，则选择往低处逃生。但是，切忌在低洼处滞留。

（4）选择背风向处滞留　如果实在无法撤离，可暂时躲在建筑物内，堵住明显的缝隙，待在背风无门窗的地方。

（5）及时进行消毒　逃离染毒区域后，要脱去被污染的衣物，并及时进行消毒处理。

（6）危险化学品事故现场救援　处理泄漏、燃烧爆炸事故时，救生内容如下。

1）组成救援小组，携带救生器材迅速进入现场。

2）采取正确的救助方式，将所有遇险人员转移至安全区域。

3）对救出人员进行登记、标识和采取现场急救措施。

4）将伤情较重者送往医院急救部门救治。

5）处理危险化学品事故现场。

2. 危险化学品泄漏事故现场处理

危险化学品泄漏事故处置的基本措施主要有三大步骤：做好安全防护、控制泄漏源以及泄漏物处理。

（1）做好安全防护　进入现场的救援人员必须配备必要的个人防护器具。

1）当泄漏物易燃易爆时，事故中心区应严禁火种、切断电源、禁止车辆进入并立即在边界设置警戒线。根据事故现场情况确定事故涉及区人员的撤离。

2）当泄漏物有毒时，应使用专用防护服和隔绝式空气面具，并在事故中心区设置警戒线。根据不同的事故情况和发展，确定事故涉及区人员的撤离。

3）严禁单独行动，救援现场要有监护人，必要时用水枪、水炮掩护。

（2）控制泄漏源　控制泄漏源的方法有关阀断料、停止作业或改变工艺流程、物料走副线、局部停机和减负荷运行等。采用合适的材料和技术手段堵住漏处。

（3）泄漏物处理　采用围堤堵截、稀释与覆盖、收容（集）、废弃等方法处理泄漏物。泄漏控制与处理的基本方法如下。

1）关阀断料。管道发生泄漏，泄漏点处在阀门以后且阀门尚未损坏，可采取关闭输送物料管道阀门、断绝物料源的措施，制止泄漏。消防队员负责用开花水枪或喷雾水枪掩护。

2）倒罐输转。储罐、容器壁发生泄漏，无法堵漏时，可采取倒罐技术倒入其他容器或储罐，或倒入槽车运走，以控制泄漏量和配合其他处置措施的实施。

3）喷雾稀释。以泄漏点为中心，在储罐、容器的四周设置水幕墙或喷雾状水，对泄漏扩散的气体进行围堵、稀释降毒或驱散，防止泄漏物向重要目标或危险源扩散，但不宜使用直流水。

4）堵漏。管道或容器壁发生泄漏，且泄漏点处在阀门之前或阀门已损坏，不能关阀止漏时，可使用各种堵漏器具、方法封堵泄漏口。

对于液化石油气（密度小于水且不与水互溶的液体）泄漏，可采用注水方法，排除险情。如泄漏点处于储罐的下部，在采取其他措施的同时，可通过罐底排污阀等向罐内适量注水，抬高泄漏液体的液位，造成罐内底部形成水垫层，配合堵漏，缓解险情。

5) 引火点燃。对于具有可燃性的气体或蒸气，当其泄漏点位于罐顶部时，可采用主动点燃的措施，使其泄漏口燃起火炬而控制其泄漏。

6) 堵漏方法。常见的堵漏方法有调整间隙消漏法、机械堵漏法、气垫堵漏法、胶堵密封法、焊补堵漏法、磁压法、引流粘连堵漏法和冷冻法。

3. 危险化学品燃烧爆炸事故处置

(1) 可燃气体燃烧爆炸事故现场处置　处置可燃气体燃烧爆炸事故，首先应扑灭外围被火源引燃的可燃物火灾，切断火势蔓延途径，控制燃烧范围，并积极抢救受伤和被困人员。

在没有采取堵漏措施的情况下，必须保持可燃气体稳定燃烧，不能盲目扑灭气体火灾，因为大量可燃气体泄漏出来与空气混合，遇火源可能会发生爆炸，使灾情加重。例如，进行堵漏时，如果第一次堵漏行动失败，再次堵漏之前，应先用长点火棒将泄漏处点燃，使其恢复稳定燃烧，以防止形成爆炸性混合物，并准备再次实施堵漏扑救行动。

(2) 易燃液体燃烧爆炸事故现场处置　处置易燃液体燃烧爆炸事故，首先切断火势蔓延途径，冷却和疏散受火势威胁的压力容器、密闭容器和可燃物，控制燃烧范围，并抢救受伤和被困人员。

要及时了解和掌握着火液体的品名、密度、水溶性以及有无毒性、腐蚀、沸溢、喷溅等危险性，以便采取相应的灭火和防护措施。

扑救毒害性、腐蚀性或燃烧产物毒害性较强的易燃液体火灾，扑救人员必须佩带防护面具，采取防护措施。

(3) 爆炸物品燃烧爆炸事故现场处置　处置爆炸物品燃烧爆炸事故时，要采取一切可能的措施，全力制止再次爆炸的发生。现场指挥人员应密切注意现场情况，若有发生再次爆炸征兆或危险，要迅速做出准确判断，立即下达撤退命令。灭火人员看到或听到撤退信号后，应迅速撤至安全地带；来不及撤退时，应就地卧倒。

扑救爆炸物品燃烧爆炸事故时应注意以下几点。

1) 切忌用沙土盖压，以免增强爆炸物品爆炸时的威力。

2) 灭火人员应尽量利用现场现成的掩蔽体或尽量采用卧姿等低姿射水，尽可能地采取自我保护措施。

3) 消防车辆尽量不要停靠在离爆炸物太近的水源处。

4) 如有疏散可能，在人身安全确有可靠保障的条件下，应立即组织力量及时疏散着火区域周围的爆炸物品，使着火区周围形成一个隔离带。

5) 扑救爆炸物品堆垛时，水流应采用吊射，避免强力水流直接冲击堆垛，使堆垛倒塌引起再次爆炸。

(4) 遇湿易燃物品燃烧爆炸事故现场处置　因为遇湿易燃物品的性能特殊，很多情况下又不能使用水和泡沫等灭火剂扑救，所以处置前，应首先了解清楚遇湿易燃物品的品名、数量、是否与其他物品混存，燃烧范围，火势蔓延途径等情况，然后再进行扑救行动。

(5) 毒害品、腐蚀品燃烧爆炸事故现场处置　灭火人员必须穿防护服，佩戴防护面具。一般情况下采取全身防护即可，对有特殊要求的物品火灾，应使用专用防护服。在扑救毒害品火灾时应尽量使用隔绝式氧气或空气面具。

毒害品、腐蚀品火灾极易造成人员伤亡，灭火人员在采取防护措施后，应立即投入寻找和抢救受伤、被困人员的工作，并努力限制燃烧范围。

扑救毒害品、腐蚀品燃烧爆炸事故时，应尽量使用低压水流或雾状水，避免腐蚀品、毒害品溅出。遇酸类或碱类腐蚀品最好调制相应的中和剂稀释中和。

遇毒害品、腐蚀品容器泄漏，在扑救火灾后应采取堵漏措施。腐蚀品需用防腐材料堵漏。

例如，扑救浓硫酸与其他可燃物品接触发生的火灾，浓硫酸数量不多时，可用大量低压水快速扑救。如果浓硫酸量很大，应先用二氧化碳、干粉等灭火，然后再把着火物品与浓硫酸分开。浓硫酸遇水能放出大量的热，导致沸腾飞溅，必须特别注意防护。

（6）易燃固体、自燃物品燃烧爆炸事故现场处置　易燃固体、自燃物品一般可用水或泡沫扑救，相对于其他种类的化学危险物品而言是比较容易扑救的，只要控制住燃烧范围，逐步扑灭即可。但也有少数易燃固体、自燃物品的扑救方法比较特殊，如2,4-二硝基苯甲醚、二硝基萘、萘、黄磷等。

少数易燃固体和自燃物品不能用水和泡沫扑救，如三硫化二磷、铝粉、烷基铝、保险粉等，应根据具体情况分别处理，宜选用干沙和不用压力喷射的干粉扑救。

三、交通运输事故应急处置

（一）道路交通事故的应急处置

根据《中华人民共和国道路交通安全法》第119条第五项的规定，交通事故是指车辆在道路上因过错或意外造成的人身伤亡或财产损失的事件。其中，主体的一方必须是车辆，地域范围是道路，主观因素是过错或者意外。

道路交通事故的特点：事故发生率高，人员伤亡重，财产损失大，连锁性强，易发生二次事故，救援难度大，社会影响面大。

1. 自救

（1）汽车发生碰撞或失控时的自救

1）驾驶人自救：

① 驾驶人应双手紧握转向盘，两腿向前蹬直，身体后倾，保持身体平衡，以免头撞到风窗玻璃上而受伤。

② 若碰撞的主要方位临近驾驶人座位或者撞击力度过大，驾驶人应迅速躲离转向盘，并将两腿抬起，以免受到挤压。

③ 制动踏板失灵时，应换低速档，拉紧驻车制动器，同时打开警示灯；若车速不减，应冲向柔软的障碍物。

2）车内乘客自救：

① 应迅速蹲下，紧紧抓住前排座位的椅脚，保持身体平衡。

② 如果只能跳车逃生，被困者应通过车门、窗跳车；若车门、窗无法打开，被困者可利用车上的工具击碎玻璃或撬开车门开辟通路逃生。

③ 跳车逃生时，则应向车辆翻转的相反方向跳跃。落地时双手抱头顺势向惯性方向滚动或奔跑一段距离，避免遭受二次损伤。

④ 高速公路上发生事故时，车上人员应迅速转移到右侧路边或者应急车道内。

（2）遇到汽车翻车后的自救方法

1）翻车后，如果有可能，应先熄火。

2）调整身姿。双手先撑住车顶，双脚蹬住车两边，确定身体固定，一手解开安全带，慢慢把身子放倒下来，再转身打开车门。

3）观察车外，确定没有危险后，再出车门，避免汽车停在危险地带，或被旁边疾驰的车辆撞伤。

4）敲碎车窗。如果车门因变形或其他原因无法打开，应考虑从车窗逃生。如果车窗是封闭状态，应用专业锤在车窗玻璃一角的位置敲碎玻璃。

（3）遇到汽车在行驶途中突然起火时的自救方法

1）驾驶人应立即熄火停车，切断油路、电源，并组织车内人员立即下车。

2）若车辆碰撞变形，车门已无法打开，可从前后风窗玻璃或车窗处脱身。

3）若身上已经着火，可下车后倒地打滚，边滚动边脱去身上的衣服。此时不要张嘴深呼吸或高声呼喊，以免烟火灼伤上呼吸道。

（4）遇到汽车翻进河里时的自救方法

1）首先要保持头脑冷静。

2）若水较浅，未淹没全车，应等汽车稳定以后，再设法从门窗离开车辆。

3）若水较深：

① 先不要急于打开车门与车窗玻璃。

② 迅速判断水面的方向，一般来说，有光亮的地方为水面的方向。

③ 尽量将面部贴近汽车朝上的部分，以保证足够的空气供给，等待水从车的缝隙中慢慢涌入，车内外的水压保持平衡后，车内人员应深吸一口气将头部伸入水下，迅速用力推开车门或打开车窗，再浮出水面。

（5）遇到中途爆胎时的自救方法

1）不能急制动。

2）若后胎爆裂，反复轻踩制动踏板。

3）若前胎爆裂，双手用力控制转向盘，并缓慢松开加速踏板，使车利用转动阻力自行停下。

2. 急救

车祸发生后，应立即拨通"122""120"急救电话。

现场急救的主要方法如下。

1）不要随意移动伤员，让其侧卧，头向后仰，保证呼吸道畅通。

2）为失去知觉者清除口鼻中的异物、分泌物及呕吐物。

3）对出血多的伤口应进行加压包扎。

4）对骨折的肢体应就地取材固定。

5）对心跳、呼吸停止者，现场实行心肺复苏。

6）对开放性颅脑或开放性腹部伤口，可用干净物覆盖伤口，然后包扎并立即送往医院诊治。

7）对开放性胸部伤，立即取半卧位，对胸壁伤口应进行严密封闭包扎，并立即送往医院治疗。

8）若有木桩等物刺入体腔或肢体，不要拔出刺入物，要截断刺入物的体外部分，并立即送往医院治疗。

9）若有胸壁浮动，应立即用衣物、棉垫等充填后适当加压包扎，以限制浮动；无法充填包扎时，要使伤员卧向浮动胸壁，限制反常呼吸。

（二）地铁事故的应急处置

地铁事故包括火灾、爆炸、恐怖袭击和运营事故等。

地铁事故的特点是乘客流量大，逃生途径少，逃生距离长；隧道火势发展快，温度高，毒烟浓；通信联络不畅；照明强度不够；救援行动不便等。

（1）遇到地铁停电时的应对方法

1）乘客应保持冷静，切勿惊慌，不要随便走动。

2）在站台候车遇到停电时，要听从工作人员的指挥，并按照站台内的疏散指示标志，安全有序地撤离到地面。

3）运行中遇到停电时，乘客千万不可扒门、拉门以离开列车厢进入隧道，应耐心等待救援人员。

4）疏散时应听从指挥，有顺序地向指定的方向疏散。

（2）遇到地铁车厢火灾时的应对方法

1）地铁车厢内发生火灾时，乘客可直接拨打"119""110"电话报警，也可以按下车厢内的报警按钮。

2）火灾初起时，用车厢内的灭火器扑灭火灾。

3）无法进行灭火自救时，应保护自己，有序逃生。

4）逃生时乘客应采取低姿势前进，但不可匍匐行进，要用湿润织物捂住口鼻，向逆风方向疏散。

5）听从车站工作人员统一指挥，沿着正确逃生的方向疏散。

6）如果火灾引起停电，可按照应急指示标志朝背离火源的方向有序逃生，万一疏散通道被大火阻断，应尽量想办法延长生存时间，等待消防队员前来救援。

7）疏散时，应远离电轨，防止触电。

（3）遭受毒气袭击时的应对方法

1）应当利用随身携带的手帕、餐巾纸、衣物堵住口鼻，遮住裸露皮肤。

2）迅速判断毒源方向，并朝远离毒源方向逃生，到空气流通处或毒源的上风口躲避。

3）到达安全地点后，应迅速使用流动水清洗身体裸露部分。

（4）发现危险物品时的应对方法

1）在地铁车厢内发现不明包裹时，应远离该不明物，并立即报告有关人员，不可擅自处理。

2）如果发生爆炸，不要惊慌，应听从指挥，安全疏散。

（5）随身物品坠落时的应对方法

若随身物品掉入电轨，切不可盲目跳入电轨拾取。若不慎掉入站台或需要下车逃生，首先要留意脚下，以免触电，靠轨道线路外侧（无高压接触轨一侧）行走，遇有下凹处要小心跨过或从铁道中心通过。

（三）飞机遇险迫降的应急处置

1）首先要保持镇定，并听从机上工作人员指挥。

2）摘下眼镜与假牙，身上不能带有任何尖锐、坚硬的东西，防止发生冲击时受到伤害。

3）严格按照规定竖直座椅靠背，尽可能束紧安全带，屈身向前，头低下，双手抓紧前面或双臂抱紧大腿。

4）千万不要在走出机舱前吹起救生衣，以免造成出舱门的困难。

5）飞机下坠时要努力保持清醒。

6）飞机迫降着地后，应迅速离开飞机。

（四）翻船后的自救方法

当遇到风浪袭击等紧急情况时，不要慌乱，要保持镇静，不要站起来或倾向船的一侧，要在船舱内分散均匀坐好，使船保持平衡。若水进入船内，要全力以赴将水排出。

如果发生翻船事故，要明白木制船只一般不会下沉。人被抛入水中后，应立即抓住船舷确保自己不沉入水中。

如果穿救生衣或持有救生圈在水中，尽量蜷身屈腿，减少热量散发，保持体力。

利用救生衣上的哨子等工具设法发出响声，或摇摆颜色鲜艳的衣物，以引起岸上人员的注意。

救生衣的使用方法如下。

1）两手穿进去，将其披在肩上。

2）将胸部的带子扎紧。

3）将腰部的带子绕一圈后再扎紧。

4）将领子上的带子系在脖子上。

四、触电事故应急处置

1. 触电事故的定义

触电事故是由电流及其转换成的其他形式的能量造成的事故。触电事故按照能量施加方式的不同分为电击和电伤两类。电击是由电流直接作用于人体所造成的伤害。电伤是电流转换成热能、机械能等其他形式的能量作用于人体造成的伤害。触电事故往往发生突然，在极短时间内就能造成严重后果。

2. 触电事故的应急处置

（1）脱离电源　当发现有人触电时，应把触电者接触的那一部分带电设备的开关或其他断路设备断开，或设法将触电者与带电设备脱离。

不同触电场合脱离电源的方法见表7-2。

表7-2　不同触电场合脱离电源的方法

触电场合	脱离电源方法
低压设备触电	拉开电源开关或刀开关，拔出电源插头，用绝缘工具（干燥的木棒、木板、绳索等不导电的东西）解脱触电者。抓住触电者干燥而不贴身的衣服，将其拖开，切记要避免碰到金属物体和触电者的裸露身躯。戴绝缘手套或将手用干燥衣物等包起绝缘，站在绝缘垫上或干板上，先绝缘自己然后救护触电者

（续）

触电场合	脱离电源方法
高压设备触电	迅速切断电源或用适合该电压等级的绝缘工具（戴绝缘手套、穿绝缘靴并用绝缘棒）解脱触电者。救护人员在抢救过程中应注意自身与周围带电部分保持必要的安全距离
架空线路上触电	如是低压带电线路，立即切断线路电源，或者由救护人员系好自己的安全带后，迅速登杆，用带绝缘胶柄的钢丝钳、干燥的不导电物体或绝缘物体将触电者拉离电源 当高压带电线路，又不可能迅速切断开关时，可采用抛挂足够截面积的适当长度的金属短路线方法，使电源开关跳闸。抛挂前，将短路线一端固定在铁塔或接地引下线上，另一端系重物
断落在地的高压导线上触电	尚未确定线路无电且救护人员未做好安全措施（如穿绝缘靴或临时双脚并紧跳跃地接近触电者）时，不能接近断线点至8~10m范围内，以防跨步电压伤人 触电者脱离带电导线后也应迅速被带至8~10m以外，并立即开始触电急救。只有在确定线路已经无电时，才可在触电者离开触电导线后，立即进行急救

（2）伤员脱离电源后的处置

1）若触电者神志清醒，应使其就地平躺，严密观察，暂时不要站立或走动。

2）若触电者神志不清，应就地仰面躺平，确保其气道通畅，并用5s时间，呼叫伤员或轻拍其肩部，以判定伤员是否意识丧失。禁止摇动伤员头部呼叫伤员。

3）需要抢救的伤员，应立即就地进行抢救，并设法联系医疗部门接替救治。

4）若触电者意识丧失，应在10s内用看、听、试的方法，判定其呼吸心跳情况。

（3）现场急救方法 触电者呼吸和心跳均停止时，应立即进行心肺复苏抢救。心肺复苏应在现场就地不间断进行，不要随意移动伤员，当确实需要移动时，抢救中断时间不应超过30s。若触电者的心跳和呼吸经抢救后均已恢复，则可暂停心肺复苏操作，但心跳、呼吸恢复后的早期有可能再次骤停，应严密监护，不能麻痹，要随时准备再次抢救。

五、高处坠落事故应急处置

当发生高处坠落事故后，抢救的重点是对休克、骨折和出血进行处理。

发生高处坠落事故后，应马上组织抢救伤员，首先观察伤员的受伤情况、部位、伤害性质，如伤员发生休克，应先处理休克。遇呼吸、心跳停止时，应立即进行人工呼吸和胸外心脏按压。处于休克状态的伤员要让其安静、保暖、平卧、少动，并将下肢抬高约20°，并尽快送往医院进行抢救治疗。

出现颅脑外伤时，必须维持伤者呼吸道通畅。若发生昏迷时应使其平卧，面部转向一侧，以防舌根下坠或吸入分泌物、呕吐物，发生喉阻塞。对于骨折者，应初步固定后再搬运。偶有凹陷骨折、严重的颅底骨折及严重的脑损伤症状出现，用消毒的纱布或清洁布等覆盖伤口，用绷带或布条包扎后，及时送往附近有条件的医院治疗。

发现脊椎受伤者，用消毒纱布或清洁布覆盖伤口，用绷带或布条包扎后，送往附近医院。搬运时，将伤员平卧放在帆布担架或硬板上，以免受伤的脊椎移位、断裂造成截瘫，导致死亡。抢救脊椎受伤者，搬运过程严禁只抬伤者的两肩与两腿或单肩背运。

发现伤员手足骨折，不要盲目搬运伤员。应在骨折部位用夹板把受伤位置临时固定，使断端不再移位或刺伤肌肉、神经或血管。固定时，以固定骨折处上下关节为原则，可就地取材,如用木板、竹头等,在无材料的情况下,上肢可固定在身侧,下肢与腱侧下肢缚在一起。

遇有创伤型出血的伤员,应迅速包扎止血,使伤员保持在头低脚高的卧位,并注意保暖,尽快送医院进行抢救治疗。

六、建筑物倒塌事故应急处置

1. 建筑物倒塌事故的定义

建筑物倒塌事故是指由于地震、风暴、火灾、水灾等自然灾害以及其他因素,造成建筑结构整体或局部倒塌,导致重大人员伤亡和财产损失的灾害。

2. 建筑物倒塌事故的应急处置

(1) 侦察现场险情

1) 向幸存者和有关人员询问失踪者在倒塌时所处的部位、活动情况,或居住环境等。

2) 对倒塌的瓦砾堆进行勘察和分析,确定建筑物的用途、结构、层次和倒塌方式,倒塌后可能存在的险情和人员幸存的部位等。

3) 利用光学探测仪、爆炸气体探测器、漏电探测仪、库玛特蛇眼生命探测仪、超声波生命探测仪、搜救犬和热成像仪等器材实施现场侦察。

(2) 判断现场险情

1) 通过倒塌建筑物原有结构和倒塌后残留结构的状态,分析现场二次倒塌的可能性。

2) 通过倒塌建筑物的用途和存放的物质性质,分析现场可能存在的中毒或爆炸的危险性,如存放有杀虫剂、液化石油气瓶、爆炸物品等。

3) 通过倒塌建筑物的用电、用燃气、用水情况,分析现场可能存在的触电、泄漏燃气爆炸、漏水使低处被困人员溺水的危险性。

(3) 控制现场

1) 现场车辆的布置:

① 消防水泵车应布置在现场的外围,这样易于寻找水源。

② 建筑倒塌现场的前沿空地应停靠举高车辆,最好是可遥控的车辆。

③ 在倒塌建筑正前沿附近部署 1 辆或 2 辆重型抢险救援车辆,以便提供较大型的挖掘、切割、支撑加固器材。暂时不用的车辆应停在远离现场的安全区域。

④ 最先到场的救护车需停靠在现场的附近,以便及时对救出的受害者进行伤情判断分析,并实施前期的医疗急救,但停靠位置以不影响现场灭火救援行动为准。

⑤ 重型工程车辆如起重机、铲车、装卸车等开始只能停靠在现场外围,但也要留有其进入前沿的通道,以便急需时调入使用。

2) 现场秩序的维护:

① 在倒塌现场,公安干警的主要职责是设置现场警戒线,保证现场的交通秩序和道路畅通。

② 在周围道路上要禁止任何非救助车辆的行驶,避免因振动引发现场的二次倒塌。

3) 现场抢救工作的组织

① 现场指挥员要担负起整个施救工作的组织和监管任务,及时了解各种潜在的危险,

掌握施救进度、施救者工作和身体状况，安排和布置必要的轮班和协同人员的支持行动，保持与各个行动小组的联系和险情的通报。

② 倒塌事故的抢险救援，需要在现场指挥机构的统一指挥下进行。参与救援的各部门和单位必须懂得其救援行动是整个救援活动的一部分，要相互协同配合、充分发挥各自的特长。

（4）扑救现场火灾

1）迅速调集水枪，及时控制和扑灭倒塌区域内的火灾。

2）调用举高水流到现场，将其直接从空中伸至可能有被埋人员的区域，迅速扑灭周围的火灾。

3）为防止现场二次倒塌的危害，举高平台上的水炮可实行无人遥控作业。

（5）搜救被埋人员

1）搜救人员进入现场前必须做好个人的安全防护，携带必备的通信器材、备用空气呼吸器具、搜救绳索、轻便照明和小型破拆器材，还要携带一支水枪，以便及时驱烟和灭火。

2）抢救队伍进入倒塌堆进行搜寻时，要注意人员爬动的痕迹及血迹。

3）要利用生命探测仪或搜寻犬，采用听、看、敲和喊等方法寻找和确定被埋人员的具体位置。

4）搜救重点应放在被困人员可能的生存空间上。构成生存空间的多为楼板、桁梁、墙体等，按其形式主要有四类，即单斜式、V形式、多层间夹式和无规则式。

5）搜救到了受害者，应及时为其提供空气呼吸器，并附带一根救助引导绳，以便于后续施救工作。

6）搜救预备小组应在倒塌危险区域外围的安全区内等候，并配备必要救生器材和搬运器材。一旦需要可立即展开工作，也可作为第一搜救小组的增援，随时进入倒塌现场参与搜救。

（6）局部清理和挖掘

1）只要认为现场还存在被埋压人员，都应采取手工清理和使用小型切割破拆器材。

2）当发现被埋压人员后，为防止造成二次伤害，可采取救援气垫、方木、角钢等支撑保护，必要时也可用手刨、翻、抬等方法施救。

3）为保证施救过程安全和顺利地进行，要对现场提供良好的照明。

4）如果现场存在二次倒塌危险，就必须对不稳部位进行支撑加固，或者预先破拆搬移开存在危险的构件。

（7）抢救行动中注意的事项

1）调派救援力量及装备要一次性到位，及时要求公安、医疗救护等部门到现场协助救援。

2）当伴随有火灾发生时，救人、灭火应同时进行。

3）在现场快速开辟出一块空阔地和进出通道，确保现场拥有一个急救平台和一条供救援车辆进出的通道。

4）救援人员要注意行动安全，不应进入建筑结构已经明显松动的建筑内部；不得登上已受力不均衡的阳台、楼板、屋顶等部位；不准冒险钻入非稳固支撑的建筑废墟下面。

5）抢救行动本着先易后难，先救人后救物，先伤员后尸体，先重伤员后轻伤员的原则进行。救援初期,不得直接使用大型铲车、吊车、推土机等施工机械车辆清理现场。

6)对身处险境、精神几乎崩溃、情绪显露恐惧者,要鼓励、劝导和抚慰,增强其生存的信心。在切割被救者上面的构件时,防止火花飞溅伤人,减轻震动伤痛。对于一时难以施救出来的人员,视情况喂水、供氧、清洗、撑顶等,以减轻被救者痛苦,改善险恶环境,提高其生存机会。

7)对于可能存在毒气泄漏的现场,救援人员必须佩戴空气呼吸器、防化服;使用切割装备破拆时,必须确认现场无易燃、易爆物品。

8)处置建筑物倒塌事故时间一般比较长,应组织参战人员轮换,并做好后勤保障工作。

七、踩踏事故应急处置

1. 遭遇拥挤人群的处理方法

1)发觉拥挤的人群向着自己行走的方向拥来时,应该马上躲避到一旁,但不要奔跑,以免摔倒。

2)如果路边有商店、饭馆等可以暂时躲避的地方,可以暂避一时。切忌逆着人流前进,否则非常容易被推倒在地。

3)如有可能,抓住一件坚固牢靠的东西,如路灯柱等物体,待人群过去后,迅速而镇静地离开现场。

4)遭遇拥挤的人流时,一定不要采用体位前倾或者低重心的姿势,即使鞋子被踩掉,也不要贸然弯腰提鞋或系鞋带。

5)若身不由己陷入人群之中,一定要先稳住双脚。切记远离店铺的玻璃窗,以免因玻璃破碎而被扎伤。

2. 出现混乱局面时的应对方法

1)在拥挤的人群中,要时刻保持警惕,当发现有人情绪不对,或人群开始骚动时,就要做好保护自己和他人的准备。

2)一定要注意脚下,千万不要被绊倒,避免自己成为拥挤踩踏事件的诱发因素。

3)当发现自己前面有人突然摔倒了,马上要停下脚步,同时大声呼救,告知后面的人不要向前靠近。

4)若自己被绊倒,要设法靠近墙壁。面向墙壁,身体蜷成球状,双手在颈后紧扣,以保护身体最脆弱的部位。

5)当带着孩子遭遇拥挤的人群时,最好把孩子抱起来,避免其在混乱中被踩伤。

3. 开车时遇到拥挤人群的应对方法

1)切忌驾车穿越人群,尤其是群众情绪愤怒、激动或满怀敌意时。因为如果人群发动袭击,打破窗门,翻转汽车,后果会很严重。

2)倘若自己的车辆正与人群同一方向前进,不要停车观看,应尽快转入小路、倒车或掉头,迅速驶离现场。

3)倘若根本无法冲出重围,应将车停好,锁好车门,然后离开,躲入小巷、商店或民居。如果来不及找停车处,也要立刻停车,锁好车门,静静地留在车内,直至人群拥过。

4. 踩踏事故发生后的应对方法

1）拥挤踩踏事故发生后，一方面赶快报警，等待救援；另一方面，在医务人员到达现场前，要抓紧时间用科学的方法开展自救和互救。

2）在救治中，要遵循先救助重伤员、老人、儿童及妇女的原则。判断伤势的依据有：神志不清、呼之不应者伤势较重；脉搏急促而乏力者伤势较重；血压下降、瞳孔放大者伤势较重；有明显外伤，血流不止者伤势较重。

3）当发现伤员呼吸、心跳停止时，要赶快做人工呼吸和胸外心脏按压。

八、意外伤害应急处置

1. 割伤应急处置

1）若流出的血液量看起来比较多，此时不要慌张，要说些鼓励的话使伤者保持镇静，因为惊慌会加快心跳，出血就会更多。

2）如果是较小的割伤，一般可以采用止血方法，但是注意即使血流止住了，也不要解下绷带，要尽快送医院治疗。

3）如果肌腱和神经被割断，即使伤口已经痊愈，有时手指也不能动弹，这种情况一定要接受医生的治疗。深度割伤时，手指要轻微弯曲，用消过毒的纱布包好，并附上辅助用品加以固定，注意不要伸直手指，否则不容易止住血，伤口愈合慢。

2. 烫伤应急处置

烫伤时冷却是最重要的，轻度的烫伤，也需要冷却几分钟；严重烫伤时要冷却30min以上。在充分冷却后，用干净的布包好伤处并接受治疗。在医生诊断前，不得涂抹任何药膏，否则可能引起细菌感染。另外，为使患部不留下疤痕，不要自己碰破水泡等，一定要遵守医嘱。

（1）被热水烫伤时的处理方法

1）用流水冷却。但是注意水压要适中，如果水压大，皮肤有剥落的危险，这时应在患部稍偏上方冲洗或是包上布冲洗。充分冷却后，用消毒纱布或是创可贴盖住患部。

2）脚等部位烫伤时，可在桶中装入冰水来冷却。

3）有衣服遮盖的部位烫伤时，可直接往衣服上浇水冷却。

（2）眼中进入化学药品时的处理方法

1）绝对不能揉眼睛，要立即用自来水冲洗。

2）一定要注意使进入化学药品的眼睛在下面，防止冲洗过的水流进另外一只眼睛。

3）冲洗眼睛时只能用水，不能把眼药滴入眼中。

4）充分冲洗后立即到医院治疗。

（3）皮肤沾上化学药品时的处理方法

1）强酸会烧伤皮肤表面，强碱会浸入皮肤深层，因此沾上此类化学药品时，要立即脱掉衣服，用喷头或软管等连接大量的流水冲洗30min以上。

2）由于冲洗不彻底可能会造成对皮肤深度的伤害，所以应彻底冲洗。

3）冲洗完毕后，细心擦净水分，将患处用干净的布盖住后找医生治疗。注意有的化学药品沾水后会发热。

4）绝对不能用酸碱中和的方法进行处理。

5）误食和吸入化学药品时，要喝入大量的水和牛奶，进行催吐，并尽快送医院治疗。

3. 碰伤应急处置

在工作中，磕碰身体是常有的事。若是轻度的碰伤，马上冷却受伤部位会舒服许多。另外，如果受伤部位是身体活动次数较多的部位，可能会造成内出血，疼痛也会增加，因此要注意静养。

尽可能使受伤部位在一段时间内保持在高于心脏的位置。疼痛难忍且受伤部位不能动弹或是受伤部位不自然地弯曲时，可能是脱臼和骨折，要立即去外科接受治疗。

（1）戳伤手指时的处理方法

当人戳伤手指时常常容易想到拽拉，认为这样可以治好。但恰恰相反，这样会使伤口恶化，因此绝对不能拽拉。应当第一时间做如下处理。

1）在伤痛部位包上布，用冰等冷却 30min 左右。
2）垫上纸板或方便筷子等，和相邻的手指一起用绷带缠绕固定。
3）同时接受医生的治疗，治疗得越早恢复得越快。

（2）指甲剥落时的处理方法

1）为防止细菌感染，要用流水冲洗伤口再涂上消毒药物。
2）将剥落的指甲放回原位，用绷带缠紧。
3）找医生治疗。

（3）脚被鞋磨破、起水泡时的处理方法

1）用肥皂将起水泡的地方洗净。
2）用火或酒精将针消毒，用针刺破水泡。
3）用纱布和干净的布充分地擦拭。
4）涂上消毒药品，贴上创可贴。

4. 扭伤和脱臼应急处置

扭伤和脱臼是由于关节受到过大的力量冲击引起的。关节周围的组织断裂或拉长是扭伤，关节处于脱位状态是脱臼。不管哪种情况，都要把受伤部位充分冷却后固定。不要试图自己使关节复位或是强行扭动受伤部位使其还原，而应赶快去医院接受医生的治疗。

要注意工作场所的地面是否容易滑倒或不平，要尽早改善工作环境，防止扭伤或脱臼。扭伤或脱臼时做如下处理。

1）将扭伤、脱臼的关节固定住，用湿毛巾进行冷敷，然后送往医院。
2）膝关节、踝关节扭伤、脱臼时，应先包上一层凉毛巾，再在上面裹上三角巾或围巾，用力系紧，也可以用伸缩绷带固定住关节。
3）肩关节、肘关节和手腕扭伤、脱臼时，可以用三角巾、围巾等做成吊带，也可将手伸到上衣或衬衣的扣子之间，但一定要固定住关节。
4）股关节扭伤或脱臼时，仰面躺好，膝下垫上坐垫等物，让股关节和膝关节保持弯曲。
5）手指关节扭伤或脱臼时，手握网球大小的圆球，打上夹板，绑上绷带，以便维持患者手部机能。

九、中毒应急处置

1. 食物中毒应急处置

(1) 食物中毒的判断

1) 有胃肠道症状。如果吃完东西以后感觉胃肠不舒服,甚至出现恶心、呕吐、腹痛、腹泻等症状,或者出现头晕、惊慌等症状,并且与自己共同进餐的人也出现了相同症状。

2) 有可疑的食物或原料。进食了可疑的食物,如食物不新鲜、有异味;吃过自采的蘑菇、鲜黄花、未炒熟的扁豆、发芽的土豆;食用从非正规渠道购进的盐,或误食了某种化学物质等。

3) 出现症状的早晚。从时间上判断,化学性食物中毒反应比有毒的动、植物毒素中毒出现早。

(2) 食物中毒后的处理方法 食物中毒抢救得越早效果就越好。现场急救的原则是设法尽快催吐、洗胃,排出肠道内的有毒物质,防止毒物被吸收。症状严重的中毒人员应尽早送往医院治疗。以误食有毒蘑菇中毒为例,其应急处理方法是立即催吐、洗胃、导泻。可以采取如下措施。

1) 对中毒不久且无明显呕吐者,可先用手指、筷子等刺激其舌根部催吐;然后用 0.02%～0.05% 高锰酸钾溶液或浓茶水及 0.5% 活性炭悬浊液等反复洗胃;让中毒者大量饮用温开水或稀盐水,以减少毒素的吸收。

2) 如已有剧烈呕吐者,不用洗胃。但如果神志不清醒,呕吐时应帮助其将头偏向一侧,以防止呕吐物堵塞气管而窒息。

3) 对已陷入昏睡乃至昏迷者,则应让其平卧,解开衣领。有假牙的应取出,并将头偏向上侧。注意使身体保温,并稍抬高下肢,同时拨打急救电话。

2. 气体中毒应急处置

气体中毒应急步骤如下。

1) 应立即打开门窗通风,将中毒人员抬到有新鲜空气的地方,解开中毒人员的衣领、裤带,放低头部,并使其头向后仰,使呼吸道通畅。

2) 注意保温,防止着凉。

3) 如中毒人员已昏迷,但有呼吸和脉搏,可用手指按压刺激人中、涌泉等穴位,让其苏醒。

4) 如中毒人员神志不清,且无呼吸和脉搏,应立即做人工呼吸和胸外心脏按压,并尽快送医院急救。在送医院途中一定要持续做人工呼吸和胸外心脏按压。

第三节 其他灾害应急处置

一、自然灾害应急处置

1. 洪水应急处置

(1) 逃生

1) 在洪水到来之前,可用木盆、水桶等容器储备干净的饮用水。准备好医药、火柴等应急物品,保存好各种能使用的通信设备。

2) 离开工作区逃生前,应关闭水、电、气阀,不便携带的贵重物品做防水捆扎后埋入地下或放在高处,衣被等御寒物品要放至高处保存。

3) 注意观察,向附近地势较高、交通便利及卫生条件较好的地方转移,如高层建筑的平坦楼顶,地势较高或有牢固楼房的学校、医院等。

4) 如果洪水来势很猛,来不及转移,要立即爬上屋顶、楼房、大树、高墙等高处,等待救援。

5) 在不了解水情时,不要冒险涉水,尤其是急流,要在安全地带等待救援。

6) 如果水灾严重,所在之处已不安全,要尽可能利用船只、木板、门板、木床等,做水上转移。也可以考虑使用一些废弃轮胎的内胎制成简易救生圈。

7) 在山区,如果连降大雨,容易暴发山洪,尽量避免过河,以防止被山洪冲走。

8) 发现高压线铁塔倾倒、电线低垂或断折时,要远离避险,不可触摸或接近,防止触电。

(2) 溺水者的现场急救

1) 救人出水。

① 如溺水者浮于水面,应向水中抛投救生圈、大块木板等抢救器材或者用长杆将溺水者拉上岸。

② 如溺水者已沉入水底,抢救者应迅速潜入水中进行抢救。抢救时应注意的是,不要从正面接近溺水者,应从侧面接近,托住其腋窝或下颌部,将其救出水面。

2) 溺水者被抢救上来后,应立即清除其口鼻内泥沙、杂物,舌头后缩者应将其拉出。

倒出胃内污水:抢救者可一腿跪在地上,另一腿屈膝,将溺水者腹部放在抢救者屈膝的腿上,让其头朝下,用手按压溺水者背部,将呼吸道及腹部的水倒出来。

对呼吸、心跳停止者,立即进行人工呼吸和胸外心脏按压。

在抢救溺水者的同时,必须尽快向医院求救。另外,抢救时要注意让溺水者保暖,待其苏醒后,除进一步注意保暖外,应暂时禁食并立即送医院进一步治疗。

2. 地震应急处置

(1) 近震与远震的判断方法

1) 当感到前后或左右摇晃,或在高层楼房才有震感时,可判断地震发生在较远的地方。

2) 当先感到上下颠簸,紧接着又感到左右摇晃难以自立时,可判断地震发生在不远的地方或者人就处在震中区。

(2) 瞬间避震的基本原则

1) 就近躲避,选择室内结实、开间小、有支撑的地方,或室外开阔、安全的地方。

2) 蹲下或坐下,尽量蜷曲身体,降低身体重心,用湿毛巾捂住口鼻。

(3) 避震的方法

1) 平房避震。

① 若正处在门边,可立即跑到院子中间的空地上。

② 如果来不及跑,应迅速躲在管道多、整体性好,跨度小的厨房、卫生间、储存室等面积较小的房间内。

③ 尽量利用身边物品保护头部，如棉被、枕头等。
2）高层楼房避震。
① 迅速躲进管道多、整体性好、跨度小的厨房、卫生间、储存室等面积较小的房间内。
② 蹲下或坐下，脸朝下，用手护住头部或后颈，低头、闭眼，用湿毛巾捂住口鼻，尽量离炉具、煤气管道和极易破碎的物品远一些。
3）公共场所避震。
① 听从工作人员的指挥，有秩序地采取避震行动。
② 不要盲目拥向出口。
③ 若被人群拥挤，应双手交叉抱住胸部，保护自己。
④ 用自己的肩、背部承受拥挤压力。
⑤ 被挤在人群中无法脱身时，要跟随人群向前移动，注意防止摔倒。
4）户外避震。
① 就地选择宽阔的地方趴下或蹲下。
② 避开高耸的危险物或悬挂物，如变压器、电线杆、路灯、广告牌和吊车等。
③ 远离化工厂、仓库、狭窄的街道、破旧房屋和砖瓦木材堆等场所。
④ 远离高大建筑物，如楼房、烟囱、水塔以及立交桥、过街天桥等各种桥梁及隧道。
5）车间工作时避震。
① 立即启动应急救援预案，采取应急措施。
② 就地在坚固的机器旁躲避。
③ 不要躲在高吊的重物下面或货堆旁边。
6）井下工作时避震。
① 不要慌忙拥向井口往外逃走。
② 应在有支撑的巷道内避震。
③ 不要站在井口、井内交叉口、井下通道的拐弯处。
（4）震后自救 一旦被埋压，要有勇气和毅力，不能在精神上发生崩溃。要注意观察周围环境，寻找通道，设法爬出去。若无法爬出去，不要大声呼喊，要保存体力，尽力寻找水和食物，创造生存条件，当听到外面有人时再呼叫，或敲击出声（如敲击水管），向外界传递求救信息。

3. 泥石流应急处置

（1）判断泥石流的发生
1）根据当地降雨情况预测。
2）正常水流突然断流或洪水突然增大，并夹有较多的杂草、树枝。
3）深谷或沟内传来类似火车鸣笛声或闷雷式的声音。
4）沟谷深处变得昏暗，并伴有轰鸣声或轻微振动感。
（2）泥石流的应急处置
1）在沟谷内逗留或活动时，一旦遭遇大雨、暴雨，要迅速转移到安全的高地，不要在低洼的谷底或陡峻的山坡下躲避、停留。
2）发现泥石流袭来时，应立即丢弃重物，向与泥石流成垂直方向的两边山坡上跑，不可往泥石流的下游跑。

3）不要停留在坡度大、土层厚的凹处。
4）不要上树躲避，因泥石流可以扫除沿途一切障碍。
5）应避开河（沟）道弯曲的凹岸或地方狭小、高度又低的凸岸。
6）如果来不及逃跑，则可以蜷缩成一团，用手保护头部。
7）暴雨停止后，不要急于返回沟内，应等待一段时间。

4. 台风应急处置

我国沿海地区台风危害大，台风季来临时要时刻做好应急准备。

1）随时收听气象台发布的台风预警消息，及时掌握台风的动向，提前加固门窗，摘除室内外悬挂物，准备食物和手电筒等。
2）检查电路、炉火、煤气等设施是否安全。
3）若处于低洼地区，应暂时迁至高处。
4）不要贸然外出，以免受伤。
5）清扫排水管道，将屋外的物品移至安全场所。
6）不要靠近大树、广告牌、电线杆、高压线以及高大建筑物。
7）在电线杆、房屋倒塌的情况下，应及时切断电源，以防触电或引起火灾。
8）在户外遇到台风时，采取以下措施。

① 应把衣服扣好或用带子扎紧，以减少受风面积，最好穿好雨衣、戴好雨帽或头盔。
② 经过狭窄的桥或高处时，最好伏下身爬行。
③ 行走时，应一步一步地慢慢走，顺风时不能跑，要尽可能抓住栅栏、柱子或其他稳固的固定物行走。
④ 在建筑物密集的街道行走时，要特别注意落下物或飞来物，以免被砸伤；走到拐弯处，要停下来观察一下再走。
⑤ 如果在野外没有避难场所，不要躲在桥梁下面，可以躺在附近位置较低的洼地，用手保护头部。
⑥ 强台风过后，地面会风平浪静一段时间，不久风就会从相反的方向再度横扫过来，如果此时正在户外躲避，就要转移到原来避风地的外侧。

5. 雷电应急处置

（1）室内防雷电措施

1）大型机器设备要可靠接地。
2）不要使用带有外天线的收音机。电视机的室外天线要拔掉，并与接地线可靠连接。
3）雷雨天气时，要关好门窗，以防侧击雷和球状雷侵入。
4）雷雨天气时不要停留在高楼平台上。
5）雷暴时，人体最好离开可能有雷电侵入的线路和设备 1.5m 以上。
6）把电器的电源切断，并拔掉电源插头。
7）不要在雷电交加时用喷头冲凉，因为雷电可能会沿着水流袭击沐浴者。
8）不要打电话，以防止这些线路和设备对人体的二次放电。
9）不要靠近室内的金属设备如暖气片、自来水管、下水管；要尽量离开电源线、电话线、广播线。
10）不要穿潮湿的衣服，不要靠近潮湿的墙壁。

(2) 室外防雷电措施

1) 立即寻找避雷场所,可选择装有避雷针、钢架或钢筋混凝土的建筑物等处所,但是不要靠近建筑物的避雷针及其接地引下线。

2) 若找不到合适的避雷场所,可以蹲下,双脚并拢,双手抱膝,尽量降低身体重心,减少人体与地面的接触面积。如能立即披上不透水的雨衣,防雷效果更好。

3) 不要靠近孤立的高楼、电线杆、烟囱,更不能站在空旷的高地或到大树下躲雨。

4) 避免使用金属柄的雨伞,也不宜在旷野中打伞。

5) 打雷时,不要肩扛铁锄、铁铲等金属工具在野外行走。

6) 远离建筑物外露的水管、煤气管等金属物体及电力设备。

7) 如果感觉到头、手等处像有蚂蚁在爬,头发竖起,这表明雷击将要发生,应立即蹲在地上,而且拿掉身上佩戴的金属饰品。

8) 不要用手撑地避雷。正确姿势:双手抱膝,胸口紧贴膝盖,尽量低下头,因为头部较之身体其他部位最易遭到雷击。

9) 雷雨天气,不要进行各种户外运动,如羽毛球、高尔夫球、篮球和足球等。

10) 不要在水面和水边停留,更不要在河边洗衣服、钓鱼、游泳和玩耍等。

11) 不要快速驾驶摩托车、快骑自行车或在雨中狂奔。

12) 多人一起在野外时,应相互拉开几米距离,不要挤在一起。

13) 身处空旷地带应关闭手机。

14) 高压电线遭雷击落地时,近旁的人要当心地面"跨步电压"的电击,逃离的正确方法时:双脚并拢或用一条腿跳着离开危险地带。

(3) 雷击伤员的现场救护

1) 受雷击而烧伤或休克的人,应迅速扑灭其身上的火,并实施紧急抢救。

2) 若伤员已失去知觉,但有呼吸和心跳,则有可能自行恢复,应该让其舒展平卧,并送医院治疗。

3) 若伤员呼吸和心跳已停止,应迅速对其进行口对口人工呼吸和胸外心脏按压,并及时送往医院治疗。在送往医院的途中不能中止急救。

二、突然发病应急处置

1. 发烧应急处置

发烧是大多数疾病都有的症状,发烧时,查看是否还有其他症状,再进行处理。低烧大多数是感冒引起的,突然高烧大多数由于细菌和病毒感染症引起的。当伴有呼吸困难,剧烈头痛,呕吐等症状时,要马上接受医生的治疗。

突然发烧时,不要自行服用药物。自行服用退烧药会妨碍医生做出正确的诊断,一定要在医生的指导下服用药物。

发高烧时,有时会头胀、眼花,对于从事制造和运输工作的人来说,是相当危险的事故诱因,要立即停止工作并接受医生的治疗。此外还要保持安静,随时测量体温,观察其他症状,冷却额头等。

(1) 保持安静　用毛毯等裹住身体保温。38℃以上的发烧时,可以冷却额头,但是要注意身体不要受凉。高烧出汗时,可用干毛巾擦拭,更换衣服并及时去医院治疗。

（2）测量体温　通常把体温计放在腋下测量体温。放在口中时，则要将体温计斜着放在舌下，用舌头压住。为了正确地测量体温，不论用哪种类型的体温计，都要比规定的测量时间长 2~3min。

（3）观察其他症状　除发烧外，还要注意观察是否伴有咳嗽、出疹、痢疾，胸部是否疼痛，是否有剧烈头痛、腹痛以及呕吐等。

（4）冷却额头　冷却额头本身没有退烧作用，如果感觉不舒服时，不要强行冷却。

2. 腹痛应急处置

"肚子痛"这种说法是相当模糊的。当剧烈疼痛时，确认疼痛的地方非常重要。

（1）腹痛时

1）可松开衣服以舒服的姿势躺下。为了消除腹部的紧张，可将坐垫或是浴巾放在膝盖下，支起膝盖。还可以采取如蜷曲身体等姿势侧卧以保护腹部。

2）腹部绞痛或是疼痛过度而像虾一样蜷曲身体时是重病症，不要吃任何东西，需尽快接受医生的治疗。

（2）拉肚子时

1）要暖和、安静地躺着，可以支起膝盖仰面躺着。

2）拉肚子容易导致体内水分不足。为防止脱水症，可饮用少许凉开水或茶水补充水分。如果是急性拉肚子，要禁食半天。

3）症状好转时，可以吃一点果汁和粥，逐渐恢复到通常的饮食状态。暂时不要接触难于消化吸收、刺激性强、脂肪多的食品。

3. 头晕应急处置

头晕的原因很多，各种疾病都可以成为头晕的原因。

（1）脑贫血　血液运行不到脑部，脸色就会变青，出冷汗。当周围有人出现该症状时，可将其头部支撑在周围的物体上，注意不要让头部受压。有人倒下时，应使其头低脚高平躺。为防止气管堵塞，脸部要偏向一侧，腰带和领带要松开。

可能的话要将患者移到空气新鲜的地方。如果患者感觉到冷，可用毛毯和报纸等包裹。一般脑贫血，几分钟后意识就可恢复。意识恢复后，喝温的饮料可使患者镇静。如果意识较长时间未恢复，应立即呼叫救护车，送医院治疗。

（2）低血压　低血压头晕具有代表性的是突然站起时发生的头晕现象，即所谓的站起性头晕（站起性低血压）。除此之外，也有因血色素减少而产生的头晕，严重时脚步蹒跚。无论哪种头晕，稍微躺一会儿就可以恢复。常患有站起性低血压的人，应避免疲劳和睡眠不足，生活要有规律，吃些营养平衡的膳食。站起时要慢慢直起身体，切忌突然站起。

4. 呕吐应急处置

呕吐的原因既有因消化器官的疾病、中毒、脑部疾病、代谢异常等引起的，也有因晕车和怀孕而引起的。要冷静地观察呕吐时是否有腹痛、头晕、发烧、痉挛及头痛等症状。

由于吃东西引起的恶心是身体自我保护的反应，这样的呕吐是生物所具有的防御反应之一，可以说是告知危险的信号。

呕吐时不要让患者克制，要尽量吐出来。当患者呕吐时，应将一只手按住其胸口，另一只手抚摩其脊背。

吐后让患者漱口，并松开衣服让其侧向躺好。这是为了防止再次呕吐时呕吐物堵塞气管。

做好再次呕吐的准备，注意观察呼吸及全身状态，如果发冷，盖好棉被或毛毯。

可在胃部附近放上冰袋，稍微缓解症状，但是注意不要冷却过度。

患者嗓子干时，可让其在口中含些冰块。

仔细观察患者的其他症状，呼吸微弱时必须进行紧急人工呼吸，直到医护人员赶到。

注意：留一部分呕吐物供医生诊断。

三、公共卫生事件应急处置

1. 狂犬病应急处置

（1）概念　狂犬病是由狂犬病病毒引起的一种人、兽（畜）共患的急性传染病，多见于狗、狼、猫等肉食动物。人多因被病兽咬伤而感染，一旦发病，死亡率几乎100%。

（2）传播途径

1）被感染动物的唾液中存在着病毒，人被携带狂犬病病毒的动物咬伤或抓伤。

2）携带狂犬病病毒的动物舔人的皮肤或黏膜破损处。

（3）主要症状　狂犬病的潜伏期可短至一周或长至几个月甚至几年，临床症状多出现在10~90天。表现为特有的狂躁、恐惧不安、怕风恐水、流涎和咽肌痉挛，直至发生瘫痪而危及生命。

前期症状：伤口部位发麻、瘙痒、疼痛，顺着神经走向遍布肢体，可能会发生行为改变，主要表现为以下两种类型。

1）狂躁型。极度兴奋，光线、声音、触摸都能引起痉挛、惊厥。

2）麻痹型。表现为偏瘫或全瘫，不能说话，昏迷衰竭。

（4）应急处置

1）人被动物咬伤后，应立即到防疫部门就医。

2）及时用大量的肥皂水和清水清洗伤口。

3）24h内注射人用狂犬疫苗，即使打过防疫针，被咬人也要及时注射疫苗。

4）按照医生要求按时接种5次狂犬疫苗。

5）医生根据咬伤程度，注射抗狂犬病血清或人用狂犬病免疫球蛋白。

6）需要时对伤口进行破伤风预防和抗菌治疗。

7）除非在不得已的情况下，建议不要缝合或敞开伤口。

（5）预防

1）控制和管理传染源，加强对犬的管理，养犬要登记，要采取免疫措施。

2）高危人群要预防，接种狂犬疫苗。

3）尽量避免与动物密切接触，以防被咬伤、抓伤等。

4）被咬伤后，要到有医疗资质的诊所、医院处理伤口，接种疫苗。

5）病犬要立即击毙，然后焚烧或掩埋，严禁剥皮吃肉。

2. 流行感冒应急处置

（1）概念　流行性感冒是由流感病毒引起的一种突然发生、蔓延迅速、感染众多、流行过程短的急性呼吸道传染病。流行性感冒与普通感冒不同。

（2）传播途径

1）主要随咳嗽、喷嚏及说话产生的飞沫传播。

2）通过病毒污染的茶具、食具、毛巾等间接传播。

3）病毒传播的速度和广度与人口密度有直接关系。

（3）主要症状

1）具有普通感冒的症状。

2）有明显的怕冷、发热甚至高烧、剧烈咳嗽、头痛和全身肌肉酸痛等病症。

3）极易引起支气管炎、肺炎、心肌炎和中枢神经系统并发症等疾病。

4）孕妇发生流感还可能导致胎儿死亡。

（4）应急处置

1）早发现，早诊断，早隔离，早治疗。

2）流感患者外出应戴口罩。

3）要多喝水，按时服药，脱水者要适当补液。

（5）预防

1）要注意隔离传染病源，与患者接触要戴口罩。

2）餐具、用具、衣物等要及时消毒。

3）在流感流行期间，尽量减少参加集会活动。

4）搞好室内外卫生，常开窗户通风换气。

5）加强体育锻炼，增强体质，注意劳逸结合。

6）注意个人卫生。

第四节 企业应急处置流程与岗位处置卡

一、企业应急处置流程

企业应急处置流程如图 7-1 所示。

二、岗位处置卡

1. 企业负责人应急处置卡（见表 7-3）

表 7-3 企业负责人应急处置卡

序号	处置措施
1	接到现场报警后，如造成人员伤亡，在 1h 内将事故情况上报所在地县级以上应急管理部门
2	当需要启动应急预案时，第一时间下令。到达现场成立应急指挥部，担任总指挥，通过应急指挥部办公室通知应急指挥部各成员和相关单位
3	根据事故情况，结合各应急指挥部成员（如现场救援组、技术指导组等）意见，指挥应急救援工作
4	如判断企业无法独立完成救援工作，通过指挥部办公室向政府相关部门请求支援
5	在政府应急指挥部成立后，向其移交指挥权，介绍事故情况，做好后勤保障工作，配合开展救援
6	配合事故调查处理，抚恤伤亡人员，总结应急工作经验，落实整改措施

第七章 应急管理处置

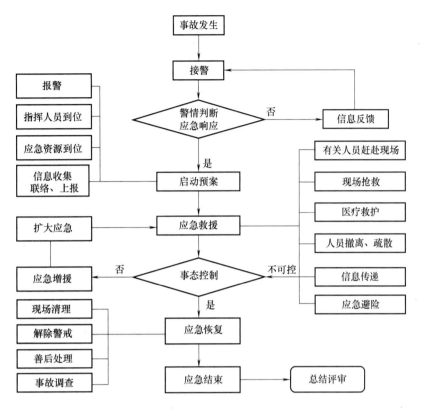

图 7-1 企业应急处置流程

2. 抢险救援负责人应急处置卡（见表 7-4）

表 7-4 抢险救援负责人应急处置卡

序 号	处 置 措 施
1	接到应急指挥部通知后，第一时间到达现场，接受指挥
2	第一时间通知抢险救灾组成员和企业应急队伍到达现场，做好应急准备
3	会同技术指导组协助总指挥制定事故抢险方案
4	在总指挥的指挥下，组织抢险救灾组成员和企业应急队伍按照应急预案疏散事故现场人员，进行事故抢险救援
5	当判断企业层面无法进行救援时，向总指挥提议请求外界支援，并组织人员采取防止事故损失扩大的冷却、隔离、转移重要物资等处置工作
6	当外界支援力量到达后，组织人员协助其开展事故救援，并做好后勤保障工作
7	事故救援工作结束后，负责事故现场及有害物质扩散区域内的洗消工作并保护现场，配合开展善后处理和事故调查工作

3. 火灾事故应急处置流程卡（见表 7-5）

表 7-5　火灾事故应急处置流程卡

序　号	处　置　措　施
1	火情发现者立即停止作业，第一时间向上级报告事故信息
2	若火势较小，直接用灭火器对着火点进行灭火，附近其他人员进行支援，同时对其他未着火的地方进行防护，防止火势扩大
3	电气火灾必须切断电源后才能灭火，如果不能确认是否切断电源，严禁使用水灭火
4	若火势扩大，切断总电源。企业应急指挥部门对火灾、爆炸现场进行警戒，同时疏散人员及企业周边居民。如有人员伤亡，救出伤员进行现场急救，并及时将伤员转送医院
5	抢险人员要穿戴好必要的应急装备（呼吸器、防护服、灭火器材），防止自身受到伤害
6	做好现场保护，等待调查处理

4. 机械伤害事故应急处置流程卡（见表 7-6）

表 7-6　机械伤害事故应急处置流程卡

序　号	处　置　措　施
1	事故发现者第一时间关闭机械设备（如条件允许进行断电处理），报告事故信息
2	附近人员对受伤人员实施抢救。抢救过程参照人身伤害事故专项应急预案和简易处置流程，并及时将伤员转送医院
3	抢险人员要穿戴好必要的保护装备（工作服、工作帽、手套、工作鞋和安全绳等），以防自身受到伤害
4	抢险过程中，抢险人员应保持通信联络畅通并确定好联络信号，在抢险人员撤离前，监护人员不得离开监护岗位
5	做好现场保护，等待调查处理

5. 常见伤害事故应急处置流程卡（见表 7-7）

表 7-7　常见伤害事故应急处置流程卡

轻微损伤	立即用消毒剂清洗伤口周围，但要小心勿触及伤口
	如无消毒药水，可以用清水洗涤伤口，并用消毒纱布遮盖伤口
	提醒伤者，若伤口发生红肿或刺痛时，立即就医
眼睛受伤	化学物品（二甲基甲酰胺、甲苯等不与水发生剧烈反应的化学物品）入眼，立即用大量清水冲洗眼睛
	冲洗时须将眼睛张开，使水能流过眼球，最少应冲洗 10min
	外物入眼或眼睛被碰伤，用纱布将眼睛轻轻遮盖，立即就医
流血	若伤口没有异物，用消毒纱布包扎伤口，并用手紧压该处
	若伤口有异物，包扎前放上敷垫来遮盖伤口包扎
	立刻拨打救护车电话或立即就近送医
骨折	稳定支持受伤部位，不要轻易移动伤者
	用木棍和绳索进行固定，用护垫保护伤者
	拨打救护车电话或立即就近送医

（续）

休克	伤者平躺，将伤者头部靠低，尽量垫高足踝
	松开伤者的衣领和腰带
	切勿随便移动伤者
	立刻拨打救护车电话或立即就近送医
陷入昏迷	评估伤者反应，轻摇伤者肩膀，大声、清楚地向伤者发问，观察反应程度
	发现伤者无反应，清除伤者鼻咽部位分泌物或异物，保持呼吸道畅通
	检查伤者，如出血要马上止血
	使伤者侧卧位躺下，拨打救护车电话或立即就近送医
烧伤	轻微伤，在伤处浇水10min，然后用消毒纱布遮盖伤处
	严重烧伤，拨打救护车电话或立即就近送医

6. 电工岗位应急处置卡（见表7-8）

表7-8 电工岗位应急处置卡

事　故	处　置　措　施
触电	接触配电设备时，首先用验电器测试设备表面是否带电，防止触电。若发生触电，立即切断电源或使人体脱离带电体，进行现场急救；同时向上级汇报，送伤者就医
电灼伤	停止操作，远离带电体，断开电源，同时向上级汇报，送伤者就医
电气火灾	检查配电设备时，如果各种电器元件接触部位有氧化腐蚀现象，立即断电检查，以防烧损设备或导致电气火灾。发生电气火灾后，首先设法及时切断电源，然后进行扑救。如果不能及时切断电源，可用二氧化碳、干粉灭火器灭火，同时向上级汇报，拨打火警电话119

7. 驾驶人岗位应急处置卡（见表7-9）

表7-9 驾驶人岗位应急处置卡

风险提示	复杂路面的物体、行人以及其他交通工具导致的交通事故；雨、雪、雾等特殊天气导致的交通事故
	行车过程中，由于车辆部件老化、异常导致的机械事故
	修车时由于操作不当而发生的设备伤人事故
	车辆尾气的污染以及各种油品的跑冒滴漏，造成的环境污染
应急处置	复杂天气、路面情况下发生事故，应保护现场，拨打122电话报警，同时向上级汇报
	如制动失灵，观察车辆周围情况，利用手刹、发动机转速控制车辆速度，减速停车
	车辆有机械故障，应紧急制动，靠边停稳后，下车处理

8. 罐区焊工岗位应急处置卡（见表7-10）

表7-10 罐区焊工岗位应急处置卡

事　故	处　置　措　施
火灾爆炸	发生着火爆炸后，首先紧急撤离，同时向上级汇报。启动应急预案，在安全的条件下采取灭火措施，转移易燃易爆品到安全地点，防止二次爆炸发生

(续)

事　故	处　置　措　施
触电或电灼伤	立即切断电源或使人体脱离危险源，同时向上级汇报，进行现场急救，送医院继续救治
烫伤	应立即用大量清洁冷水冲洗，同时向上级汇报，送医院继续救治
高处坠落	头部先着地，有呕吐、昏迷症状，可能颅脑损伤，立即送医院抢救 伤者耳鼻出血，严禁用手帕、棉花、纱布去堵塞 伤者腰背部先着地，可能脊柱骨折，下肢截瘫，不要随意翻动 顺伤员躯干轴线，滚身移至硬担架或木板床上，取平卧位，运输过程中注意减少颠簸 发现伤者，立即拨打急救电话，同时向上级汇报
机械伤害	立即停止操作，脱离危险源，采取止血、包扎等现场急救措施，同时向上级汇报。拨打急救电话送医院救治
窒息中毒	发现人员窒息、中毒，立即将其转移到通风良好和有新鲜空气的地方，解开领扣裤带，注意保暖，采取心肺复苏等急救措施，立即拨打急救电话，同时向上级汇报

9. 电梯管理岗位应急处置卡（见表7-11）

表7-11　电梯管理岗位应急处置卡

事　故	处　置　措　施
触电	迅速切断电源，或者用绝缘物体挑开电线或带电物体，使伤者尽快脱离电源 将伤者移至安全地带 若触电者失去知觉，应使其平卧，解开衣服，以利呼吸；若触电者呼吸、脉搏停止，必须实施人工呼吸或胸外心脏按压法抢救 向上级报告，并拨打急救电话，送医院救治
高处坠落	迅速将伤者移至安全场地 若伤者发生窒息，立即解开衣领，清除口鼻异物；若伤者出血，包扎伤口，有效止血；若伤者骨折，立即固定 向上级报告，并拨打急救电话，送医院救治
机械伤害	停电，使电梯停止运转 采取正确方法使伤者受伤部位与机械脱离 向上级报告，并拨打急救电话，送医院救治
碰伤扭伤	立即停止工作 轻微流血时，进行止血包扎 伤情严重，拨打急救电话，送医院救治
电梯困人	拨打电梯报警电话，通知救援人员并安抚乘客 救援人员到达现场，断电并确认电梯轿厢位置 如电梯停留在平层位置可直接用专用钥匙开启电梯门将乘客救出 如果电梯不在平层位置，应严格遵循盘车规范进行放人 两名救援人员进入机房，利用盘轮及松闸扳手将电梯轿厢盘放至平层区域 救援人员用专用钥匙开启电梯门将乘客救出

（续）

事　　故	处　置　措　施
电梯故障	电梯失速坠落时，两腿应微微弯曲，上身向前倾斜，应对可能受到的冲击 保持镇静，用电梯内的警铃、对讲机或电话与救援人员联系，等待外部救援 电梯停运时，不要轻易扒门爬出，以防电梯突然开动 乘梯途中若发生火灾，将电梯在就近楼层停梯，并迅速利用楼梯逃生

第八章 应急救援与急救知识

第一节 应急救援概述

一、应急救援基础

按照《中华人民共和国突发事件应对法》的有关规定,现场应急救援的主要内容可分为三种。

1. 自然灾害、事故灾难或者公共卫生安全事件发生后的现场应急救援

自然灾害、事故灾难或者公共卫生安全事件发生后,履行统一领导职责的人民政府可以采取一项或者多项应急处置措施。

1) 组织营救和救治受害人员,疏散、撤离并妥善安置受到威胁的人员以及采取其他救助措施。

2) 迅速控制危险源,标明危险区域,封锁危险场所,划定警戒区,实行交通管制以及其他控制措施。

3) 立即抢修被损坏的交通、通信、供水、排水、供电、供气、供热等公共设施,向受到危害的人员提供避难场所和生活必需品,实施医疗救护和卫生防疫以及其他保障措施。

4) 禁止或者限制使用有关设备、设施,关闭或者限制使用有关场所,中止人员密集的活动或者可能导致危害扩大的生产经营活动以及采取其他保护措施。

5) 启用本级人民政府设置的财政预备费和储备的应急救援物资,必要时调用其他急需物资、设备、设施、工具。

6) 组织公民参加应急救援和处置工作,要求具有特定专长的人员提供服务。

7) 保障食品、饮用水、燃料等基本生活必需品的供应。

8) 依法从严惩处囤积居奇、哄抬物价、制假售假等扰乱市场秩序的行为,稳定市场价格,维护市场秩序。

9) 依法从严惩处哄抢财物、干扰破坏应急处置工作等扰乱社会秩序的行为,维护社会治安。

10) 采取防止发生次生、衍生事件的必要措施。

2. 社会安全事件发生后的组织处置工作

社会安全事件发生后,组织处置工作的人民政府应当立即组织有关部门并由公安机关针对事件的性质和特点,依照有关法律、行政法规和国家其他有关规定,采取下列一项或者多项应急处置措施。

1) 强制隔离使用器械相互对抗或者以暴力行为参与冲突的当事人,妥善解决现场纠纷和争端,控制事态发展。

2) 对特定区域内的建筑物、交通工具、设备、设施以及燃料、燃气、电力、水的供应进行控制。

3) 封锁有关场所、道路,查验现场人员的身份证件,限制有关公共场所内的活动。

4) 加强对易受冲击的核心机关和单位的警卫,在国家机关、军事机关、新华通信社、广播电台、电视台、外国驻华使领馆等单位附近设置临时警戒线。

5) 法律、行政法规和国务院规定的其他必要措施。严重危害社会治安秩序的事件发生时,公安机关应当立即依法出动警力,根据现场情况依法采取相应的强制性措施,尽快使社会秩序恢复正常。

3. 其他现场救援

履行统一领导职责或者组织处置突发事件的人民政府,必要时可以向单位和个人征用应急救援所需设备、设施、场地、交通工具和其他物资,请求其他地方人民政府提供人力、物力、财力或者技术支援,要求生产、供应生活必需品和应急救援物资的企业组织生产,保证供给,要求提供医疗、交通等公共服务的组织提供相应的服务。履行统一领导职责或者组织处置突发事件的人民政府,应当组织协调运输经营单位,优先运送处置突发事件所需物资、设备、工具、应急救援人员和受到突发事件危害的人员。受到自然灾害危害或者发生事故灾难、公共卫生事件的单位,应当立即组织本单位应急救援队伍和工作人员营救受害人员,疏散、撤离、安置受到威胁的人员,控制危险源,标明危险区域,封锁危险场所,并采取其他防止危害扩大的必要措施,同时向所在地县级人民政府报告;对因本单位的问题引发的或者主体是本单位人员的社会安全事件,有关单位应当按照规定上报情况,并迅速派出负责人赶赴现场开展劝解、疏导工作。突发事件发生地的其他单位应当服从人民政府发布的决定、命令,配合人民政府采取的应急处置措施,做好本单位的应急救援工作,并积极组织人员参加所在地的应急救援和处置工作。突发事件发生地的公民应当服从人民政府、居民委员会、村民委员会或者所属单位的指挥和安排,配合人民政府采取的应急处置措施,积极参加应急救援工作,协助维护社会秩序。

二、现场情况评估

突发事件发生后,对伤病人员进行初步紧急鉴别、评估是实施医疗救助最重要的事情,可方便采取及时有效的处理。一般方法是通过实地感受、观察、聆听、嗅闻等,对异常情况做出判断,并遵循救援行动程序,利用现场的人力和物力实施救援。

1. 现场环境评估

1) 要确认现场周围环境,包括地形、地貌等地理条件,现场周围可以利用的资源。

2) 要确认突发事件现场的范围及规模,包括人员伤亡的数量和程度,公共设施及环境破坏程度,需要何种支援、可能采取的救援行动。

3) 要确认进入、撤出现场的最佳途径,突发事件现场多混乱不堪、一片狼藉,使急救工作无从下手,严重影响营救、急救的进程,因此必须选择好进入、撤出现场的路径,保证现场救援顺利进行。

4）要确认通信信息传递畅通无阻,在山区、边远或欠发达地区,种种客观原因可能导致通信信息传递不良而影响到急救指令、信息的传递,因此要做好必要的准备,保证急救指令上通下达。

5）要确认是否存在继续造成人员伤害的危险因素。

上述巡视确认只是大致了解,要在尽可能短的时间内完成,使指挥者和医护人员心中有数,以便迅速开展急救工作。进入现场救援前确认周边环境安全（眼睛环视四周、张开双臂,同时大声说出我已确认环境）。

2. 伤病人员评估

突发事件发生后对人员进行伤病情况评估是第一位的,必须迅速做出大致的评估,尽快了解情况。首先是受伤人数；然后一般将伤病情况分为轻、中、重、危重、死亡。致病原因分为外伤、中毒等；受伤部位包括体表、内脏、头颅、躯干、肢体；是否为骨折、软组织损伤；是闭合伤还是开放伤；是否存在再次致伤、致病的因素,伤病人员生命体征是否稳定,以及抢救的次序均需予以明确。遵循先重后轻,先救后送,快速稳妥的原则进行现场救援。

3. 安全保障评估

在进行现场救援时,导致意外事件发生的原因可能会对参与救援的人员造成危险,如未完全坍塌的建筑、矿井,倾覆的车体、船体、机舱,燃烧未尽的现场,持续中的风暴潮、泥石流,以及未切断的电源,泄漏的煤气管道等。因此有人提出,只有有效确保营救人员的安全,才能有效营救遇险人员。现实生活中营救人员成为被救者的情况时有发生,原因就在于对安全评估不足。必要时,必须采取相应的保护或防范措施。

4. 人员防护评估

突发事件个人防护必须有的放矢,具有较强的针对性,一般根据不同的现场和任务采取不同的防护措施。所以各单位应根据各自的具体情况进行准备,各种防护用品上标有明确的识别标志。个人防护设备必须放在容易获取的地方,以便现场急用。对于特殊防护设备,必须掌握相关知识,通过培训或按使用说明正确地使用。

三、现场救援的组织

现场救援,即面对面的抢救,是一线急救,必须根据事先的急救信息和现场具体情况制订一套科学的急救程序。现实生活中欲速则不达的经验教训已经不少,借鉴有关抢险救灾、战伤急救资料和经验,突发事件现场应急救援的组织和装备应从以下几方面考虑。

重大灾害灾难意外伤害事件的应急救援,具有很强的时效概念,例如美国马里兰州急救系统将灾难急救分为三个阶段。即：三阶段时效概念。第一阶段是灾难发生后 6h 之内；第二阶段为灾难发生后 6~48h；第三阶段为灾难发生后 48h 以上。

灾难应急救援工作绝大多数集中于灾难发生后的第一阶段,少数情况将延续到第二阶段甚至以后。当然在现场救援过程中还应该遵循具体客观情况和救援人员专业技术特点,不能不分"青红皂白"地"急",不讲方法、不讲科学地"快"。

注意：进入现场救援前同样要先确认周边环境是否安全。

四、检伤分类

检伤分类是在突发公共卫生事件时，对伤员实施有效救治的重要环节之一，是灾难医学的重要组成部分，也是灾害、各类事故现场医疗急救的首要环节。突发灾害和意外事件发生后，往往瞬间在现场同时造成大量伤员，此种情况下，首要的救援措施就是要快速检伤分类，尽快将重伤员从伤亡人群中筛选出来；然后再分别按照伤情的轻重，依照先后顺序给予医疗急救和转运送院。

1. 检伤分类的发展和现状

检伤分类（Triage）一词由法文"trier"变化而来，表示"分类、排序"的意思，检伤分类也称为伤员鉴别分类或治疗优先分类，是根据患者需要得到医疗救援的紧迫性和救活的可能性等在战场上决定哪些人优先接受治疗的方法。这个概念早在第一次和第二次世界大战期间就应用于伤兵的现场处置，后来逐步发展并形成了大型灾难和医院急诊患者的病情评估。一般认为 Baron Dominique-Jean Larrey 医生最早在战场上使用急救检伤分类，即对最需要救治的病员马上进行撤离和救治，而不是等到漫长的战斗结束才处理。英国海军外科医生 John Wilson 提出，外科医生应该将主要精力集中在那些需要马上治疗而且预期治疗效果明显的伤员身上，那些受伤较轻或者受了致命伤害的伤员可以暂时延缓治疗。

急救检伤分类系统经过不断改进，在第一次世界大战中被广泛应用。第二次世界大战中由于新的武器和抗生素的应用，军医们发展出更加详细的急救检伤分类系统。1963 年美国 Yale New Haven Hospital 最早成立急诊检伤分类制度，由医师评估患者并将患者分为危急（emergent）、紧急（urgent）和不急（non-urgent）三类。此后不同的国家和地区有不同的分检方法，如我国台湾于 1999 年即开始实施新急诊五级检伤分类标准。该分类标准较为详细，根据患者病情如呼吸窘迫度、血流动力变化、意识程度、体温、疼痛程度、受伤机制等经急诊专业人员加以筛检，辅以计算机系统判读，将疾病按危急程度进行分类。时至今日，由于医疗卫生资源充足，突发现场的大量伤员能迅速转移到装备齐全、医疗水平高的医院进行救治。因此，急救检伤分类所要考虑的主要问题是最先将谁转移到战地医院进行治疗。

随着突发意外事件和现代大面积杀伤武器如原子弹、化学武器、生物武器等的出现，现场急救检伤分类也随之改进，采用先进合理的现场分类方法，使其不断向更有助于伤员的急救的方向发展。

2. 现场检伤分类的目的

检伤分类的目的就是在突发的灾害事故现场，利用有限的医疗资源，尽快将众多伤员分为不同等级，按伤势的轻重缓急有条不紊地展开现场医疗急救和梯队顺序转送，使轻伤员迅速脱离现场，重伤员及时得到救治，从而提高灾害救援效率。同时，通过检伤分类可以从宏观上对伤亡人数、伤情轻重和发展趋势等做出全面、正确的评估，以便及时、准确地向有关部门汇报灾情，指导灾害救援，判断是否增援。在灾害现场对每位伤员均应进行检伤分类，确定其伤情等级，决定是否给予优先救治和转送，对重伤员全身伤情和局部伤的变化进行动态观察，对照比较创伤评分，有助于全面且准确地判断伤情和严重程度，采取有效救治措施，提高伤员救治的成功率。

检伤分类的另一目的是尽快了解灾害事故、遇难者及抢救者的整体情况。灾害事故现场急救要求在有限的时间、空间、人力和物力条件下，发挥急救人员的最大效率，尽可能多地拯救生命、减轻伤残及后遗症。如果发现生命垂危的伤病者，首先对这部分患者实施紧急抢救，以拯救其生命，而对轻伤的患者则可稍后处理。

3. 检伤分类的意义和分级

（1）检伤分类的意义

1）通过分类，可以使有限的医疗资源优先救治危重伤员，有效解决轻重伤员之间、个体和群体伤员之间，传染、沾染、染毒伤员与普通伤员之间的救治矛盾。

2）掌握现场伤员检伤分类的程序、急救措施、后送的先后次序、体位和适应证等。既往的实践证明，战争、大型事故及灾难往往导致大批伤员产生，当成批伤员出现时，若不首先对他们进行分类，则无法实施有效的救治。

3）通过分类，可以保证危重伤病员优先得到救治；传染性伤病员得到及时隔离治疗；轻伤病员得以留治；有放射性沾染、化学染毒和生物战剂污染的伤病员得到洗消；需后送的伤病员得以安全及时的后送。

4）伤员现场分类是伤员救治的一项重要措施，组织好伤病员的分类可以避免现场医疗工作的混乱现象，快速分流伤病员，建立正常的工作秩序。从而发挥卫勤人力、物力的最大效益。

（2）检伤分级

1）检伤分级。1级表示复苏急救，说明患者情况极其紧急，即将危及生命，需要立即接受紧急处理；2级表示危急，患者相当痛苦或生命征象异常，有潜在性危及生命、肢体、器官功能状况，需在10min内处理；3级表示紧急，病人情况可能持续恶化需要急诊处置，应在30min内处理；4级表示次紧急，患者多为慢性疾病急性发作或某些疾病的并发症，应在60min内处理；5级表示非紧急，可延后处理。

2）检伤分类标准。目前国际上的检伤分类渐趋于一致，大致上分为立即治疗（T1）、延后治疗（T2）、轻伤（T3）及期待治疗（T4）共四级，分别用不同的颜色来加以区别和显示。T1以红色表示、T2以黄色表示、T3以绿色表示，T4在不同的国家及地区则不尽相同，大多数国家和地区用黑色，英国则使用白色。

3）检伤分类后伤员救治顺序。常见救治顺序有以下几种。

① 轻伤，处理后能继续工作的伤员；严重受伤，需要手术或康复的伤员；无望，治疗无效或者濒死的伤员。较轻的伤员进行优先救治，因为这些伤员在简单处理后，能够返回岗位继续工作。

② 紧急而且治疗起来相对简单的伤员应当优先救治，紧急但是治疗必须花费大量时间的伤员则需等待，以便在有限的时间及资源的前提下使最多的伤病员得到最大的受益。

③ 急救检伤分类执行员使用一系列已经制定好的方案或者标准决定每个病人将要接受的治疗或者接受治疗的优先顺序流程如图8-1所示。

若伤员可以行走，标为绿色，并指引到安全区域；不能行走的检查其呼吸、循环和意识，检查呼吸分两种，本身没有呼吸的，开放气道，若打开气道仍然没有呼吸，标记为黑色，若开放气道恢复呼吸，标记为红色。本身有呼吸的检查呼吸频率，大于30次/min，标记为红色，小于30次/min钟接着检查外周循环。若毛细血管充盈时间（用t表示）大于2s或不可触及桡动脉，标记为红色并控制出血；若充盈时间小于2s或触及桡动脉的，接着检

第八章 应急救援与急救知识

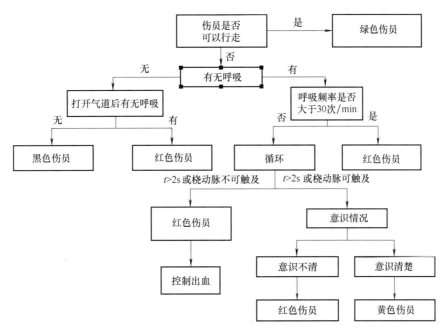

图 8-1 急救检伤分类执行员工作流程

查意识。不能遵循简单指令，标记为红色，能够遵循简单指令，标记为黄色。

对每个人的检伤分类不能超过 30s，检伤分类时只纠正气道梗阻和控制出血，不做心肺复苏。

第二节 现场应急救援技能

一、心肺复苏术

1. 心肺复苏的概念

心肺复苏术是挽救心跳呼吸骤停伤员或患者的急救技术。它分为两种方法：一是人工呼吸法，二是胸外心脏按压法。两者结合有节奏地交替重复进行。

2. 心肺复苏的重要性

当心跳呼吸骤停后，呼吸循环即告终止，在呼吸循环停止 4~6min 后脑组织即发生不可逆转的损伤，心跳停止 10min 后，脑细胞基本死亡，所以必须争分夺秒，采用心肺复苏术进行现场急救。

3. 心肺复苏适应症（CPR）

适用于多种原因引起的呼吸、心搏骤停的伤病员，如急性心肌梗死、严重创伤、电击伤、挤压伤、踩踏伤和中毒等。

4. 心肺复苏操作步骤

（1）判断伤员有无意识　轻拍伤员的肩部，并大声呼喊，如果伤员没有反应（如睁眼、说话、肢体活动等），说明没有意识。

（2）呼救　若无意识，立即呼叫尽可能多的专业人员参加急救，并拨打急救电话。

（3）抢救的体位　抢救伤员的正确体位是水平仰卧位，即伤员平卧，头、颈、躯干不能扭曲，两上肢放在躯干旁边，抢救者应跪在伤员肩部上侧，这样就不需要移动自己膝部，也可依次进行人工呼吸和胸外心脏按压。

（4）保持呼吸道畅通

1）将伤员衣领口、领带、围巾等解开。

2）用一只手掌根部置于伤员前额使头后仰，另一只手的食指和中指置其下颌处，抬起下颌。

3）用手或器具去除口腔内的异物。

注意：

① 抬颌的手指不要压迫颌下软组织。

② 抬颌，使咽喉和气道在一条水平线上。

（5）判断伤员有无呼吸　若无呼吸，必须进行人工呼吸。

（6）人工呼吸

1）维持伤员气道畅通。

2）用压前颌的那只手的拇指、食指捏紧伤员的鼻孔，另一只手托下颌。

3）抢救者深吸一口气，用口紧贴并包住伤员口部用力吹气，使胸廓扩张。

4）如果伤员的牙关紧闭或口腔严重受伤，可用一只手使伤员的口紧闭，做口对鼻人工呼吸。按压角度，成人90°、幼儿60°、婴儿30°，尽量不中断做5个循环（每按压30次做2次口对鼻人工呼吸）后重新评估。

5）用力吹气并观察伤员胸部有无起伏，确认人工呼吸是否有效。

6）一次吹气完毕后，抢救者与伤员的口脱开，并吸气准备第二次吹气。吹气频率一般为15次/min。要缓慢均匀吹气，每次吹气时间持续1s以上，吹气量要能使伤员胸部起伏。人工呼吸操作过程如图8-2所示。

（7）判断伤员有无脉搏

1）若有脉搏，继续人工呼吸。

2）若无脉搏，在进行人工呼吸的同时进行胸外心脏按压。

（8）胸外心脏按压

1）正确的按压部位是胸骨下切迹上两横指的地方。

2）将一只手掌根重叠在另一只手上，十指相扣，掌心翘起，上半身前倾，双臂伸直，垂直向下，放在按压点上，双手手指交叉或伸直，但不接触胸壁，然后平稳地用力有规律地按压。

3）单人抢救时，以每分钟按压胸部80次为宜。吹气和按压同做时，可按压30次，吹气2次，尽量连续完成50个这样的循环。

4）对于成人，按压深度为使其胸骨下陷4~5cm，如图8-3所示。对于儿童，按压深度为3cm。每次按压后，要全部放松。

5）按压时观察伤病员反应及面色。

（9）心肺复苏有效指征

1）伤病员面色、口唇由苍白、青紫变为红润。

2）恢复自主呼吸及脉搏跳动。

第八章 应急救援与急救知识

a) 判断意识　　　　　　　　　b) 摆体位

 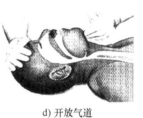

c) 清除异物　　　　　　　　　d) 开放气道

e) 判断呼吸

f) 口对口人工呼吸

图 8-2　人工呼吸操作过程

3）眼球活动，手足抽动，发出呻吟。

（10）胸外心脏按压常见错误

1）手掌根部贴在胸骨外，手指也压在胸壁上。

2）定位不准，或偏下。

3）按压时肘部弯曲不垂直。

4）放松时抬手离开胸骨定位点。

5）放松时未能使胸部充分回弹。

（11）自动体外除颤器（AED）的操作

1）开通电源。

2）粘贴电极板。

3）分析心律。

4）实施除颤。

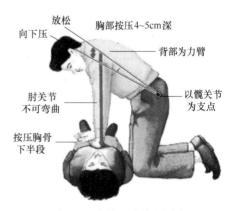

图 8-3　胸外心脏按压示意

145

二、外伤止血

将伤口冲洗干净后,在伤口处包上干净的布(或干净的手绢),紧紧压住。

1. 止血点压迫法

采用止血点压迫法时需将伤口抬至高于心脏的位置。

(1)上臂动脉　用四根手指掐住上臂的肌肉并压向臂骨。

(2)大腿动脉　用手掌根部压住大腿中央稍微偏上点的内侧。

(3)桡动脉　用3根手指压住靠近拇指根部的地方。

2. 止血带止血法

对于四肢大出血时,必须采用止血带止血法。

(1)橡皮带止血　用弹性良好的橡皮管或橡皮带捆扎肢体,上肢可扎在上臂上部1/3处,下肢扎于大腿的中部。

(2)布料止血带止血　在没有橡皮止血带的紧急情况下,用三角巾、腰带、布条等环绕肢体打一个活结,在结下放一根短棒,旋转短棒使带绞紧,等出血停止后,拉紧活结固定木棒。

1)注意事项:

① 止血带与皮肤间应加一层垫布。

② 扎止血带要松紧适度,以止住血为宜。

③ 止血带要尽可能靠近伤口。

④ 肢体受严重挤压或伤口远端肢体严重缺血时,禁止使用止血带。

⑤ 标明绑扎止血带的时间。

2)大量吐血时的处理方法:

① 让伤员侧向躺好,解开衣扣和腰带,不要让身体有任何束缚。

② 用凉毛巾或冰袋冷敷伤员腹部,保持静卧直到救护车到来。

三、创伤包扎

伤口是细菌入侵人体的门户,所以受伤后如果没有条件进行清创手术,就必须现场包扎。

1. 三角巾包扎法

(1)头顶帽式包扎　包扎时把三角巾底边折叠两指宽,中间放在前额,顶角拉向后脑,拉紧两底角,经两耳上方绕到头的后枕部,压住顶角,交叉返回前额打结,如图8-4所示。

(2)面部包扎　将三角巾顶角打一个结,在适当位置剪孔(眼、鼻、嘴处)。打结处固定于头顶处,三角巾罩于面部,剪孔处正好露出眼、鼻、嘴,再将三角巾左右两角拉到颈后交叉再绕到前面打结。

(3)胸部和背部包扎　如右胸受伤,把三角巾的顶

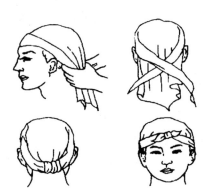

图8-4　头顶帽式包扎

角放在右肩上，把左右底角拉到背后，在右面打结，然后再把右角拉到右肩上与顶角打结。如伤在左胸，把顶角放在左肩上，反向包扎。

（4）腰部包扎　如有内脏脱出，先在脱出处放一块干净纱布，再在纱布上扣一个大小适宜的碗，三角巾顶角放在两大腿中间，两底角拉在背后在背部打结，然后再从两大腿中间向后拉紧顶角打结固定。

（5）手足部包扎　包扎时将手指或脚趾放在三角巾顶角部位，提起顶角向上折在手背或足背上面，然后把左右底角拉起在手背或足背上，交叉缠绕几圈再向上拉到手腕或足腕的左右两侧缠绕打结。

（6）膝肘部包扎　包扎时根据伤情，把三角巾折成适当宽度的带状，然后把它的中段斜放在膝或肘的伤处，两端拉向膝或肘后交叉，再缠绕到膝或肘前外侧打结固定。

2. 绷带包扎法

（1）环形包扎法　将绷带缠成环形的重叠状在腹部、脖颈等处包扎。

（2）螺旋形包扎法　绷带绕受伤部位螺旋包扎。

（3）"8"字形包扎法　适用于手和关节伤口的包扎。包扎时一圈向上，一圈向下，呈"8"字形来回包扎，每圈在中间和前圈相交，盖压前一圈的1/2。

四、骨折固定

对于骨折、关节严重损伤、肢体挤压和大面积软组织损伤的伤员，应采取临时固定的方法，减少并发症，方便转运。

1. 固定材料

固定材料有木制夹板、充气夹板、钢丝夹板、可塑性夹板和其他制品。

2. 固定方法

（1）脊柱骨折固定法　使伤员平直仰卧在硬质木板或其他板上，然后用几条带子把伤员固定，使伤员不能左右转动。

（2）上肢骨折固定法　取屈肘位，与直角夹板绑好后用带子悬吊于颈部，维持肘关节弯曲至90°，如图8-5所示。

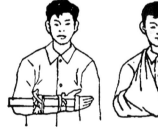

（3）下肢骨折固定法　取伸直位，与直木板固定。

图8-5　上肢骨折固定法

几种常见骨折固定法如图8-6所示。注意：选择固定材料时应长短、宽窄适宜，固定骨折处上下两个关节，以免受伤部位的移动。

五、伤员搬运

1. 搬运原则

1）现场救护后，要根据伤员的伤情轻重分别采取搀扶、背运、双人搬运等措施。

2）疑有脊柱、骨盆、双下肢骨折时不能让伤员站立。

3）疑有肋骨骨折的伤员不能采取背运的方法。

4）伤势较重，有昏迷、内脏损伤、脊柱骨折、骨盆骨折、双下肢骨折的伤员应采取担

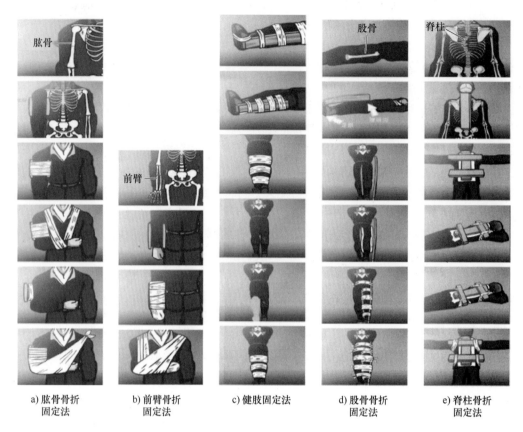

图 8-6　几种常见骨折固定法

架搬运法。

5）尽量多找一些人来搬运。

6）观察伤员呼吸和脸色的变化。

7）如果是脊椎骨折，不要弯曲、扭动伤员的颈部和身体。

8）不要接触伤员的伤口。

9）要使伤员身体放松。

10）尽量将伤员放到担架或平板上进行搬运。

11）现场如无担架，制作简易担架，并注意禁忌范围。

2. 搬运方法

（1）单人搬运法　将双臂从伤员身后插入腋下，紧握住伤员一只手臂，尽量平衡地搬运。

（2）多人平托法　几个人分别托住伤员颈、胸、腰、腿部，一起进行。

（3）担架搬运法　把伤员移至担架，头部向后，足部向前。抬担架行走时，两人速度要相同，平稳前进。向高处抬时，担架前面的人手要放低，要弯着腿走，担架后面的人要抬在肩上，勿使担架两头高低相差太大，向低处抬时则相反。担架的两旁都要有人看护，防止伤员翻落，伤员头部应始终向上。

（4）其他搬运法 用折叠椅、毯子、木板等代替担架进行搬运，如图8-7所示。

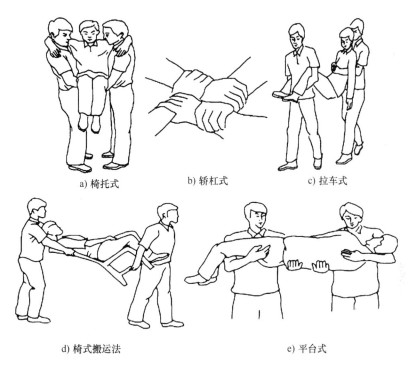

a) 椅托式　　b) 轿杠式　　c) 拉车式

d) 椅式搬运法　　e) 平台式

图8-7　其他搬运法

第三节　绳结技能及简易担架制作

一、应急救援绳索检查

1. 应急救援常用绳索

1）种类：静力绳。
2）质料：聚酰胺纤维。
3）直径：10.5mm。
4）长度：根据需要长度一般为12~100m。
5）最大断裂负载：30kN。

2. 应急救援绳索检查方法

1）在使用前，应细心用手检查有无破损。
2）检查有无沙石、玻璃片或木梢等在绳索组织内。
3）检查是否曾受腐蚀性液体侵蚀。
4）检查绳索纤维是否硬化或松软。
5）避免长时间绳索打结。
6）避免与尖锐物或粗糙表面直接摩擦。

二、结绳方法

1. 单结及其变化

单结是最简单的结,将绳端与绳子相交,穿过绳环,打成一个结即可,如图 8-8 所示。单结可以发挥绳栓的作用,此外,在拉握绳子时,单结可以用来防止滑动。单结的缺点是,当结打得太紧或被弄湿时就很难解开。以单结为基础,还可以变化成结形较大的多重单结、圈套结之一的活索、将绳与绳连接的固定单结等。

图 8-8 打单结

(1) 多重单结 增加缠绕次数(2~4 次),打成一个较大的结形,这就是多重单结,如图 8-9 所示。为了不让结打乱,必须做到边打结边整理。多重单结用在绳子的手握处,或是当绳子要抛向远处时加重其力量。

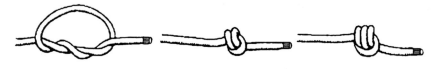

图 8-9 多重单结

(2) 活索 活索是一种简单的圈套结。拉紧绳子的前端即可做成一个圆圈,圆圈中间没有任何东西,一拉绳子即可将结解开,如图 8-10 所示。

(3) 双重单结 双重单结可以避免使用绳子的受损部位。它的结法很简单,只要将绳子对折后打一个单结即可,如图 8-11 所示。这时如果绳环部分就是绳子的损坏部位,由于其不施加力,所以其仍可安心使用。

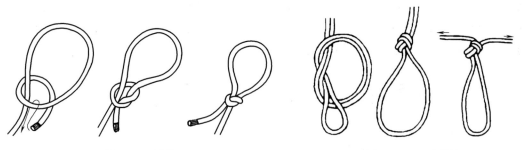

图 8-10 活索　　　　　　　图 8-11 双重单结

(4) 固定单结 固定单结就是将两条绳子的末端与末端重叠,然后打一个单结。这种结便于将两条同样粗细的绳子迅速地连接起来,或者将一条绳子做成环状使用,如图 8-12 所示。

(5) 连续单结 连续单结是在紧急逃脱情况下使用的结,它的特征是在一条绳子上连续打几个单结。其缺点是,结与结之间很难做成等间隔,如图 8-13 所示。

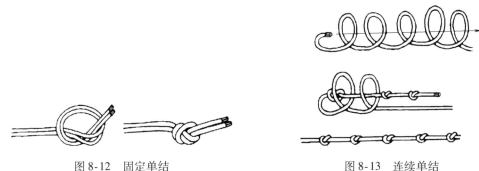

图 8-12　固定单结　　　　　　　图 8-13　连续单结

（6）水结　水结用于连接两条同样粗细的绳子，也是一种简单且结实的结。将一条绳子的两端用这种方法相连接，即可做成吊索。这种结主要适用于连接扁平状的带子。其打法十分简单，在一条绳子的前端打一个单结后，另一条绳子逆着结形穿过前面一条绳子的圆圈即可。虽然结形可以打得小而漂亮，但是得注意有时会松开，所以在绳子末端一定要留下 4～5cm 的长度，并且必须将结牢牢打紧，如图 8-14 所示。

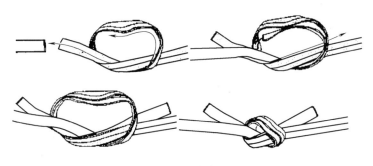

图 8-14　水结

（7）渔人结　渔人结是用于连接细绳或线的结，虽然只是在两条绳子各自打上一个单结，然后将其连接起来，但其强度很高，也可以使用在不同粗细的绳子上，如图 8-15 所示。渔人结不适用于太粗的绳子，或是用在容易滑动的纤线等绳子上，因为很容易就解开了。如图 8-16 所示，双渔人结是多一次缠绕后打成的结，使其强度得以提高，这个结是用在连接两条绳索等情况上，其缺点是结形大。

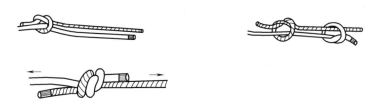

图 8-15　渔人结

2. 8 字结及其变化

8 字结打好后呈 "8" 字形状，故而得名 8 字结。意大利人把 8 字结称为 "皇室结"，因为这一结形正是意大利皇室家族徽章的模样。此外，8 字结也象征着诚实的爱与不变的友

图 8-16　双渔人结

情,所以也有人把 8 字结称为爱之结。8 字结主要作固定防滑之用,尤其对靠海为生的人而言,8 字结更是举足轻重。而在山林地带,变化后的 8 字结——双重 8 字结用途更广。不论是做绳圈或是连接绳缆,双重 8 字结都非常可靠,除了攀岩时经常用到之外,户外生活的很多场合都少不了它。

(1) 8 字结　8 字结比单结大,适合作为固定收束或拉绳索的把手。其打法十分简单,其特点是即使两端拉得很紧,依然可以轻松解开。以下介绍两种打法,适用于粗细不同的绳索,如图 8-17 和图 8-18 所示。

图 8-17　粗绳索的 8 字结打法

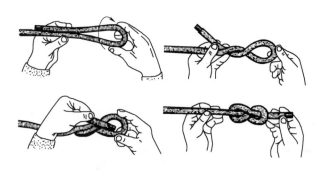

图 8-18　细绳索的 8 字结打法

(2) 滑 8 字结　滑 8 字结是把 8 字结变化成活结的形式,而且只要拉拽绳索的末端,就可松解开。在绳索的末端留下足够的长度后打个 8 字结,然后再把绳头穿过圆环后拉紧,便完成滑 8 字结,如图 8-19 所示。只要解开绳头,就可滑 8 字结解开。

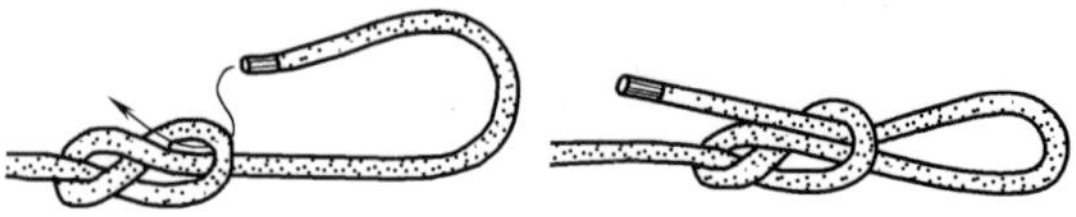

图 8-19　滑 8 字结

(3) 连续 8 字结　连续 8 字结与连续单结一样,其打法是在同一条绳索上连续打几个 8 字结。因为 8 字结的结目很大,所以在户外游戏和紧急避难时,它可以发挥巨大用途。先将绳索排列数个 8 字形状,接着把末端的绳头穿过所有绳圈,一条连续 8 字结绳索便告完成,如图 8-20 所示。连续 8 字结的诀窍是从最先穿过末端的绳圈开始打结的。

(4) 双重 8 字结　双重 8 字结多作为固定绳圈。只要将绳索对折后打个 8 字结,便形成双重 8 字结。在绳索中部打个 8 字结，然后将绳头顺着结目从反方向穿过绳圈，同样也可以完成双重 8 字结。这种打法可以将绳索与其他物品连接，十分方便。由于双重 8 字结具备耐力强且牢固等优点，在安全方面非常值得信赖，经常被登山人士作为救命绳结使用。它的缺点是，双重 8 字结的绳圈大小很难调整，而且当负荷过重时，结目会被拉得很紧或是绳索沾到水时很难解开。

1）方法 1：把对折的绳索直接打个 8 字结，并且做成绳圈，如图 8-21 所示。

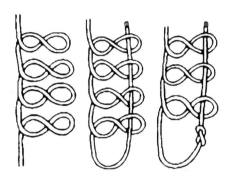

图 8-20　连续 8 字结

图 8-21　双重 8 字结打法 1

2）方法 2：利用双重 8 字结将绳索连接在其他东西时使用。在绳索中部打个 8 字结，顺着结目从反方向穿过绳索的末端，用力拉紧结目，如图 8-22 所示。

3. 接绳结及其变化

接绳结的目的是连接两条绳索，因常被应用在连接船缆而得名。接绳结又称为普通

图 8-22　双重 8 字结打法 2

结、一般结、线结、编织结等。接绳结的最大特点是打法简单，即使不同材质不同粗细的绳索也可以利用接绳结来连接。此外，接绳结的耐力很强，所以有时也会用于拖引船只。另外，不论拉得多紧，接绳结的拆解都十分容易。

（1）接绳结　当两条绳索粗细不同时，打结的时候必先固定粗绳，然后再与细绳相连接。接绳结的打法有两种，一般最常使用的是打法 1，而打法 2 适用于连接细绳或想要迅速打好接绳结时。

1）打法 1：将一条绳索（粗绳）的末端对折，然后把另一条绳索（细绳）从对折绳圈的下方穿过，把穿过的绳头绕过对折的绳索一圈，打结，如图 8-23 所示。

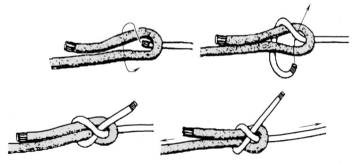

图 8-23　接绳结打法 1

2）打法2：即利用指尖迅速将细绳打成接线结。将两条绳索先行交叉，手握住交叉部分，然后把一端绳索（细绳）绕个圈；把另一端绳索（粗绳）对折，并将绳头穿过绳圈，拉紧较细的绳，用力拉紧结目后即完成，如图8-24所示。

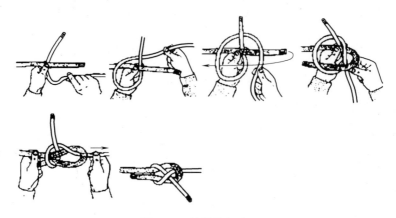

图8-24　接绳结打法2

（2）滑接绳结　接绳结的变化之一是滑接绳结，它比接绳结更容易拆解。滑接绳结是使接绳结末端变成活结的打法。即使结目很紧，仍然可以轻松解开绳结，打法如图8-25所示。

（3）双重接绳结　双重接绳结的耐力是接绳结的两倍。打接绳结时将绳索多绕一圈，可以加强绳索的耐力与安全性，这就是双重接绳结，如图8-26所示。如果将绳索多绕两圈，双重接绳结便成了三重接绳结。注意在末端预留缠绕绳索的空间。

图8-25　滑接绳结

图8-26　双重接绳结

4. 平结及其变化

平结又称为本结、驹结、坚结等，在日常生活中的使用频率相当高。平结也可以用作连接两条绳索，但是仅适用于同样粗细和材质的绳索，而且两条绳索的拉力必须相等。此外，平结存在若没系紧，便会松开或是系得紧，而难解开等缺点。因此，平结用于完成后不需解开或是连接同一条绳索两头的情况。

（1）平结　平结不适用在较粗或表面光滑的绳索上。打平结时，缠绕方法一旦发生错误，结果可能会变成外行平结。外行平结是个不完全的活结，用力一拉结目就会散开，缺少实用价值。但如果将平结拉得太紧，则结目不容易被解开。为了改善这个缺点，拉结、蝴蝶结、外科结等变化结便因应运而生，而且应用范围十分广泛。平结如图8-27所示。

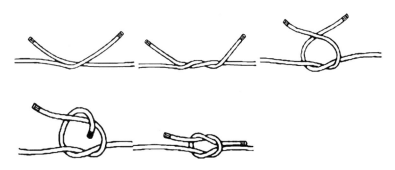

图 8-27 平结

平结的结目如果拉得太紧,就不太容易解开。但是如果双手握住绳头,朝绳头方向用力拉,也可以轻松解开,如图 8-28 所示。

(2)拉结(半船首结) 拉结是把平结末端变化成活结的打法,如图 8-29 所示。拉结又叫作半船首结。拉结的解法是,只要拉一根绳头(如图 8-29 中的 A 绳)即可。

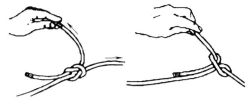

图 8-28 平结的解法

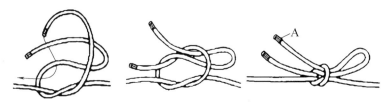

图 8-29 拉结

(3)蝴蝶结(船首结) 绑鞋带时最常使用的结,一般我们称为蝴蝶结,又称为船首结。它在日常生活中出现的频率相当高,只要拉两端的绳头,结目就会自动解开。因完成的形状非常美观,经常作为装饰用,如图 8-30 所示。

图 8-30 蝴蝶结

(4)外行平结(祖母结) 如果在平结进行第 2 次缠绕时缠绕方向发生错误,则平结就会变成外行平结,如图 8-31 所示。这种结的耐力不强,实用性较低。

(5)外科结 外科结是指医生在进行手术缝合伤口时所打的结。外科结也可以应用在连接两条绳索的情形,而且它的结目比平结牢固结实,所以不用担心会散开,适合使用细滑的绳索,同时外科结非常适合用来绑扎鸭绒被、毛衣等柔软且体积大的物品,缺点是不易解开。外科结的特征是在平结最初的缠绕上多加一圈,若在第二次缠绕时再加一圈,不但会增

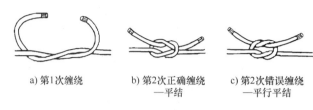

图 8-31 外行平结

强绳结耐力,而且结目也变得更加整齐美观,如图 8-32 所示。

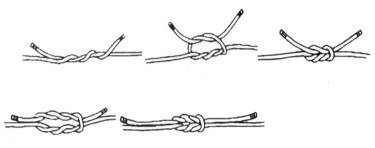

图 8-32 外科结

5. 半扣结及其变化

半扣结的功能只是把绳索套绑在柱子或树干上,耐力非常差,一般只用于将绳索暂时固定。而以半扣结为基础所变化的绳结却相当多,半扣结也可作为其他绳结完成后防止散脱的保障。半扣结的变化结包括双半结、系木结和连钩结等,它们都是户外生活不可缺少的绳结,可依不同状况分开使用。

(1)半扣结 半扣结的目的是把绳索套绑在其他物品上,可是这种结不适合套绑方形有角的物品,只能用在圆柱形的物品上,如图 8-33 所示。不过,由于半扣结的耐力很差,稍微一拉就会散开,所以很少单独使用。但是,半扣结可以加在其他绳结完成后的末端,使整个绳结变得更加牢固。

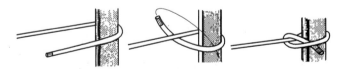

图 8-33 半扣结

需要注意的是,半扣结和半绳结易被混为一谈,其实两者之间有些许差异。半绳结以单结系住物体。半扣结与单绳结的基本打法相同,区别在系绑物品时两者位置有所异,如图 8-34 所示。

(2)双半结 半扣结本身虽经不起外力拉扯,但是两个半扣结叠加起来的效果却非常大。即双半结的打法如图 8-35 所示。即使把绳索拉到极限,双半结也不会松散,而且可以很容易地解开。用绳索绑系物品

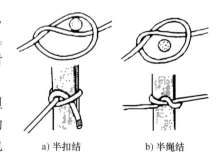

图 8-34 半扣结与半绳结

时，双半结的简易性与实用性堪称所有绳结中的最佳选择，应用范围十分广泛。但是，双半结最大的缺点是不易实现。

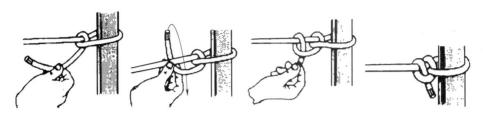

图 8-35 双半结的打法

（3）系木结　首先打一个半扣结，然后把剩下的绳头在绳圈上缠绕两三圈就得到了系木结，也称为樵夫结或乡人结，如图 8-36 所示。在日本，人们称系木结为立木结，适合用来搭设帐篷，在树上绑吊床或绑晒东西等。系木结简单牢固，即使用力拉扯，也不会散开，但是在需要考虑安全性的物品上，系木结不是很好的选择。

（4）系木结加半扣结　系木结再加上半扣结可用来拖吊搬运细长圆柱体，即先在前端打一个半扣结，然后在稍微有段距离的地方再打系木结，两个结之间的距离越远越好，如图 8-37 所示。

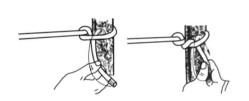

图 8-36 系木结

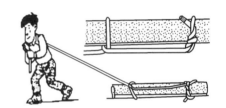

图 8-37 系木结加半扣结

（5）连钩结　欲将帐篷或遮雨篷的绳子绑在木钉上时，连钩结是最适合的绳结。连钩结也是半扣结的变化之一，它的特征是借由结目的移动，来调整绳索的长短，如图 8-38 所示。此外，它不仅容易完成、容易拆解，而且结目十分牢固。连钩结还可以让绳索保持在拉得极紧的状态。

6. 双套结及其变化

双套结不仅在航海上应用较多，而且在露营、登山方面也是户外人士所爱用的绳结。使用双套结的目的是将绳索卷绕在其他物品上且不会打滑。双套结

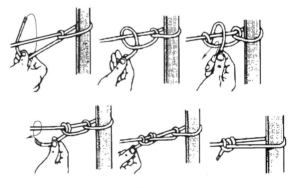

图 8-38 连钩结

的打法和拆解都很容易，它的特征是具备极高的安全性，而且双套结的打法可以因应不同情况分开使用。因此，双套结是一种非常实用的绳结。但是，如果只在绳索的一端用力，双套结的结目可能会乱掉或松开，为了避免这个缺点，双套结通常应用在两端施力均等的物品

上。通常喜好攀岩的人会用两个绳圈重叠的方法来打结，此时如果重叠顺序发生错误，攀岩活动就极容易发生危险，一定不要粗心大意。

（1）双套结　也称为香结、卷结，尤其当绳索两端受力均等时，双套结可以发挥很大的作用。如果绳索只有一端受力，那么只要在双套结完成后再打一个半扣结，效果同样不会打折扣。此外，如果将其打成双套滑结，想要解开时就非常容易了。

一般普遍使用的打法，是把绳索卷绕在物品上而成，如图8-39所示。

图 8-39　双套结

（2）双重双套结　为了使绳结更加牢固，打完双套结后再绕一圈就构成了双重双套结，如图8-40所示，通常使用在绳索必须长时间套在物体上的情形。

（3）三套结　三套结的目的是使绳索结实地绑束在物体上，其特征是在打双套结的过程中绳索多绕一圈，如图8-41所示。一旦绳索两端同时朝反方向用力拉紧时，绳结会变得十分牢固。

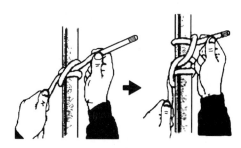

图 8-40　双重双套结

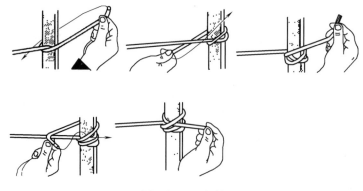

图 8-41　三套结

三、简易担架制作

在没有担架的情况下，可以将椅子、门板、毯子、衣服、大衣、绳子、竹竿或梯子等作为简易担架使用，如图8-42所示。

（1）床板或门板　代替担架，用于运送骨折或非骨折的各种伤病员。

1）将伤员用平托法平放在平板上。

2）多人同时搬运，注意保持伤病员的平稳。

（2）毛毯+竹竿 作为担架的代替工具，用于运送非骨折的伤病员。

1）先将毛毯或结实的床单展开，约在中间的1/3区域两边各放上一根竹竿或木棒（注意竹竿或木棒要有足够的承载能力）。

2）先将一边的毛毯对折，压住同侧的竹竿。

3）将另一侧的竹竿拿起，压住刚刚折叠过去的毛毯边缘。

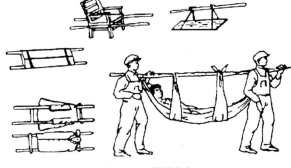

图8-42 简易担架

4）再将剩下的一边对折过来，一副轻便的担架就完成了。

（3）衣服+竹竿 作为担架的代替工具，用于运送非骨折的伤病员。

1）双手握住两根竹竿（注意竹竿要有足够的承载能力）的一端，稍俯身向下，如果是外套，则需先将纽扣或拉链扣紧。

2）由另一人将外套或毛衣（注意衣服必须够结实）直接经头往上脱出后套到两根竹竿上。

3）另一端同样操作。

4）整理和检查后，一副轻便的担架也就完成了。

（4）编织袋+竹竿 作为担架的代替工具，用于运送非骨折的伤病员。

1）将编织袋的两个底角剪开，以便于竹竿穿过。

2）两个编织袋套在两根竹竿（注意竹竿要有足够的承载能力）上。

3）整理和检查后，一副轻便的担架就完成了。

（5）木棍+绳索 作为担架的代替工具，用于运送非骨折的伤病员。

1）先用绳索在一根木棍上打一双套结固定，然后按照之字形分别在两根木棍上环绕。

2）以双套结收尾。

第四节 急救知识

一、现场急救基本知识

现实生活中人们可能会在医院以外的环境下，遇到发生危重急症、受到意外伤害的人，如果我们掌握了基本救护技能，成为"第一目击者"并在事发现场对伤病员实施及时、有效的救护，可以起到"挽救生命、减轻伤残"的作用。

1. "第一目击者"的概念

所谓第一目击者，就是指在现场为受到突发伤害、发生危重疾病的人员提供紧急救护的人，包括现场伤病员身边的人，如：亲属、同事、EMS救援人员、警察、消防员、保安人员和公共场所服务人员等。

2. "黄金抢救4min"的概念

所谓"黄金抢救4min"，是指当危重急症、意外伤害发生后，专业救护人员未到达之前，现场第一目击者在 4min 内对呼吸心跳停止的伤者进行心肺复苏施救的这段时间。在此期间，病人的救活率可达 50%，而超过这一时间后被救活的希望就很渺茫了。心脏停止跳动后，病人的基本状态分为以下几种情况。

1）3s 时病人感觉头晕。
2）10~20s 病人昏厥。
3）30~40s 病人瞳孔散大。
4）40s 左右病人出现抽搐。
5）60s 后病人呼吸停止、大小便失禁。
6）4~6min 后病人脑细胞受到不可逆的损害。
7）10min 后病人脑组织基本死亡。

3. 现场评估的概念

所谓现场评估，就是判断现场的安全性，在紧急情况下，通过实地感受、眼睛观察、耳朵听声、鼻子嗅味来对异常情况做出综合分析判断。

4. 现场个人防护措施

1）现场救人的一定要先判断环境是否安全。
2）施救过程中要做好个人防护，即戴好手套或用干净的塑料袋套在手上；采用口对口人工呼吸法施救时要使用保护膜，防止被传染疾病。
3）救人后一定要及时洗手与消毒。

5. 病人呼吸心跳停止的判断标准

1）突然意识丧失。
2）胸廓起伏消失。
3）大动脉搏动消失。
4）可能有瞳孔散大。

6. 现场救护的主要任务

1）检伤分类，分出轻重缓急，对伤病员进行分级处理。
2）以救命为主，先救命，后治伤，保持气道通畅，氧气供应充足。
3）迅速安全转移伤病员，尽量采取减轻伤病员痛苦的措施。

7. "现场救护生命链"的概念

"现场救护生命链"是针对现代社区、生活模式而提出的以现场"第一反应人"为开始，至专业急救人员到达进行抢救的一系列环节组成的"链"。它包括紧急呼救、心肺复苏、电击除颤/复率、高级生命支持、心脏骤停后治疗五个环节。其中，前三个环节可以完全由非医务工作者来完成。在生命最宝贵的黄金时间里越早实施心肺复苏效果越好，可以获得事半功倍的效果。

二、气道梗阻的判断与处理

1. 气道梗阻的原因

（1）中、老年人气道梗阻的原因

1）进食时说话。
2）体内酒精浓度过高，导致进食时咳嗽反射动作迟缓。

3）吃大块硬质食物咀嚼不全，吞咽过猛，食物卡在喉部。

（2）婴幼儿气道梗阻的原因

1）尤其是三岁以下的幼儿，因会厌软骨发育不成熟，功能不健全而出现气道梗阻。

2）口中含物时说话、哭笑、打闹而出现气道梗阻。

3）剧烈活动时，容易将口中含物吸入气管而引起气管阻塞，导致窒息。

2. 气道梗阻的表现

1）气道不完全阻塞时病人有咳嗽、气喘或咳嗽微弱无力，呼吸困难、面色青紫等现象。

2）气道完全阻塞时较大异物堵住喉部、气管处，病人面色灰暗青紫，不能说话和咳嗽，致使呼吸困难、窒息，甚至呼吸停止。

3. 气道梗阻的处理

对于清醒的伤病员，如呼吸道部分阻塞而气体交换良好时，救护人员不要做任何处理，应尽量鼓励伤病员咳嗽。

1）询问病人"是否被噎住了"，了解其能否咳嗽和说话，确定是否发生呼吸道异物堵塞。

2）如病人不能说话、咳嗽或呼吸道部分堵塞而气体交换欠佳时，实施上腹部冲击法，如图8-43所示。

a) 自救腹部冲击法　　　　　　b) 互救腹部冲击法

图8-43　上腹部冲击法

注意：实施腹部冲击时，定位要准，不要把手放在胸骨的剑突下或肋缘下。还要注意防止因胃反流而导致误吸。对于意识不清的气道梗阻的病人，若其呼吸心跳停止，救护人应当高声呼救，求助他人，将病人置于心肺复苏体位立即救治。

三、意外伤害现场的救护与紧急逃生

1. 烧烫伤的急救处理

1）现场救护原则：除去伤因，脱离现场，保护创面，维持呼吸道通畅，转送到医院治疗。

2）现场救护处理：脱、冲、泡、盖、转。衣服着火时，应尽快脱去着火的或沸液浸渍的衣服；或迅速卧倒，慢慢就地滚动，压灭火焰；或用手边不容易燃烧的材料如大衣、沙土等，迅速覆盖着火处，使之与空气隔绝；也可用水将火浇灭或跳入附近水池、河沟内。坚决制止伤者奔跑呼叫或用双手扑打火焰，以免助长燃烧并引起头面部、呼吸道和双手烧伤。若因电击而烫伤时应尽快中止电流继续作用，并将伤员移至安全地带。

2. 化学物质烧伤的急救处理

1）弱酸弱碱烧伤：立即用大量流动的清水彻底冲洗伤口，小心除去沾有化学物品的衣服、饰品、手表等，处理相关损伤后迅速送往医院。

2）强酸强碱烧伤：立即用干净的干布迅速将酸、碱沾干；用流动的清水彻底冲洗受伤部位。

3. 电击伤的急救处理

1）观察环境安全，做好个人防护。

2）切断电源，用绝缘物将伤者与电线分开。

3）在确定伤者不带电的情况下，立即对其进行救护。

4）对呼吸、心跳停止者立即进行心肺复苏。

5）检查是否有其他损失并拨打呼救电话。

4. 触电的急救处理

1）触电者未失去知觉：应让触电者在干燥、通风、暖和的地方平卧休息，并严密观察其神志、脉搏和心跳。

2）触电者已失去知觉但尚有心跳和呼吸：应使其舒适地平卧，解松衣服以利于呼吸，不要在四周围观，保持空气流通，低温天气时应注意保暖，立即送往医院救治。若发现触电者呼吸困难应立即施以人工呼吸。

3）对出现呼吸、心跳停止的伤员：应立即就地进行人工心肺复苏抢救。在等待救护车或送往医院的过程中，不要停止和放弃对伤者的抢救。

触电急救的要点是动作迅速，救护得法，切不可惊慌失措，束手无策。要贯彻"迅速、就地、正确、坚持"的触电急救八字方针。"迅速、就地"就是对心跳、呼吸停止的伤员在其脱离电源后立即在现场实施救护。"正确、坚持"就是要使用正确的急救措施和手法步骤进行心肺复苏术抢救，当抢救未见成效时也不应放弃抢救，要坚持到医护人员到场救治为止。

5. 动物咬伤的急救处理

（1）蜂蜇伤

1）症状：被蜂蜇伤，一般表现为局部的红肿和疼痛，数小时后症状自行消失。如果蜂刺留在伤口内会出现化脓状况。如果被蜂群蜇伤，会出现全身症状，伴随头晕、恶心、呕吐，甚至可出现休克、昏迷或迅速死亡；有的可发生血红蛋白尿，以至急性肾衰竭。对于过敏体质的病人，即使是单一蜂蜇伤也可引起荨麻疹、水肿、哮喘或过敏性休克等反应。

2）急救处理：蜜蜂蜇伤可用弱碱性溶液外敷，以中和酸性毒素。黄蜂蜇伤则用弱酸性溶液中和。如果蜂刺留在伤口内，用小针挑拨或胶布粘贴，取出蜂刺，切记不要挤压。局部症状较重者，可采用火罐拔毒和局部封闭疗法，并用止痛剂或用抗组胺药止痒，也可采用中草药外敷。对有全身症状者，必须立即就医进行对症治疗。

（2）蜈蚣咬伤

1）症状：局部表现有急性炎症和痛、痒感，严重者可发生坏死、淋巴结炎和淋巴管炎。有的伴有头痛、发热、眩晕、恶心、呕吐、抽搐和昏迷等症状。

2）急救处理：立即用弱碱性溶液洗涤伤口并冷敷，或用等量雄黄、枯矾研磨，也可以浓茶或烧酒调匀敷伤口。疼痛较重者给予止痛或伤口周围封闭，还可用蛇药片内服或外敷，必要时清理创口。局部坏死、感染者及急性淋巴管炎者，应加用抗菌药物。

（3）猫、狗咬伤

1）症状：如果不小心被猫或狗咬伤后，伤口局部可能出现红肿、疼痛，严重的可引起淋巴管炎、淋巴结炎或蜂窝组织炎，如猫、狗染有狂犬病，其后果就更加严重。因此，必须做好现场急救处理。

2）急救处理。

① 要及时冲洗伤口，即以最快的速度把沾染在伤口上的狂犬病毒冲洗掉。冲洗前应先挤压伤口，排去带毒液的污血，但绝不能用嘴去吸伤口处的污血。如果伤处在四肢，应在伤口上方结扎止血带，然后用大量的清水（10 000mL以上）或盐水清洗伤口。因为猫、狗咬的伤口往往外口小，里面深，所以必须掰开伤口，让其充分暴露，冲洗彻底。如伤口较深，冲洗时可用干净的牙刷、纱布和浓肥皂水反复刷洗伤口，并及时用清水冲洗，刷洗至少要持续30min。冲洗后要用干净的纱布盖上伤口。越早处理伤口越好，最好在2h内进行。但即使延迟了一两天甚至三四天，也不应该忽视局部处理。如果此时伤口已结痂，应将结痂去掉后按上述方法处理。

② 用20%的肥皂水彻底清洗伤口，再用清水洗净，然后用2%～3%的碘酒或75%的酒精局部消毒或5%石炭酸局部烧灼伤口。处理好的局部伤口，不需包扎，别涂软膏。

③ 尽快注射狂犬疫苗。被动物咬伤后应尽早注射狂犬疫苗，越早越好。首次注射疫苗的最佳时间是被咬伤后的48h内。具体注射时间是：分别于当天，第3、7、14、30天各肌肉注射1支疫苗，如因诸多因素未能及时注射疫苗。应本着"早注射比晚注射好，晚注射比不注射好"的原则使用狂犬疫苗。

（4）毒蛇咬伤

1）症状：有毒蛇与无毒蛇的鉴别，牙痕是个可靠依据。其他有毒动物如蜈蚣、毒蜘蛛等无牙痕。无毒蛇咬伤的有一排或二排细牙痕，而毒蛇咬伤则有一对大而深的牙痕，有时也有一个或3～4个以上的较大牙痕。被咬伤后，伤者会出现多种症状。

① 神经中毒的表现。一般红肿不重，流血不多，疼痛较轻，不久出现麻木感并向肢体近端蔓延。全身症状30min～2h后出现，有时延长10h以上。表现为头晕、恶心、呕吐、乏力、步态不稳和眼睑下垂。重者视力模糊、言语不清、呼吸困难、皮肤紫绀，以至全身瘫痪、惊厥、昏迷、血压下降、呼吸麻痹、心力衰竭。

② 血液中毒的表现。局部症状出现早且重，伤处剧烈疼痛如刀割，出血不止，肿胀明显，并迅速向近端扩散。皮肤紫绀，出水疱、血疱并逐渐增大以至破溃，有明显淋巴管炎。重者组织坏死，也可出现出血、溶血、甚至肾衰竭、心衰竭，全身症状有全身不适、头晕、恶心、呕吐、腹痛、腹泻、关节痛、心悸、高热和谵妄。

③ 混合中毒的表现。具有神经中毒和血液中毒两种表现，全身症状发展较快，导致死亡的主要原因是神经中毒所致。

2）急救处理：

① 局部紧急处理。阻止蛇毒的吸收和加速毒液的排除，是防止中毒的重要环节。切忌惊慌奔跑，应立即停止伤肢活动，就地取材在伤口上方（近心端）的相应部位进行结扎。20～30min松解一次，每次2～3min。一般在注射抗蛇毒素或服用蛇药后，可解除结扎。此外要用过氧化氢或肥皂水冲洗伤口，消毒后将毒牙清除，然后切开，可以用吸乳器或拔火罐进行负压吸引，也可用嘴吸（口腔破溃不能用此法）。敷料包扎后伤肢置于低位，用结晶胰

蛋白酶在伤口周围注射。

②抗蛇毒治疗。注射抗蛇毒血清，口服蛇药。

③严重中毒的给予对症治疗，呼吸衰竭出现较早应提高警惕。另外蛇咬伤伤口易感染，应使用抗生素和破伤风抗毒素。

6. 火灾的应对与紧急逃生

1）报警。拨打电话119，同时设法扑救灭火。

2）撤离。用湿毛巾捂住口鼻，弯腰或趴在地面上匍匐前进，沿安全通道撤离。

3）千万不要跳楼，可用结实的绳子下滑逃生。

7. 地震的应对与紧急逃生

1）就近选择牢固的地方，躲避在厨房、卫生间等空间小的地方或到内墙角等处。

2）千万不要盲目外逃，不要到窗台或阳台上，更不要跳楼。

3）躲过主震的人要迅速逃到户外，避免被余震引起的房屋倒塌砸伤。

8. 踩踏事故的应对方法

1）发生踩踏事故后，双脚站稳，抓住身边牢固的物体，但要远离店铺的玻璃窗或柜台。

2）在人群中前进时要双肘撑开平放于胸前，微微向前弯腰，确保呼吸道通畅。

3）一旦被人挤倒在地，立即将双手紧扣并置于颈后，身体蜷缩呈球状，保护好头、颈、胸、腹部。

9. 溺水现场的急救处理

1）溺水者被救捞上岸后，应立即对其进行详细的观察，将其口、鼻中的泥沙及其他异物清理干净，并检查其是否曾受过物体打击、硬物碰撞，根据症状采取相应的救护措施。

2）发现溺水者有创伤性出血时，应在迅速包扎止血后，再进行其他方面的救治。

3）当溺水者只是简单的呛水时，应将其置于头低脚高的卧位，垫着或顶着溺水者的腹部进行控水。在控水过程中，应注意观察其呼吸及脉搏情况。

4）当发现溺水者呼吸、心跳停止时，应立即清理干净其口、鼻中的泥沙等异物，进行人工呼吸和胸外心脏按压。处于休克状态的溺水者要让其保持头低脚高的卧位，并注意保暖、安静，将下肢抬高20°左右，并尽快送往邻近医院进行抢救治疗。

5）如果发现溺水者受过物体打击，首先要观察受伤情况、部位、性质，然后对症处理。溺水者出现昏迷时，必须保持呼吸道通畅。昏迷者应平卧，将其面部转向一侧，以防舌根下坠或分泌物、呕吐物吸入气道而发生阻塞，并及时转送就近医院抢救治疗。

第九章 应急管理文化

第一节 应急管理文化概述

一、应急管理文化的概念

应急管理文化是指人们在应急实践中形成的应急意识和价值观、应急行为规范以及外化的行为表现等。应急文化对群体中人们的应急行为起着持续的影响甚至决定作用。应急文化所作用的群体可以是一个国家、民族、社区、企业、单位、班组和家庭等，都可归为不同规模的组织。因此，应急文化是组织文化的组成部分。积极有效的应急文化有利于人们主动防灾减灾、积极备灾救灾，从而减少灾害风险和降低突发事件损失。

在自然灾害面前，人类形成了伟大的抗灾精神，也积淀了深厚的应急文化。应急文化，是应急管理、应急救援整个体系的内涵与外延。应急文化是社会安全发展的保障体系，是社会发展进步的守护神。

要把应急文化提升到事关生命价值、生命质量和生命尊严的高度，在建立科学高效的应急管理体制机制的同时，还应积极构建与应急管理事业发展相适应的应急管理文化，使灾害防治意识固化为公众的价值理念和自觉行为。积极适应新体制、新职能，政府各级组织要常年开展应急管理科普宣传，深入驻地学校、企业、厂矿、医院、社区、商场和旅游景点，开展"生命至上、应急有方、共享安全"等主题科普宣传系列活动，大力宣扬以人民为中心、总体国家安全观、生态文明建设、应急管理知识，普及与人民群众生产生活息息相关的风险防范和防灾减灾知识，播撒应急文化种子，引领应急管理文化建设新风尚。公众防灾减灾意识和素质的高低，是应急管理文化发展的重要标志。只有把"生命至上、应急有方、共享安全"的理念转化为自觉行动，并积极主动参与到应急管理事业当中来，应急管理文化发展才能更持久、更充盈。

二、应急管理文化的构成

美国麻省理工学院教授埃德加·沙因是组织文化和组织心理学的开创者。他在20世纪80年代率先提出了"组织文化"的概念。为深入解释什么是组织文化，沙因将其划分为外部事物层、外显价值观层和基本假设层三个层次。其中，基本假设层是组织行为模式的基本观念，外显价值观层是人们自觉遵守的行为规范，而外部事物层是组织行为的外在符号化表现。

参考沙因的组织文化层次，可以得出应急管理文化的层次结构：

（1）应急表观层　指人们可以观察到的应急组织结构和组织过程，应急标识符号，应急预案文本，应急体验场所，应急培训演练设施，应急宣传教育材料，应急宣传、纪念、教育、演练活动，以及突发事件发生后的应急救援和处置行动等，是应急行为的外化表现形式。

（2）应急规范层　指标准化、程序化的应急制度和规范，包括与应急相关的法律法规、标准、体制、机制、战略和目标等，规范和约束着人们的应急行为模式。

（3）应急观念层　指应急的核心价值观及危机意识，如"以人为本""生命至上""预防为主""综合减灾""居安思危""有备无患"等，决定着人们的应急行为动机。

三、应急管理文化的作用

（1）导向作用　应急管理文化所提倡、崇尚的价值观和行为准则，通过潜移默化的作用，使组织成员的注意力转向所提倡、崇尚的内容，并采取适宜的行为，使个人目标被引导到群体目标。

（2）凝聚作用　应急管理文化的价值观和行为准则被组织成员认同后，会成为一种黏合剂，从各方面把成员团结起来，消除隔阂、促成合作，形成巨大的向心力和凝聚力。

（3）激励作用　积极的应急管理文化能使组织成员从内心产生一种情绪高昂、奋发进取的效应，并通过发挥人的主动性、创造性、积极性、智慧能力，对人产生激励作用。

（4）约束作用　应急管理文化中的规范及其外化表现，对组织成员的思想和行为具有约束和规范作用。与传统管理理论单纯强调制度的硬约束不同，应急文化虽也有成文的硬制度约束，但更强调的是不成文的软约束。

第二节　应急管理文化建设

一、公众公共安全教育

加强公众公共安全教育，培育安全风险与应急准备意识，形成长期导向的应急核心价值观。加强大中小学公共安全知识教育和技能培养，增强公众安全风险意识，提升其知识技能。大力弘扬中华民族"以人为本""居安思危""有备无患"等忧患意识和"团结奋斗""自强不息""舍己救人"等奋发向上的精神。坚持政府主导、开放创新，培育人本意识、契约意识、法治意识和责任意识等现代公民伦理价值观，激发公众对生命的尊重与关爱，奠定应急文化的思想和价值观基础。学校教育和家庭教育作为公共安全教育的两个环节，牵涉到千家万户，关系到发展改革稳定大局，更关系到和谐社会的构建，下文从学校和家庭两个方面进行阐述。

（1）学校应急管理文化建设　学校应急管理文化建设的具体措施如下。

1）确定学校校长、副校长为应急管理责任人，具体可以参照安全生产法、消防法等对责任人的规定及职责。

2）确定学校班主任、体育老师为应急管理人员，具体可以参照安全生产法、消防法等对管理人员的规定及职责。

3)学校的应急管理责任人及管理人员必须参加应急管理专业培训。

4)每学期开学第一课组织开展消防安全知识培训、地震安全培训和演练、交通标识学习、道路交通安全知识培训、食品安全知识培训、社会安全知识培训、溺水警示教育和防雷电教育等,具体培训实施可以由学校应急管理人员或政府行业主管部门人员负责。

5)布置一次家庭应急演练作业。

6)摸索出一套生动活泼、寓教于乐、深受学生喜爱的教学活动。针对中小学生的认知特点和接受能力范围,观看宣传片、影视剧、动画片和使用VR模拟软件。

7)每年可以组织参观一次各类科普馆、消防队、医疗救援中心等。

(2)家庭应急文化建设 社会单位的最小细胞是家庭,家庭教育是从言传身教开始的,教育一个孩子,影响整个家庭,带动整个社会。因此,应急管理文化建设要树立"从娃娃抓起、从学生抓起"的理念,使应急管理文化的"种子"在幼小的心灵中萌芽扎根。

家庭应急文化建设的具体措施如下。

1)学生家长在接送孩子上下学时要遵守交通规则,文明驾驶,以身作则。

2)制订一套家庭应急计划,包括紧急联系人、备用联系人、约定突发事件寻落点,开展家庭应急演练(演练内容包括遇到地震、火灾时紧急疏散逃生,记录家长带孩子正常疏散到应急避难场所的来回路线、备用路线、疏散时间等)。

① 疏散线路。了解住所周围疏散线路。简单画出家里各房间至所住楼层安全出口的撤离线路图,保证儿童一目了然。设定会合地,防止突发事件造成联络中断,家人无法在短时间内会合。

② 家庭联络表。制订家庭联络表,包括家庭成员、朋友、邻居、外地重要联系人电话和手机号码。

③ 特殊人群。紧急情况发生时,优先考虑残疾人、老人、孕妇与儿童的特殊需求。

④ 重要单据。妥善存放保险单、房契、合同、财产清单和存折等重要单据,并准备复印件。

⑤ 家用设施。熟悉水、电、气总阀的位置和关闭程序和方法。

⑥ 安全救护。学习紧急救护常识和灭火器等的使用方法。

3)配备家庭应急包。

① 物品清单至少包含足够每个人用1天的食品和饮用水,以及应急物品。避免选择容易引起口渴的食品,选择罐头、干拌食品和一些无须冷藏、烹饪和特殊处理的食品;储备每人每天至少1L水,推荐购买瓶装水,留意有效期。若自行准备装水容器,推荐使用塑料饮用瓶,并用洗洁精和水彻底清洗,灌满水后,拧紧瓶盖,在瓶身注明灌注日期;应急物品包括便携式收音机、备用电池、手电筒、医疗急救箱与急救指南、卫生用品、火柴、哨子、一次性餐具、备用衣物、身份证复印件、现金、硬币、常用药品、婴儿或病人的特殊用品、眼镜和助听器等。

② 保存与更新应急箱。将罐头食品置于干燥、阴凉处。将食品储藏在密封袋或罐内。留意保质期,注意及时更新。每6个月更新一次应急箱中的食品和水。选择易搬运的塑料箱、背包或露营包作为应急箱。

③ 根据实际情况装配应急箱。家中放置的应急箱应当物品齐全,可供全家用1天。工

作地点主要准备食物和水,应轻便小巧。私家车中主要准备食物、水、医疗急救箱、手电筒等。

二、应急管理规范建设

健全应急法律法规,优化社会协同应急机制,完善应急标准规范体系,促进应急工作的规范化。完善应急法律体系,明确各类社会主体的应急责任义务和权利,强化公众自防自治、群防群治、自救互救能力,支持引导社会力量规范有序参与应急救援行动,完善突发事件社会协同防范应对体系。完善应急管理标准规范体系,着力加强应急标志标识、风险隐患识别评估、预警信息发布、应急队伍及装备配置、公共场所应急设施设备配置、应急避难场所建设、物资储备、应急通信、应急平台、应急演练等相关标准研制,推动应急管理标准实施应用。

应急避难场所是应对突发公共事件的一项灾民安置措施,是现代化大城市用于民众躲避火灾、爆炸、洪水、地震、疫情等重大突发公共事件的安全避难场所。紧急时避难,闲时利用应急逃生模拟平台宣传应急逃生知识。应急避难场所是为了人们能在灾害发生后一段时期内,躲避由灾害带来的直接或间接伤害,并能保障基本生活而事先划分的带有一定功能设施的场地。

应急避难场所具有应急避难指挥中心、独立供电系统、应急直升机停机坪、应急消防措施、应急避难疏散区和应急供水等应急避险功能,形成了一个集通信、电力、物流、人流和信息流等为一体的完整网络。

应急避难场所的修建,说明政府管理中一个科学、透明的灾害应对方式和城市危机管理的意识正在形成。假如发生不可避免的灾害,比如地震或火灾等,那么这些越来越多的"应急避难所",就将成为一个能为千万人提供生命线的避难场所,成为呵护生命的公园。

1. 地震应急避难场所分类

(1) Ⅰ类地震应急避难场所　具备综合设施配置,可安置受助人员30天以上,包括应急指挥中心、应急停机坪、应急洗浴设施、功能介绍设施和应急救援驻地等。

(2) Ⅱ类地震应急避难场所　具备一般设施配置,可安置受助人员10~30天,包括应急篷宿区、应急物资储备设施、应急垃圾储运设施、应急排污设施、应急通道、应急消防设施和应急停车场等。

(3) Ⅲ类地震应急避难场所　具备基本设施配置,可安置受助人员10天以内,包括应急指挥管理设施、应急集结区、应急医疗救护与卫生防疫设施、应急供水设施、应急供电设施、应急厕所和应急标志等。

2. 地震应急避难场所设施分类

(1) 基本设施　为保障避难人员基本生活需求而设置的配套设施,包括救灾帐篷、简易活动房屋,医疗救护和卫生防疫设施,应急供水设施,应急供电设施,应急排污设施,应急厕所,应急垃圾储运设施,应急通道和应急标志等。

(2) 一般设施　为改善避难人员生活条件,在基本设施的基础上应增设的配套设施,包括应急消防设施、应急物资储备设施、应急指挥管理设施等。

(3) 综合设施　为提高避难人员的生活条件,在已有的基本设施、一般设施的基础上,应增设的配套设施,包括应急停车场、应急停机坪、应急洗浴设施、应急通风设施和应急功能介绍设施等。

三、应急管理组织

完善应急管理组织、预案、宣教、培训和演练体系，提高应急工作的社会显示度。着力推进应急管理机构改革发展，加快形成统一指挥、专常兼备、反应灵敏、上下联动和平战结合的应急管理体制。完善风险评估和应急能力评估，指导规范各级各类应急预案评估和制修订工作；充分利用互联网、大数据、智能辅助决策等新技术，加强预案数字化应用和应急决策指挥平台建设。完善应急设施及应急符号，建设应急文化主题公园、防灾体验中心和应急纪念馆等，丰富公众的应急体验。构建分层次、差异化、重实践的全民应急宣传教育体系；组织开展形式多样、节约高效的应急演练活动，发挥其检验预案、完善准备、锻炼队伍、磨合机制和科普宣教作用。

（1）应急管理文化宣传　应急文化的建立要通过大力宣传，将知识变成常识，进而形成行为习惯。

（2）应急科普馆建设　应急科普馆包括消防科普体验馆、交通安全科普馆、地震灾害科普馆、建筑施工安全管理科普馆、社会安全防范科普馆和防灾减灾科普馆等。在幼儿园、小学、中学和大学开展科普宣传活动，摸索出一套生动活泼、寓教于乐、深受学生喜爱的教学活动。针对中小学生的认知特点和接受能力，结合消防车、挖掘机、灭火器和救生艇等各种应急救援模具，制作"应急管理科普宣传教具箱"，并通过穿戴防火服、灭火器模拟灭火、紧急疏散、高空缓降等活动，提升公众的安全素养和自救能力。

（3）应急预案信息系统建设　《生产安全事故应急条例》第五条规定，县级以上人民政府及其负有安全生产监督管理职责的部门和乡、镇人民政府以及街道办事处等地方人民政府派出机关，应当针对可能发生的生产安全事故的特点和危害，进行风险辨识和评估，制定相应的生产安全事故应急救援预案，并依法向社会公布。生产经营单位应当针对本单位可能发生的生产安全事故的特点和危害，进行风险辨识和评估，制定相应的生产安全事故应急救援预案，并向本单位从业人员公布。

另外，第七条规定，县级以上人民政府负有安全生产监督管理职责的部门应当将其制定的生产安全事故应急救援预案报送本级人民政府备案；易燃易爆物品、危险化学品等危险物品的生产、经营、储存、运输单位，矿山、金属冶炼、城市轨道交通运营、建筑施工单位，以及宾馆、商场、娱乐场所、旅游景区等人员密集场所经营单位，应当将其制定的生产安全事故应急救援预案按照国家有关规定报送县级以上人民政府负有安全生产监督管理职责的部门备案，并依法向社会公布。

根据以上法律法规的相关要求，应当尽快建立一套全国应急救援预案信息公示系统，公示的主要内容如下。

1）企业机构主体的注册登记。
2）应急管理人员、安全工程师、消防工程师注册信息。
3）预案内容、预案年度报告。
4）应急救援人员信息。
5）许可审批、巡查检查结果、行政处罚信息。
6）经营异常状态。

7）企业信用分值等信息。

四、应急管理保障

应急保障资源主要包含以下几方面的内容。

（1）应急管理人力资源保障　包括专职应急管理人员、相关应急专家、专职应急队伍和辅助应急人员、社会应急组织、企事业单位、志愿者队伍、社区、红十字组织、国际组织以及军队与武警等。

（2）应急管理资金保障　包括政府专项应急资金、社会各界捐献资金和商业保险基金。

（3）应急管理物资装备保障　涉及的方面最为广泛，按用途可分为防护救助、交通运输、食品供应、生活用品、医疗卫生、动力照明、通信广播、工具设备以及工程材料等。

（4）应急管理设施保障　包括避难设施、交通设施、医疗设施和专用工程机械等。

（5）应急管理技术保障　包括应急管理专项研究、技术开发、应用建设、技术维护以及专家队伍。

（6）应急管理信息保障　包括预警信息、监测信息、事态信息、环境信息、水资源信息和应急管理知识等。应急管理部、工业和信息化部联合印发《关于加强灾害事故应急通信保障工作的意见》（以下简称《意见》），要求各级应急管理部门、通信管理部门和相关基础电信运营企业结合实际认真贯彻落实，确保灾害事故应急通信工作迅速、高效、有序展开，保障通信安全畅通。

《意见》明确了应急通信保障的职责分工。应急管理部负责协调公安、交通运输、铁路、民航、能源等部门和单位，在灾害事故处置中为通信保障提供必要的交通通行、运输投送、电力油料供应、重要通信设施运行等安全保障。工业和信息化部负责组织、调度公众通信网、公用应急通信网、各种机动应急通信装备及应急通信保障力量，开展应急通信保障工作，重点保障灾害事故应急处置指挥工作，并为公众提供通信服务。

《意见》要求，各级应急管理部门和通信主管部门要建立沟通联络、信息通报及应急资源共享等协作保障机制，共同推进通信保障联动工作，及时解决困难和问题，实现信息和应急资源充分共享。

《意见》将灾害事故处置中的应急通信保障分为三类，分别是灾害事故造成市（地）级以下网络中断或需要在市（地）级范围内提供通信保障，灾害事故造成省级网络中断或需要在省内范围提供通信保障，灾害事故造成省级以上网络中断或需要提供跨省通信保障。《意见》明确要求，通信主管部门、基础电信运营企业要根据《国家通信保障应急预案》适时启动应急响应，根据应急管理部门提出的需求，按照"先重点、后一般"和"先抢通、后恢复"的原则开展通信保障工作，优先保障抢险救灾应急指挥通信畅通。

《意见》要求各级应急管理部门和通信主管部门共同完善制度体系和指挥体系，加强应急通信装备配备和队伍培训交流合作，联合开展科技研发，协同推进应急通信网络保障能力的提升。其中，应急管理部将支持工业和信息化部加强"天通一号"卫星、宽带卫星等公用应急通信系统建设，推动各级应急管理部门、相关部门应急机构以及各类应急救援队伍加强"天通一号"卫星电话、宽带卫星等小型、便携应急通信装备的下沉配置；工业和信息化部将支持各级应急管理部门配备和使用"天通一号"卫星电话，合理设置应急用户优先级，加强运行情况监测管理，为灾害事故处置提供有效的通信支撑。

（7）应急管理学科保障　随着应急管理部的成立，各级应急管理部门及政府各级组织对应急管理的专业人才需求非常大，要综合应对目前的应急管理工作，第一要加强现有人员的组织提升培训，第二要鼓励现有大学开设应急管理专业，企事业单位也可以委托高校或者联合有师资力量的高校开展应急管理学科、学院建设。第三要将应急管理培训纳入公务员、专业技术人员继续教育系统中。

（8）应急管理法规保障　目前，我国应急管理立法在理念上不够统一，在理论研究方面也比较薄弱，因此我国应急管理法律体系的描述还不太成熟。我国既有的应急管理类法大多采用"一事一法"立法模式，除《突发事件应对法》外，其他适用于多灾种、多事件的统一预防、救援、恢复的应急管理专门类法还是空白，应考虑我国实际情况尽快制定专门的应急管理法律体系。

引例　牢固树立切实落实安全发展理念　确保广大人民群众生命财产安全

中共中央政治局2015年5月29日下午就健全公共安全体系进行第23次集体学习。中共中央总书记习近平在主持学习时强调，公共安全连着千家万户，确保公共安全事关人民群众生命财产安全，事关改革发展稳定大局。要牢固树立安全发展理念，自觉把维护公共安全放在维护最广大人民根本利益中来认识，扎实做好公共安全工作，努力为人民安居乐业、社会安定有序、国家长治久安编织全方位、立体化的公共安全网。

习近平在主持学习时发表了讲话。他强调，公共安全是社会安定、社会秩序良好的重要体现，是人民安居乐业的重要保障。党的十八大提出要加强公共安全体系建设，党的十八届三中全会围绕健全公共安全体系提出食品药品安全、安全生产、防灾减灾救灾、社会治安防控等方面体制机制改革任务，党的十八届四中全会提出了加强公共安全立法、推进公共安全法治化的要求。党和国家把维护公共安全摆在更加突出的位置，做出了一系列部署。各地区各部门按照这些决策部署和工作要求，做了大量工作，取得了积极成效。

习近平指出，当前，我国公共安全形势总体是好的。同时，我们要安而不忘危、治而不忘乱，增强忧患意识和责任意识，始终保持高度警觉，任何时候都不能麻痹大意。维护公共安全，要坚持问题导向，从人民群众反映最强烈的问题入手，高度重视并切实解决公共安全面临的一些突出矛盾和问题，着力补齐短板、堵塞漏洞、消除隐患，着力抓重点、抓关键、抓薄弱环节，不断提高公共安全水平。

习近平强调，要切实抓好社会治安综合治理，坚持系统治理、依法治理、综合治理、源头治理的总体思路，一手抓专项打击整治，一手抓源头性、基础性工作，创新社会治安防控体系，优化公共安全治理社会环境，着力解决影响社会安定的深层次问题。要切实提高农产品质量安全水平，以更大力度抓好农产品质量安全，完善农产品质量安全监管体系，把确保质量安全作为农业转方式、调结构的关键环节，让人民群众吃得安全放心。要切实增强抵御和应对自然灾害能力，坚持以防为主、防抗救相结合的方针，坚持常态减灾和非常态救灾相统一，全面提高全社会抵御自然灾害的综合防范能力。要切实抓好安全生产，坚持以人为本、生命至上，全面抓好安全生产责任制和管理、防范、监督、检查、奖惩措施的落实，细化落实各级党委和政府的领导责任、相关部门的监管责任、企业的主体责任，深入开展专项整治，切实消除隐患。要切实加强食品药品安全监管，用最严谨的标准、最严格的监管、最严厉的处罚、最严肃的问责，加快建立科学完善的食品药品安全治理体系，坚持产管并重，严把从农田到餐桌、从实验室到医院的每一道防线。

习近平指出，公共安全无处不在。维护公共安全，必须从建立健全长效机制入手，推进思路理念、方法手段、体制机制创新，加快健全公共安全体系。各级党委和政府要切实承担起"促一方发展、保一方平安"的政治责任，明确并严格落实责任制，落实责任追究。要坚持标本兼治，坚持关口前移，加强日常防范，加强源头治理、前端处理，建立健全公共安全形势分析制度，及时清除公共安全隐患。

习近平强调，维护公共安全体系，要从最基础的地方做起。要把基层一线作为公共安全的主战场，坚持重心下移、力量下沉、保障下倾，实现城乡安全监管执法和综合治理网格化、一体化。要提高公共安全体系精细化水平，每一个环节都要深入考虑和谋划。要构建公共安全人防、物防、技防网络，实现人员素质、设施保障、技术应用的整体协调。要认真汲取各类公共安全事件的教训，推广基层一线维护公共安全的好办法、好经验。

习近平指出，要坚持群众观点和群众路线，拓展人民群众参与公共安全治理的有效途径。要把公共安全教育纳入国民教育和精神文明建设体系，加强安全公益宣传，健全公共安全社会心理干预体系，积极引导社会舆论和公众情绪，动员全社会的力量来维护公共安全。

附录 某化工企业应急预案

1. 总则

1.1 适用范围

本预案适用于本化工厂及所属各车间。

1.2 编制依据

本预案依据国家及地方有关法律、法规、标准和应急预案,以及总公司相关管理规定。

1.3 衔接预案

总公司生产安全事故应急预案。

化工厂基层单位生产安全事故现场处置方案。

1.4 应急预案体系

某化工厂生产安全事故应急预案分为作业部级预案和车间现场处置方案两级管理。

1.5 应急启动条件

符合以下条件之一时,应启动本预案。

1)地方政府、总公司要求化工厂启动应急预案时。

2)造成或可能造成人员死亡及重伤、中毒。

3)发生火灾爆炸。

4)危险化学品发生泄漏,或已流入下水道、建筑物等密闭空间,有可能发生爆炸。

5)因环境污染直接导致人员中毒的。

6)因环境污染需疏散、转移群众10人以上的。

7)放射源丢失、被盗或失控。

8)由于公用工程供应中断导致重要设备停运、装置停产或可能造成人员伤亡。

9)基层单位处置能力不足以控制事态发展,请求启动化工厂级应急预案,并经化工厂应急指挥部确认。

2. 事故风险描述

根据风险分析结果,化工厂在生产过程中存在火灾、爆炸、危险化学品泄漏、人员中毒、放射源丢失和公用工程供应中断等重大风险。

3. 应急组织机构与职责

3.1 化工厂应急指挥部

总指挥:化工厂经理或党委书记。

副总指挥:化工厂各主管副经理、党委副书记、专家和副总工程师。

成员：生产部、安全环保部、设备管理部、技术质量部、综合管理部（保卫组）、人事教育部、财务部、党委工作部、纪委（监察部）、工会（团委）、大项目组及外聘协议单位负责人。

遇总指挥不在时按化工厂班子成员领导排序自然代理总指挥。

化工厂应急指挥部是化工厂应急管理的最高指挥机构，负责化工厂生产安全事故的应急工作，具体职责如下：

1）发生作业厂级及以上生产安全事故时，必须在0.5h内向总公司应急指挥中心办公室报告。
2）接受总公司应急指挥中心的领导，请示并落实指令。
3）下达应急预案启动和终止指令。
4）审定化工厂生产安全事故应急处置方案，统一协调应急资源。
5）确定现场应急指挥部人员名单和专家组名单，并下达派出指令。
6）审定并签发向当地政府主管应急指挥中心的报告。
7）应急处置过程中，配合应急指挥中心、政府的应急工作。

3.2 应急指挥办公室

应急指挥办公室设在生产部（调度室），由生产部、安全环保部和综合管理部组成。

主任：分管安全生产的副经理。

副主任：生产部主任、安全环保部主任、综合管理部主任。

应急指挥办公室是化工厂应急指挥部的日常办事机构，具体职责如下：

1）接受应急事故报告，跟踪事故发展动态及处置情况，及时向化工厂应急指挥部汇报、请示并落实指令。
2）按照化工厂应急指挥部指令，及时通知化工厂职能部室、基层单位和专家组。
3）保持各应急工作组之间的信息沟通渠道，与各应急工作组负责人沟通，汇总、传递相关信息。
4）按照化工厂应急指挥部指令，向总公司主管部门（生产部、安全环保部、总经理办等）报告和求援。
5）负责化工厂应急指挥部交办的其他任务。

3.3 现场应急指挥部

现场应急指挥部是化工厂应急指挥部在应急状态下的别称，执行的是化工厂应急指挥部各项职能及现场应急职能。当现场指挥丧失指挥职能时，由现场最高领导接替。

现场应急指挥部在化工厂应急指挥部职责外，履行现场应急职责如下：

1）负责现场应急指挥工作。
2）收集现场信息，核实现场情况，针对事态发展制订和调整现场应急处置方案并组织实施。
3）组织、协调、指挥各专业组、基层车间及外部应急救援力量开展应急救援工作。
4）及时向公司汇报应急处置情况。
5）收集、整理应急处置过程的有关资料。
6）核实应急终止条件，并下达应急终止指令。

3.3.1 技术处置组

组长单位：生产部。

成员单位：技术质量部、新项目筹备组。

技术处置组主要职能是针对生产安全事故提出技术处置建议和方案，协调和维持生产平衡。组织制订现场应急处置方案；协调原辅料供应，维持事发单位和波及单位的生产平衡；调动、协调化工厂内专家。

3.3.2　应急救援组

组长单位：安全环保部。

成员单位：综合管理部（保卫组）、人事教育部、医院（协议单位）。

应急救援组主要职能是现场救人、现场灭火、现场保卫警戒和抢修保护。组织调动、协调化工厂内部消防联防队伍；负责灭火、洗消、抢修保护和现场救人工作；负责现场保卫和警戒工作；负责现场环境监测（可燃气体、有毒气体、大气等）；配合公司做好医疗救护资源的调动、协调，做好现场救护工作；负责受伤、中毒人员的运送和救护。

3.3.3　工程抢险组

组长单位：设备管理部。

成员单位：化工厂内应急协作的检维修、工程施工单位。

检修抢险组主要职能是针对事故破坏情况对现场实施紧急修复工作。组织调动、协调化工厂内应急协作的检维修、工程施工单位进行现场抢险；负责对损坏设备设施的修复、检验、恢复。

3.3.4　应急资源协调组

组长单位：生产部。

成员单位：设备管理部、综合管理部。

应急资源协调组主要职能是协调和调动化工厂应急救援队伍、装备和物资，组织协调应急物资的快速采购和运送渠道。

3.3.5　后勤保障组

组长单位：综合管理部。

成员单位：党委工作部、财务部、工会（团委）和纪委（监察部）。

后勤保障组主要职能是做好应急过程中的后勤保障。配合公司编写新闻稿、公告、起草信息发布材料；根据应急指挥部指令，组织对公司的应急信息上报；负责与内部员工及利益相关方的沟通和告知；确保现场实时记录（录音、录像）和保存；落实应急物资、应急资金；应急处置过程涉及费用的监察工作；负责应急过程中的交通、食宿、保卫等。

3.4　专家组

根据应急工作的实际需要，化工厂应急指挥部应聘请有关专家，建立化工厂生产安全事故应急处置的专家库。在应急状态下，可挑选有所需专业特长的应急救援专家组成专家组，为现场应急工作提供建议和技术支持，参与制定现场应急处置方案。

4. 应急响应

应急响应基本流程和主要步骤见附图1。

4.1　信息报告

4.1.1　信息接报

（1）化工厂所属各基层单位发生生产安全事故　基层单位在启动本单位应急预案的同

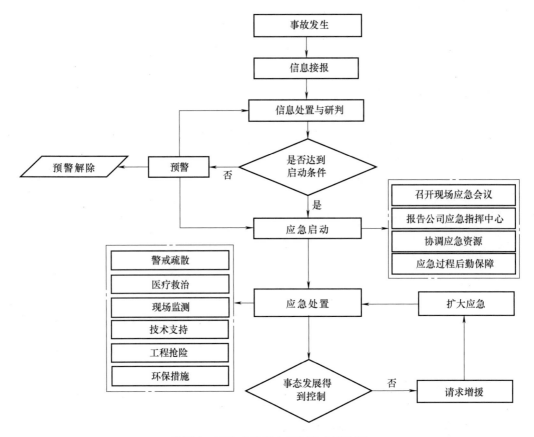

附图1 应急响应基本流程和主要步骤

时，按照附图2规定的程序立即向消防支队报警及向生产部调度室报告，报告时间不得超过事发后15min。生产部调度室立即向化工厂应急指挥办公室、厂值班、化工厂应急指挥部及公司总调汇报，并通知各应急组。化工厂应急指挥部根据事故发生的类型及级别，30min内向应急指挥中心办公室报告。在应急处置过程中，基层单位应随时报告事态进展情况，至少每小时报告一次。

（2）化工厂所属基层单位发生化工厂级及以上事故 基层单位可直接向公司总调报告。

（3）应急报告主要内容

1）事发单位名称，事故类别。
2）事故发生的时间、地点。
3）事故发生的初步原因。
4）事故经过和采取的处置措施情况。
5）现场人员状况，人员伤亡、失踪及撤离情况。
6）事故对周边自然环境影响，是否造成环境污染。
7）请求协调、支持的事项。
8）报告人的单位、姓名、职务和联系电话。
9）其他需要报告的情况。

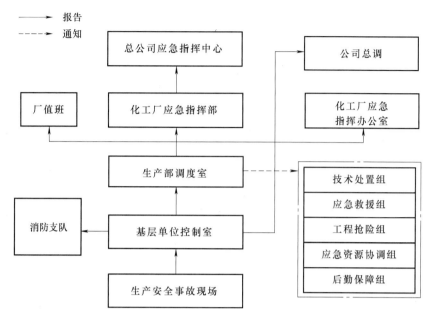

附图 2　应急报告程序

（4）应急信息报送　可用电话口头初报，随后再书面报告。必要时和有条件的可采用录音、影像等形式。

4.1.2　信息处置与研判

（1）生产部调度室　应急值班人员接到报告后，立即向生产部主任及应急指挥部总指挥、副总指挥或应急指挥办公室主任、其他副主任报告，并启用信息平台向应急工作组成员单位负责人发短信通报。

（2）化工厂应急指挥部　总指挥根据生产安全事故的性质、严重程度、影响范围和可控性，对事故进行研判，做出应急准备或应急启动的决策。

1）当未达到启动条件时，下达应急准备指令，做好启动应急预案的准备工作。

2）当达到启动条件时，下达应急启动指令，开展应急处置工作。

（3）应急工作组　成员接到应急准备或应急启动的指令后，立即安排应急人员迅速做好应急准备或开展应急处置。应急指令下达程序见附图3。

4.1.3　响应准备

化工厂应急指挥部下达应急准备指令后，应急指挥办公室和应急工作组成员应做好以下响应准备。

1）跟踪并详细了解事故的发展动态及现场应急处置情况，及时向化工厂应急指挥部汇报、请示并落实指令。

2）指导基层单位进行应急处置。

3）通知相关人员、专家赶赴事故现场。

4）协调应急资源，做好调配准备。

5）做好起草上报材料的准备。

6）启动化工厂应急信息平台，做好与现场相关信息传递工作。

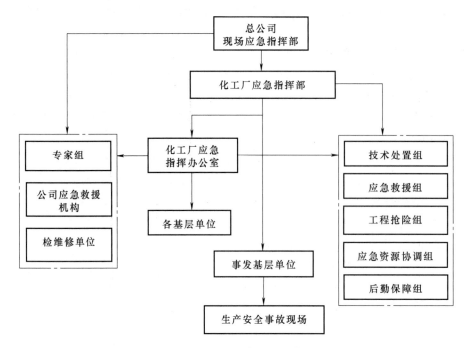

附图3　应急指令下达程序

4.2　应急启动

4.2.1　召开现场应急会议

（1）化工厂应急指挥部总指挥到达现场　化工厂应急指挥部与现场指挥部合并成立现场应急指挥部，指挥权上交给总指挥，事故发生基层单位、各相关部门向总指挥汇报事故处置情况及下一步建议处置措施。

（2）总指挥全面指挥现场的应急处置　应明确各应急工作组组成和任务，并按照本预案中相应专项应急处置措施提出应急处置要求。

4.2.2　报告总公司

（1）按照现场应急指挥部指令，应急指挥办公室向总公司应急指挥中心报告　报告内容需经现场应急指挥部审查，总（副总）指挥审批后上报。

（2）初步报告内容

1）事故发生的时间、地点。

2）事故概况和目前处理情况。

3）人员伤亡情况。

4）对周边造成的影响。

5）请求总公司协调、支持的事项。

（3）应急处置中发生新情况　应及时向应急指挥中心补充上报最新事故情况。

4.2.3　协调资源

（1）根据生产安全事故现场需求协调资源　应急资源协调组及时组织调配、协调应急救援队伍、应急物资装备和施工机具及设计、施工队伍。技术处置组协调原辅料，维持事故单位和波及单位的生产平衡，降低事故损失。

(2) 资源获取渠道 调配应急救援队伍和应急物资装备渠道包括从化工厂所属各单位调配和请求总公司调配。

4.2.4 应急过程后勤保障

(1) 通信保障 在应急处置过程中,应确保现场应急指挥部与基层单位、调度室、各应急工作组的网络、电话及对讲机通畅,确保现场实时记录(录音、录像)和保存。

(2) 后勤保障 做好应急处置过程中的交通、食宿、医疗等后勤保障工作。做好受灾员工的生活保障工作。

(3) 宣传引导 对内部员工进行宣传引导,使员工及时了解事故真相,稳定情绪。

(4) 秩序保障 做好保卫工作,确保化工厂办公场所正常工作秩序。

(5) 资金保障 按照现场应急指挥部指令,落实应急资金。

4.3 应急处置

应急处置按照五种常见的生产安全事故有针对性地进行。

4.3.1 火灾爆炸应急处置措施

(1) 现场侦查 发生事故基层单位的当班职工应佩戴劳动防护用品,在保证自身安全的情况下对火场进行初步侦查,对如下情况进行确认。

1) 被困人员情况。

2) 着火部位、蔓延方向、火势范围和对毗邻威胁程度。

3) 生产装置、控制路线、建(构)筑物损坏程度。

4) 现场及周边污染情况。

(2) 人员救助与医疗救护 发生事故基层单位的当班职工应佩戴劳动防护用品,在应急救援组的指导下,携带救生器材迅速进入现场。采取正确的救助方式,将所有遇险人员转移至上风或侧上风方向空气无污染地区,对救出人员进行现场急救,将伤情较重者送医疗急救部门救治。

(3) 现场检测 质检车间检测人员在不同方位从火场外围向内检测有害物质的扩散范围,特别注意对周边暗渠、管沟、管井等相对密闭空间进行检测。

(4) 警戒隔离与人员疏散 综合管理部(保卫组)与发生事故基层单位根据现场检测情况确定警戒区域,进行警戒、疏散、交通管制。

1) 将警戒区域划分为重危区、中危区、轻危区和安全区,并设立警戒标志,在安全区外视情况设立隔离带。

2) 合理设置出入口,严格控制各区域进出人员、车辆、物资,并进行安全检查、逐一登记。

3) 设立警戒区的同时,有序组织警戒区内的无关人员疏散。

(5) 工艺处理 生产部、技术质量部指导发生事故基层单位尽快采取工艺处理措施,转移可燃物料,隔离泄漏点,切断与装置、管线、设施的连通。

(6) 火场控制与灭火 安全环保部指导发生事故基层单位和其他车间义务消防队员进行初期火灾的扑救工作。在实施灭火前,要对火场进行控制,以达到灭火条件。

1) 发生事故基层单位利用消防水炮或消防水栓对着火罐、设备进行冷却。

2) 其他车间义务消防队员与发生事故基层单位对周围受火灾威胁的设施及时采取冷却、退料、泄压等保护措施。

3）易燃液体外流时，发生事故基层单位可用沙袋或其他材料筑堤拦截流淌的液体，或挖沟将物料导向安全地点。

4）其他车间义务消防队员用毛毡、海草帘堵住下水井、阴井口等处，防止火焰蔓延。

5）当达到灭火条件时，方可实施灭火。

6）火灾扑救过程中，专家组应根据危险区的危害因素和火灾发展趋势进行动态评估，及时提出灭火指导意见。

7）根据现场泄漏情况，设备管理部与检修单位研究制订堵漏方案，并严格按照方案实施；所有堵漏行动必须采取防爆措施，确保安全。

（7）环境保护措施　安全环保部组织发生事故基层单位对厂内灭火后的残留物料和消防废水，立即进行回收、引流、处理，关闭清污分流切换阀，同时对装置区域清净下水总排放口进行截堵。在水质突变的情况下，生产部协调将污水调入水务部事故水池。

4.3.2　危险化学品泄漏和中毒应急处置措施

（1）现场侦查　发生事故基层单位当班职工佩戴劳动防护用品，对泄漏处进行初步侦查。

1）被困人员情况。

2）容器储量、泄漏量、泄漏部位和形式。

3）设施、建（构）筑物险情及可能引发爆炸燃烧的各种危险源。

4）现场及周边污染情况。

（2）人员救助与医疗救护　发生事故基层单位当班职工佩戴劳动防护用品，在安全环保部的指导下，携带救生器材迅速进入现场。采取正确的救助方式，将所有遇险人员移至上风或侧上风方向空气无污染地区，对呼吸、心跳停止者，应立即进行心脏按压，采取心肺复苏措施，将伤情较重者送医疗急救部门救治。

（3）现场检测　质检车间检测人员检测泄漏物质浓度、扩散范围，特别是下水道、密闭的建（构）筑物物质浓度及范围。

（4）警戒隔离与人员疏散　综合管理部（保卫组）与发生事故基层单位根据现场检测情况确定警戒区域，进行警戒、疏散、交通管制。

1）将警戒区域划分为重危区、中危区、轻危区和安全区，并设立警戒标志，在安全区外视情况设立隔离带。

2）合理设置出入口，严格控制各区域进出人员、车辆、物资，并进行安全检查、逐一登记。

3）设立警戒区的同时，有序组织警戒区内的无关人员疏散。

（5）点火源控制　立即清除泄漏污染区域内的各种火源，救援器材应具备防爆功能。

（6）泄漏源控制　根据现场泄漏情况，采取关阀断料、开阀导流、排料泄压、火炬放空、倒罐转移、应急堵漏、冷却防爆、注水排险、喷雾稀释和引火点燃措施控制泄漏源，要有防止泄漏物进入下水道、地下室或受限空间的措施。

（7）泄漏物控制　用水雾、蒸汽等稀释泄漏物浓度，拦截、导流和蓄积泄漏物，防止泄漏物向重要目标或环境敏感区扩散，视情况使用泡沫充分覆盖泄漏液面。对于贮罐区发生液体泄漏时，要及时关闭雨水阀，防止物料外流。

（8）泄漏物清理　对于大量残液，用防爆泵抽吸或使用无火花器具收集并集中处理；

少量残液用稀释、吸附、固化和中和等方法处理。

4.3.3 油气管道泄漏应急处置措施

(1) 现场确认和报警

1) 当工艺参数波动、现场可燃气体报警器或现场人员报警等情况发生时，发生事故基层单位应进行现场确认，确定泄漏点位置。

2) 关闭泄漏点两端线路截断阀，切断泄漏管段油气源供应。对于天然气管道还应从两端放空管线对泄漏管段进行放空。

3) 若厂外物料输送管线发生泄漏，立即通过公司应急指挥中心向地方政府报警。

(2) 现场检测 质检车间检测人员对泄漏现场油品泄漏面积、可燃（有毒）气体浓度、水体污染面积范围等污染物扩散情况进行持续检测。

(3) 警戒隔离与人员疏散 综合管理部（保卫组）与发生事故基层单位根据现场检测情况确定警戒区域，进行警戒、疏散、交通管制。对于泄漏部位在厂外的管线，需配合地方政府公安机关做好此项工作。

1) 根据现场检测结果，确定泄漏现场警戒区范围。

2) 引导或告知警戒区内需疏散人员尽快疏散至安全区域，疏散方向应为上风向或侧风向，疏散路线宜以公路为主路线。

3) 对受伤、中毒人员进行转移、救护。

4) 在确保救援人员个人防护完善的情况下对警戒区内失踪人员进行搜救。

5) 警戒区内车辆就地熄火。

(4) 泄漏点介质处理 设备管理部与发生事故基层单位组织检修单位负责泄漏点介质处理的工作。

1) 对泄漏的油品采取开挖引流沟、集油池、布设围油栏和筑坝等措施进行围堵、引流、集中和回收。

2) 对无法回收的污染油品，采取用沙土、干粉、泡沫覆盖事故现场地面等方式收集、清理污染物。

3) 采用强制通风设备对现场泄漏（挥发）的可燃（有毒）气体进行吹扫，吹扫方向应朝向安全扩散区域，并结合现场风向、风力、湿度等情况确定。

4) 采用在警戒区域布设水幕，向关键工艺设备、建（构）筑物、植被等喷水（泡沫）降温等方式，对警戒区域内重点目标进行保护。

(5) 工程抢险

1) 油气管道泄漏处位于与高等级公路穿（跨）越处。

① 综合管理部（保卫组）配合交通线路管理部门封闭现场，中断交通，实施管制。

② 质检车间检测人员抢险期间应对道路周边涵洞、暗渠、电缆沟等相对密闭空间进行检测，防止泄漏油气产生积聚。

③ 泄漏管道抢险结束后，应急救援组应立即组织清理交通要道及两侧安全距离内的污染物，尽快达到恢复交通条件。

2) 涵洞内油气管道泄漏。

① 质检车间检测人员对涵洞内可燃气体浓度、有害气体浓度、氧含量进行持续检测。

② 抢险人员进入涵洞内抢险作业前，设备管理部必须组织检修单位对涵洞进行强制通

风,保证涵洞内可燃(有害)气体浓度低于警戒值且氧含量正常,并应保证涵洞内作业期间持续通风。

③ 设备管理部严格控制进入涵洞作业人数,严禁人员单独进入,进入涵洞内抢险作业的人员必须采取有效方式保持联络。

④ 设备管理部负责保持涵洞内应急逃生通道畅通,并采取夜光、灯光等明显方式进行标识。

⑤ 设备管理部负责保证涵洞内使用的设备必须满足防爆、防水、防潮要求。

4.3.4　放射性事件应急处置措施

(1) 警戒隔离与人员疏散　综合管理部(保卫组)在现场周围设立警戒区、设置明显的放射性志或者显示危险信号,及时疏散非应急处置人员,实行交通管制。

(2) 医疗救护　为避免继续受到辐射照射,应将伤员迅速撤离事故现场。安全环保部负责将放射损伤人员送卫生行政部门指定的医疗机构或核辐射损伤救治基地救治。

(3) 应急抢险

1) 放射性同位素丢失或被盗。

① 事故发生单位立即按程序向公司应急指挥中心、公司保卫部和治安分局报警。

② 综合管理部(保卫组)疏散现场人员,防止无关人员超剂量照射;组织事发单位各部门对各个场所、储存部位进行排查。

③ 综合管理部(保卫组)采取紧急措施,加大厂区各出入口管理力度,严格盘查出入厂门人员,做好登记,调取出入监控录像、射源监控录像。

④ 综合管理部(保卫组)向事发单位相关人员了解事故信息,在公安机关到达现场后,配合进行调查取证,尽快查找放射源的下落。

⑤ 安全环保部在可能发生放射污染和人员照射的情况下,组织疑似接触人员进行隔离,立即联系送往专业防治部门进行检查、治疗。

⑥ 由有资质的环境放射监测单位对放射源可能经过或遗失的场所进行放射性影响监测。对放射性超标的部门进行环境洗消处理。

2) 放射性污染应急处置措施。

① 严格遵循事件的正当化、放射防护最优化、个人剂量限制的原则开展工作。

② 综合管理部(保卫组)立即疏散现场人员,封锁现场。

③ 生产部组织相关车间切断一切可能扩大污染范围的环节,严格切断废水外排、物料外送等途径。

④ 安全环保部负责对可能受放射性污染或者辐射损伤的人员,立即采取暂时隔离和应急救援措施,并根据需要实施其他医疗救治及处理措施。

⑤ 经政府环保部门同意,组织有资质的环境放射监测单位专业技术队伍对环境污染情况进行监测,为监测单位提供放射性同位素的种类、活度,通过监测确定污染范围和污染程度。

⑥ 生产部立即组织对发生辐射污染的装置进行生产负荷调整,为进行放射污染处理或射源处置创造条件。

⑦ 由有资质的辐射专业作业单位进行放射性物质泄漏的清污和回收工作,对回收的失控放射性物质,进行屏蔽、隔离、封装及清污的处置。

⑧ 综合管理部（保卫组）认真配合公安机关进行调查、侦破工作，禁止任何单位和个人故意破坏事故现场、毁灭证据。

3）人员超剂量照射应急处置措施。

① 综合管理部（保卫组）立即撤离事件现场有关工作人员，封锁现场，切断一切可能扩大污染范围的环节。

② 安全环保部组织有资质人员携带仪器设备赶赴事故现场，核实事故情况，估算受照剂量。

③ 安全环保部负责对受到或可能受到急性辐射损伤的人员，进行隔离和采取应急救援措施，迅速联系并送往专业治疗机构进行诊断和治疗，聘请辐射损伤医疗专家对受损伤人员进行辐射损伤诊断。

④ 安全环保部应关注病人的临床症状，详细了解被救治人员的受照射情况，力求对其所受剂量做出合理估计。

⑤ 安全环保部对超剂量照射人员应建立详细档案和跟踪。

⑥ 综合管理部（保卫组）认真配合公安机关进行调查、侦破工作，禁止任何单位和个人故意破坏事故现场、毁灭证据。

4.3.5 气防应急处置措施

1）综合管理部（保卫组）划分重度、中度、轻度毒害区和影响区域，采取隔离和疏散措施，避免无关人员进入事故现场。

2）安全环保部指导救援人员佩戴正压式空气呼吸器，迅速将中毒人员移至空气新鲜通风良好处，解开外衣、裤带等（注意保暖），采取必要的心肺复苏等急救措施，直至气防站和急救中心专业人员到来。

3）质检车间检测人员对有毒、有害气体进行实时监测，强化现场救援人员的个体防护。

4）生产部、技术质量部采取工艺处理措施，切断有毒气体来源。

5）安全环保部指导发生事故基层单位采取防扩散控制措施，防止毒气蔓延。

6）设备管理部视情况组织带压堵漏等措施，并采取油气管道泄漏应急处置措施。

7）进入危险隔离区的人员严禁携带各种危险物品，不准使用非防爆工器具、手机、手电和禁止使用明火，由安全环保部负责检查。

8）一旦事故扩大，现场无法控制，应组织人员迅速向侧上风方向转移，疏散到集合地点并清点、记录人数。

9）安全环保部负责在安全区域集中设置洗消站，采用脱除受污染衣物，用流动清水冲洗皮肤等方法，及时对被污染的撤出人员进行消毒，防止发生继发伤害。

4.4 应急结束

经应急处置后，现场应急指挥部确认同时满足以下应急预案终止条件时，由总指挥判断并下达应急结束指令。

1）现场已得到有效处置，导致次生、衍生事故的隐患已消除。

2）受伤人员得到妥善救治、受灾人员得到妥善安置。

3）环境污染得到有效控制。

4）社会影响基本消除。

5）地方政府、化工厂应急处置已经终止。

4.5 后期处置

1）应急处置结束后，事发单位应及时组织现场清理，对废弃物和污染物进行妥善处置，具备条件的应尽快恢复生产和经营。

2）后勤保障组会同事发基层单位对受影响的人员及家属进行合理安置，并做好善后工作。

3）事故调查按照《总公司安全事故、事件管理规定》内容执行。

4）应急指挥办公室对事故应急救援工作进行总结，形成文字材料。

4.6 保障措施

通信与信息、应急队伍、物资装备、经费、交通运输、治安、技术、医疗、后勤等保障工作按各部室职能分工组织落实，听从应急指挥部的统一调配指令。

4.7 应急预案管理

应急预案培训、演练、修订、备案按照《化工厂应急管理程序》相关规定执行。

4.8 附则

本预案由化工厂应急指挥部制定，化工厂应急指挥办公室负责解释并组织实施。具体编制依据如下：

1）《中华人民共和国安全生产法》。
2）《中华人民共和国突发事件应对法》。
3）《中华人民共和国消防法》。
4）《中华人民共和国放射性污染防治法》。
5）《中华人民共和国职业病防治法》。
6）《中华人民共和国石油天然气管道保护法》。
7）《危险化学品安全管理条例》。
8）《生产经营单位生产安全事故应急预案编制导则》（GB/T 29639—2013）。
9）《危险化学品重大危险源辨识》（GB 18218—2018）。
10）《生产安全事故应急预案管理办法》。
11）《生产经营单位生产安全事故应急预案评审指南（试行）》。

4.9 附件

1）企业基本情况（见附表1）。
2）厂区消防设施布置图。
3）每个单体建筑物的疏散图（多层建筑需提供每层疏散图）。
4）周边环境图和总平面图。
5）工艺流程文字简述及流程图。
6）主要设备情况（见附表2）。
7）急救药品与应急配备（见附表3）。
8）主要建（构）筑物情况（见附表4）。
9）储存、使用主要危险物料（危险化学品）情况（见附表5）。
10）应急救援组织成员组成及联系电话（见附表6）。
11）外部救援单位及政府有关部门联系电话（见附表7）。

附表1　企业基本情况

企业名称					
注册地址					
联系电话		传真		邮政编码	
企业网址					
电子信箱					
企业类型					
经济性质		全民所有制□	集体所有制□	私有制□	
隶属关系					
登记机关					
法定代表人			主管负责人		
职工人数		技术管理人数		安全管理人数	
注册资本		固定资产		上年销售额	

企业法人代表或负责人签字：　　　　　　　　　　　（企业盖章）

　　　　　年　月　日　　　　　　　　　　　　　　　　年　月　日

附表2　主要设备情况

序　号	名　称	型号、规格	数　量	位　置

附表3　急救药品与应急配备

	名　称	数　量	维护情况
急救药品	消毒酒精	1瓶	定期检查、更换
	过氧化氢	1瓶	定期检查、更换
	正红花油	1瓶	定期检查、更换
	飞鹰活络油	1瓶	定期检查、更换
	汞溴红	1瓶	定期检查、更换
	碘酊	1瓶	定期检查、更换
	烧伤膏	1支	定期检查、更换
	云南白药粉剂	1瓶	定期检查、更换
	风油精	1瓶	定期检查、更换
	绷带	2卷	定期检查、更换
	绷带胶	1卷	定期检查、更换
	医用纱布	2包	定期检查、更换

(续)

	名　　称	数　　量	维 护 情 况
	消防战斗服	10套	定期检查
	防护眼镜	8副	定期检查
	防毒呼吸面具	30套	定期检查
应急设备	防护手套	8副	定期检查
	防泄棉	3条	定期检查
	毛刷	3套	定期检查
	沙土坑	1个	定期检查
	折叠式应急担架	1个	定期检查

附表4　主要建（构）筑物情况

建（构）筑物名称	层　数	面　积	用　途	耐火等级

附表5　储存、使用主要危险物料（危险化学品）情况

物料名称	储存方式	储存位置	日常存量	规模	备注

附表6　应急救援组织成员组成及联系电话

应急救援小组成员名单			
组别	负责人	成员	备注
通信组			
警戒疏散组			
抢险灭火组			

(续)

应急救援小组成员名单			
组别	负责人	成员	备注
救护组			
后勤保障组			
事故处理组			

应急救援组织成员联系电话

应急救援指挥部			
职务	姓名	电话	备注
总指挥			
副总指挥			
现场指挥			

应急救援小组			
组别	负责人	电话	备注
通信组			
警戒疏散组			
抢险灭火组			
救护组			
后勤保障组			
事故处理组			

注：应急救援小组可根据情况调整，大致按职责分为通信组、警戒疏散组、抢险灭火组、救护组、后勤保障组和事故处理组。

附表7 外部救援单位及政府有关部门联系电话

部门	电话号码
区应急管理局	
镇安委办	
附近医院	
消防中队	
交警中队	
派出所	
区环保局	
自来水厂	
供电所	
劳动管理局	

（续）

部　　门		电　话　号　码
社会保险办公室		
报警		
火警		
救护		
周边单位及联系电话	东	
	南	
	西	
	北	

参 考 文 献

[1] 乔仁毅,龚维斌. 政府应急管理[M]. 北京:国家行政学院出版社,2014.
[2] 闪淳昌,薛澜. 应急管理概论——理论与实践[M]. 北京:高等教育出版社,2012.
[3] 魏礼群. 中国应急救援读本[M]. 北京:国家行政学院出版社,2016.
[4] 国家安全生产监督管理总局宣传教育中心. 安全生产应急管理人员培训教材[M]. 2版. 北京:团结出版社,2015.
[5] 赵正宏. 应急救援预案编制与演练[M]. 北京:中国石化出版社,2019.
[6] 陆愈实,郭海林,庞奇志. 应急预案编制与演练[M]. 北京:气象出版社,2017.